卢拉传

LULA

BIOGRAFIA

★ ☆ ★

[巴西]
费尔南多·莫赖斯 著

李武陶文 译

译林出版社

图书在版编目（CIP）数据

卢拉传 / （巴西）费尔南多·莫赖斯著 ; 李武陶文译. -- 南京 : 译林出版社, 2025. 5. -- ISBN 978-7-5753-0660-7

I. K837.777=6

中国国家版本馆CIP数据核字第2025A6N231号

著作权合同登记号　图字：10-2024-174号

卢拉传　［巴西］费尔南多·莫赖斯／著　李武陶文／译

责任编辑　刘　静
装帧设计　韦　枫
校　　对　梅　娟　戴小娥
责任印制　董　虎

原文出版　Companhia das Letras, 2021
出版发行　译林出版社
地　　址　南京市湖南路 1 号 A 楼
邮　　箱　yilin@yilin.com
网　　址　www.yilin.com
市场热线　025-86633278
排　　版　南京展望文化发展有限公司
印　　刷　南京爱德印刷有限公司
开　　本　718 毫米 ×1000 毫米　1/16
印　　张　23
插　　页　4
版　　次　2025 年 5 月第 1 版
印　　次　2025 年 5 月第 1 次印刷
书　　号　ISBN 978-7-5753-0660-7
定　　价　75.00 元

卢拉人生第一次打上了领带：那天晚上，他拿到了天堂的钥匙——国家工业技能培训服务中心的毕业文凭。现在他有工作了，他是一名车床工人

父亲阿里斯蒂德斯

母亲琳杜夫人

卢拉和姐姐玛丽亚

哥哥泽·库亚

卢拉（左三）、妹妹蒂亚娜（拿着木头鱼）、哥哥雅伊梅、“鞋油”若泽（骑着小摩托）、玛丽亚和琳杜夫人在沙滩上

达席尔瓦一家是卡皮巴里贝水手队的主力。卢拉（前排左三）有时踢左后卫，有时踢右中场。哥哥瓦瓦（后排右一）既能当守门员，也能担任球队经理、组织比赛。另一个哥哥“修士希科”（前排左一）可以踢球，也能当球队教练

十八岁的卢拉（左二）和国家工业技能培训服务中心的同学在伊皮兰加区

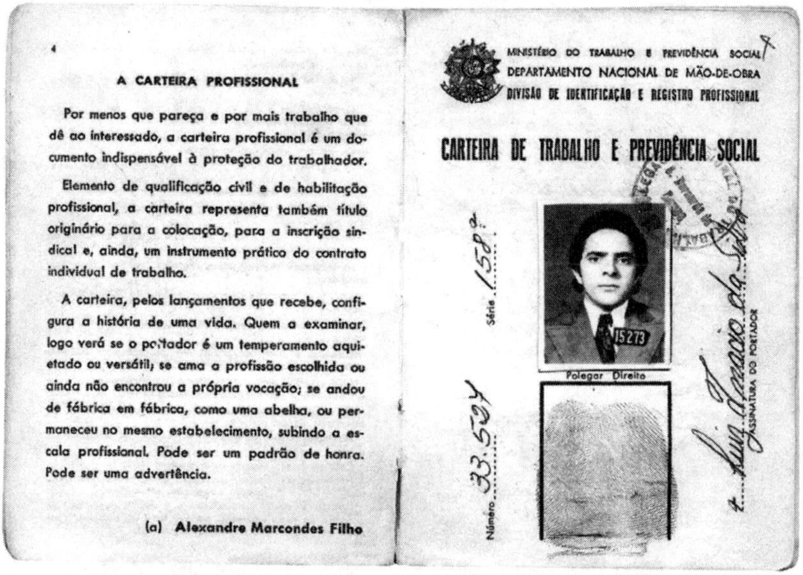

4

A CARTEIRA PROFISSIONAL

Por menos que pareça e por mais trabalho que dê ao interessado, a carteira profissional é um documento indispensável à proteção do trabalhador.

Elemento de qualificação civil e de habilitação profissional, a carteira representa também título originário para a colocação, para a inscrição sindical e, ainda, um instrumento prático do contrato individual de trabalho.

A carteira, pelos lançamentos que recebe, configura a história de uma vida. Quem a examinar, logo verá se o portador é um temperamento aquietado ou versátil; se ama a profissão escolhida ou ainda não encontrou a própria vocação; se andou de fábrica em fábrica, como uma abelha, ou permaneceu no mesmo estabelecimento, subindo a escala profissional. Pode ser um padrão de honra. Pode ser uma advertência.

(a) Alexandre Marcondes Filho

MINISTÉRIO DO TRABALHO E PREVIDÊNCIA SOCIAL
DEPARTAMENTO NACIONAL DE MÃO-DE-OBRA
DIVISÃO DE IDENTIFICAÇÃO E REGISTRO PROFISSIONAL

CARTEIRA DE TRABALHO E PREVIDÊNCIA SOCIAL

Número 33.524 Série 158ª

15273

Polegar Direito

ASSINATURA DO PORTADOR

在独裁政府经济调整政策引发的危机达到顶峰时，工作机会几乎完全消失。在一家家工厂门口苦苦寻找岗位未果后，卢拉奇迹般地找到了一份工作。这可不是一般的工作：他将在一家制造远洋轮船和地铁车厢的巴西巨头公司上班。他现在是维拉雷斯的工人了

卢拉和第一任妻子德卢尔德斯,尽管她最初让他放弃工会生活,但他并没有这么做

历经第一任妻子早逝的悲剧,工会生活给了卢拉很大慰藉。不久,卢拉想象中的金发美人——玛丽萨在工会出现了。几个月后,他们结为夫妻

卢拉已是工会候补干部，参与领导层决策，声望堪比工会主席保罗·维达尔（手拿麦克风者）

TRIBUNA METALÚRGICA

Diretor LUIZ INACIO DA SILVA

GREVE

O PRIMEIRO TESTE FOI POSITIVO

诞生于ABC地区的“新工会主义”在与基层沟通的方式上做出了重大变革，其中之一便是创办《金属工人论坛》报纸。“大党”（巴西的共产党）的忠实党员拉埃特创造了斗争的象征——卡通小人“若昂·费拉多”

1975年，政府委派的州长保罗·埃吉迪奥·马丁斯出席了卢拉首次担任工会主席的就职典礼

第一次出国旅行期间，卢拉（见图中标记）被迫离开东京的一场国际会议，匆忙返回巴西：他哥哥“修士希科”正在特遣队监狱中遭受酷刑

在某次交流巴西工会经验的旅行中，卢拉从美国带回了一台特别的设备：超8毫米摄像机（当时视频技术还处于起步阶段）。这台摄像机拍下了许多画面，如这两张图片中，卢拉在帕拉州的卡梅塔镇为劳工党和劳动者统一中心开展政治和工会宣传

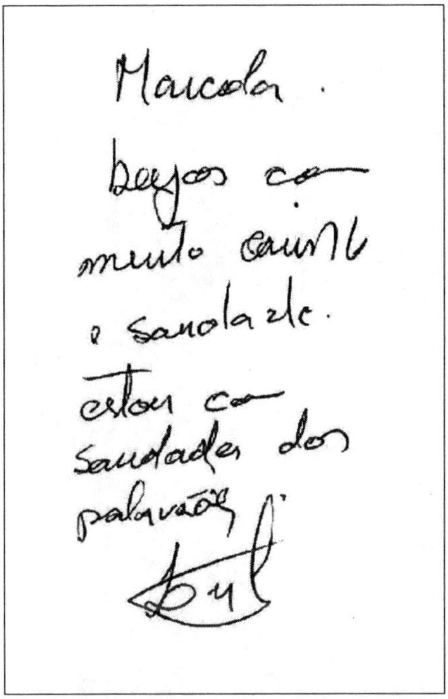
Marcola.
beijos co
muito carinho
e saudade.
estou co
saudades dos
palavrões
Lula

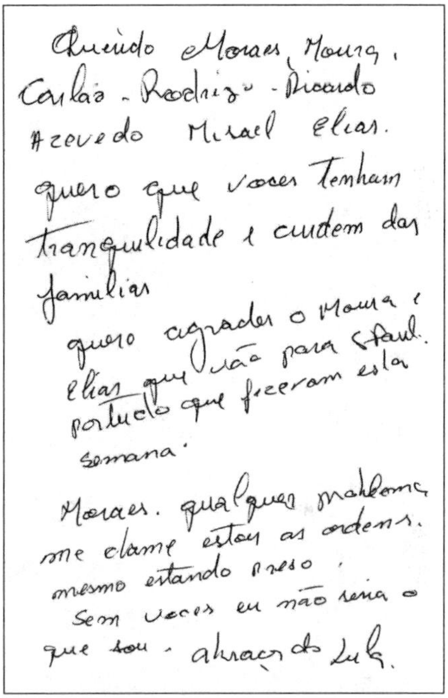
Querido Moraes, Moura,
Carlão - Rodrigo - Ricardo
Azevedo Misael Elias.
quero que vocês tenham
tranquilidade e cuidem das
famílias
quero agradecer o Moura e
Elias que vão para S.Paul.
portudo que fizeram esta
semana.
Moraes. qualquer problema
me chame estou as ordens.
mesmo estando preso.
Sem vocês eu não seria o
que sou. abraços do Lula.

被关押在库里蒂巴的581天中，卢拉收到了来自巴西各地匿名仰慕者的3.5万封信件——平均每天60封左右。他给马尔科拉写了300多封信，内容包括政治指示、待办事项和很多激励民主斗争的话语。马尔科拉写了482封信给卢拉，几乎都是对来信的回复。除此之外，还有卢拉写给女友詹佳的500封信，以及她写给卢拉的500封信——没错，每人写了500封，一封不多，一封不少。以上是卢拉所写信件的部分原稿。写给詹佳的信（及其回复）并未公开

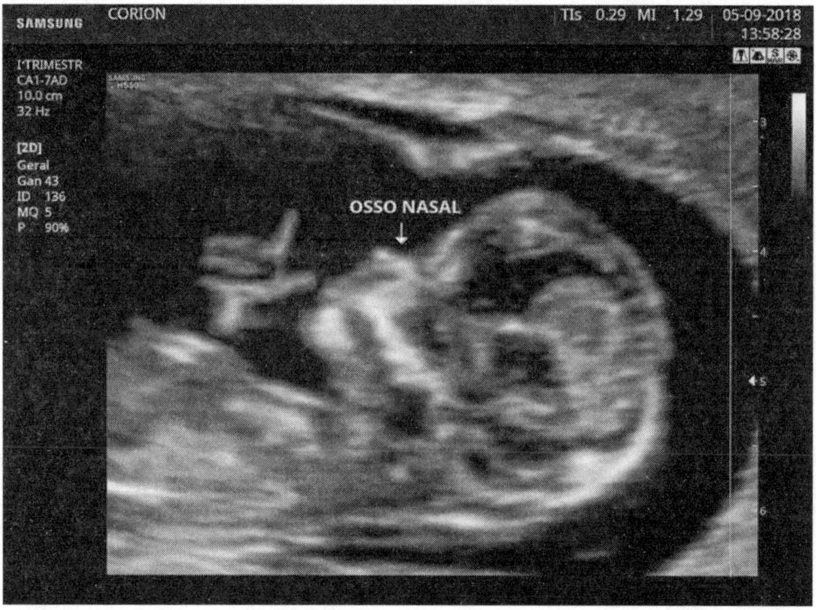

2018年，“给卢拉自由”值守活动中创造的“奇迹”。一对夫妇始终没能怀上孩子，他们来参观值守活动，想看看能否“沾点福气”。三个月后，卢拉的律师拿着一张超声图像走进牢房，图像中的宝宝伸手做出象征卢拉的“L”形手势：那对夫妇真的怀上了孩子

写给马里纳、里塔、卢西亚娜、
克拉里塞、埃莱娜和阿莉塞

目　录

第一章

面对莫罗发布的逮捕令，卢拉决定不向联邦警察局投案："让他们来抓我"

那正是睡意弥漫的下班时分，和往常一样。2018年4月5日星期四，离下午6点只剩几分钟，卢拉研究所一间间隔断的办公室里，员工们正合上抽屉，关闭电脑。在一间房门紧闭的小会议室里，前总统迪尔玛·罗塞芙（Dilma Rousseff）正与塞阿拉州民主工党（PDT）参议员锡德·戈梅斯（Cid Gomes）和劳工党（PT）主席、巴拉那州参议员格莱西·霍夫曼（Gleisi Hoffmann）喝着咖啡，聊着天。卢拉的两位律师瓦莱斯卡·特谢拉（Valeska Teixeira）和克里斯蒂亚诺·扎宁（Cristiano Zanin）[①]向留下的几人道声晚安，然后便离开了。扎宁身形瘦高、举止优雅，像教堂里担任侍祭[②]的孩子，他镇定地向人行道上等候的众多记者保证说，如果法律得到遵守的话，卢拉不会被立即逮捕：

---

① 两人是夫妻。——译注（后文如无特殊说明，所有脚注均为译注）

② 原文为coroinha de igreja，指教堂中协助神父举行弥撒的孩童。

“即使按照二审后提前监禁（prisão antecipada）的强盗逻辑，也应当遵守阿莱格雷港联邦地区法院之前的决定，即逮捕必须在该审所有上诉均被驳回后才能执行，而目前还没到这一步。”

研究所内气氛并不紧张，而是一种忧郁的等待。为防止卢拉在上诉全部驳回前遭到逮捕，前总统的辩护律师数次申请人身保护令，但当天凌晨，最高法院以6比5再次否决了律师的申请——决定性的一票由罗莎·韦伯（Rosa Weber）法官投出。大家担心这项决定将导向最坏的情况，那个令人害怕的结局：巴拉那州州府库里蒂巴的联邦法官塞尔吉奥·莫罗（Sergio Moro）宣布逮捕卢拉。

那里的每个人都明白，从法律角度严格来说，最高法院下达决定后，逮捕令随时都有可能宣布，但大家普遍认为，没什么理由立刻宣布。在圣保罗南区紧邻伊皮兰加博物馆的那栋带附间（puxados）和地下室的两层小楼里，人们推测莫罗会等到下周初再发布逮捕令。可并非所有人都这样想。来自里约州劳工党的参议员林德伯格·法里亚斯（Lindbergh Farias）持不同意见，他刚和刑法学家、瓦加斯基金会法律教授塞尔索·维拉尔迪（Celso Vilardi）会谈过，不久前才赶来这里。维拉尔迪的看法与研究所中绝大多数人不同。参议员转述维拉尔迪的话说，逮捕令已近在咫尺，甚至在他话音未落之时就有可能宣布。

卢拉却不这么认为，他确信自己不会在监狱里度过周末。他离开二层的办公室，走下旋转楼梯，来到一间有两张沙发和磨砂玻璃墙的小客厅，并叫来他年轻的助手、昵称“马尔科拉”的社会科学家马尔科·奥雷利奥·桑塔纳·里贝罗(Marco Aurélio Santana Ribeiro),请他打电话给莫伊塞斯·塞莱尔热斯(Moisés Selerges)。塞莱尔热斯是德国后裔,身材精壮,总是剃光头、穿着夏威夷式彩色印花的衬衫。他今年五十二岁,人生中有三十五年都在梅赛德斯-奔驰工厂当卡车底盘喷漆工。他是圣保罗ABCD工业区[①]金属工人工会会长,和卢拉十分亲近。

卢拉背朝研究所大门坐着,在简短的通话中对好友说,他预计自己下周才会被逮捕,所以拜托莫伊塞斯周六一早在工会“偷偷摸摸”办场烤肉派对,邀请一小帮朋友,大家“吃着肋排、喝点小酒”放松一下。在一旁等待通话结束拿回手机时,马尔科拉瞥见瓦莱斯卡和扎宁两位律师折返了回来,脸色苍白地走进大门,他顿感意外。瓦莱斯卡抢在丈夫之前,拿出手机展示UOL网站上即将传遍全球的头条新闻:“莫罗宣布逮捕卢拉。”律师夫妇早已习惯于法院人所共知的低下效率,他们没想到阿莱格雷港联邦第四地区法院,即人们所说的TRF4[②]的法官们会以破纪录的速度,在当天下午就通过程序,授权莫罗发布逮捕令。判决书已在网上公开,其中最后三段里,这位法官把法律赋予被告的权利说成是“特许”:

---

① 即圣保罗大ABC地区(Grande ABC),位于圣保罗都市圈(RMSP)东南部,是传统的工业区。“ABC”名称的来源是组成该地区的几个重要城市的首字母:圣安德烈(Santo **A**ndré)、圣贝尔纳多·多坎普(São **B**ernardo do Campo)和南圣卡埃塔诺(São **C**aetano do Sul)。也有人将另一座城市迪亚德马(**D**iadema)包括在内,这样便成了“ABCD”。

② 全称为Tribunal Regional Federal da 4ª Região。

> 至于已定罪的前总统路易斯·伊纳西奥·卢拉·达席尔瓦，考虑到其曾担任的要职，在此特许其于2018年4月6日17点前自愿前往库里蒂巴联邦警察局投案，并就此开始服刑。任何情况下均不得使用手铐。
>
> 投案的具体细节，由联邦警察局特派员、巴拉那州联邦警察局局长毛里西奥·瓦莱舒（Maurício Valeixo）直接与辩护团队商定。
>
> 在此说明，鉴于犯案人员曾担任的要职，已为其在联邦警察局总部内提前预留一房间用于前期服刑，房间类似高级囚室（Sala de Estado-Maior），前总统将与其他犯人相分隔，绝无遭受身体或精神侵害的风险。
>
> 塞尔吉奥·费尔南多·莫罗
>
> 库里蒂巴，2018年4月5日17:50:10

四年前，以莫罗领导的所谓“洗车行动”（Operação Lava Jato）[①]为中心爆发了一场政治地震，而今随着卢拉逮捕令的宣布，莫罗本人正式确立了他在这场震动中的主导地位。借助骇人的宣传机器，此前不过是巴拉那州一位乡巴佬法官的塞尔吉奥·费尔南多·莫罗，摇身一变成了超人和民族英雄；四十五岁的他用刺耳的声音吹嘘称，自己领导了一场国家历史上前所未有的反腐战争。

① “洗车行动”指巴西于2014年开始的一场贪腐调查行动，持续到2021年。随着调查深入，大量贪腐丑闻曝光，包括卢拉在内的多位巴西前总统，乃至时任总统迪尔玛·罗塞芙都卷入其中。

在电视黄金档的聚光灯下，在每周杂志的封面上，莫罗数算着他领导的“洗车行动”已判决了近百名涉案者，其中有政治家、承包商、大型国有集团的总经理和董事长、银行家、企业家、广告商、美元兑换商，甚至还有被行动流弹命中的无名百姓。刑期加在一起有好几百年。这位热衷于在世界各地向企业家、律师和警察发表演说的年轻法官自豪地宣称，他已签发一千余份搜查令，此举将为国库缴回“超过40亿雷亚尔的贿款”[①]。

莫罗及其检察院中的追随者的狂热尚未止步于此。法律中以利于侦破抢劫、强奸等极恶劣罪行为初衷设立的“污点证人”(colaboração premiada) 制度[②]被“洗车行动”利用，从而再添一件恶行——举报常态化。一代代人从小到大接受的教育都是，没有谁比告密者、叛徒、奸细、二五仔更加卑鄙可耻，对这类人的称呼没有一个字是好听的。大众憎恶告密行为的普遍观念可以在承包商马塞洛·奥德布雷希特 (Marcelo Odebrecht) 2015年发表的电视演说中得到印证，那是他在“洗车行动”开始之初的某次亮相：

“在我的资产中，有一些价值，包括道德价值，是我永远不会放弃的……在家里，当我的女儿们彼此争吵、打闹的时候，我会问：‘看看，是谁干的好事？’……而相比做错事的，或许我会更严厉地

① 关于“洗车行动”开展以来大型报刊新闻头条的调查，参见附录“详细审查大型传媒在反卢拉及其政党之战中的行为”。——原注

② “污点证人”制度也称证人免责协商，是指政府为取得某些重大案件证据或追究首要犯罪分子的恶劣罪行，对于同案中罪行较轻的犯人做出承诺，若后者提供关键的证据，则有机会换取减刑，从而成为“污点证人”。

批评告密的孩子……”

这个糊涂商人有着自己独特的道德准则，它虽然牢固，却并非永恒。他本人最终还是向“洗车行动”中被捕者所戏称的“天鹅绒刑棍”[①]屈服了——那是对军事独裁时期审讯政治犯的刑具的戏谑引述，即受审者要么招供当局想听的情报，要么就得付出代价。独裁时期，这代价甚至是生命；而在“洗车行动”中，则是面临无限期羁押的风险。然而，并非所有人都向暴力屈服。有且只有劳工党内的一些积极成员顶住了压力——例如党的财务主管、银行家若昂·瓦卡里·内图（João Vaccari Neto），即便家人受到迫害，他在被关押的两年期间也从未开口。本书作者曾与奥德布雷希特公司的一位高管有过简短的谈话，并承诺将其姓名保密：

“为何您被关押了那么久？他们指控您什么罪？”

“什么罪都没有。我被关着，只是因为我供词里没有对卢拉不利的内容。等发现我真的不了解任何能用于控告前总统的信息之后，他们就打开牢门说：‘你可以回家了。’”

若以巴西司法体系中慵懒官僚团队的标准衡量，卢拉逮捕令签发前各项决定的下达速度快得惊人，让人不禁怀疑三级审判法庭之间是否早有串通。多亏投票决议和发送公函都有精确的电子记录，我们得知最高法院以6比5否决卢拉人身保护令的时间是这天凌晨0点48分。几小时后，天刚蒙蒙亮，巴西利亚方面的决

① 原文为pau de arara de veludo，“pau de arara”原意为“鹦鹉架”，也可指代一种将犯人倒吊在空中的长棍刑具。这种刑罚在军事独裁时期广泛使用。

定已经呈现在阿莱格雷港联邦第四地区法院的电脑上。就在当天，准确说是下午5点32分20秒，法院秘书利泽利亚·扎尔诺拜（Lisélia Czarnobay）向库里蒂巴第十三联邦法庭发送公函，授权后者发布逮捕令。下午5点50分10秒，庭长塞尔吉奥·莫罗法官宣布逮捕卢拉。因此，从公函送达库里蒂巴算起，莫罗在接到授权和下令逮捕卢拉之间仅用了短短17分50秒，打破司法档案通常在巴西法院抽屉中沉睡数月甚至数年的惯例，完成了一项值得载入吉尼斯世界纪录的创举。

扎宁带来的消息让人手足无措，研究所所长保罗·奥卡莫托（Paulo Okamotto）、卢拉的助理保罗·安德烈（Paulo André）、前众议员克拉拉·安特（Clara Ant）、前部长保罗·万努基（Paulo Vannuchi）和圣保罗州劳工党众议员维森蒂尼奥（Vicentinho）聚成一圈，站在走廊里商议如何是好。马尔科拉独自走到有硬质塑料家具点缀的室外空地，打电话把消息告诉塞莱尔热斯，商议改变计划。电话另一头，这位金属工人没有丝毫犹豫：

“马上把卢拉带到这里来。工会是唯一能保证他安全的地方。千万别留在研究所或者回他自己家，把他带到工会来。”

马尔科拉回到屋内，把情况告诉了预备役陆军上尉瓦尔米尔·莫赖斯（Valmir Moraes）。法律规定，巴西总统卸任后有权配备一支由八名预备役军人组成的安全卫队，而此人正是卢拉卫队的队长。经过短暂而紧张的讨论，大家决定一同前往圣贝尔纳多·多坎普，只有锡德·戈梅斯除外，因为他还有一小时便要乘飞机返回福塔莱萨。这位塞阿拉州参议员来圣保罗的短暂行程未能如愿：他尝试说服迪尔玛代表塞阿拉州竞选参议员，那里的民调显示，前总统的支持率能达到70%。她需要立刻做出决定，因为离更改参选选区的法定期限只剩下两天。迪尔玛婉拒了这一诱人的邀请，因为她已决定代表自己的家乡米纳斯吉拉斯州参选——而六个月后，她将在选举中以难以置信的第四名落败，得票低于三位名不见经传的政治局外人。

面对库里蒂巴传来的消息，卢拉还没想好如何应对。他像往常一样用手指拨弄着八字胡的尖端，聆听在场者的意见。莫赖斯凑上前，几乎在他耳边悄声说：

“总统先生，外面乱七八糟的。我们走吧，待在这儿不安全。我们得赶在有人挑衅或者搞出什么事端之前离开这里。”

研究所外，战争似的氛围仿佛预示着接下来四十八小时将发生的情况。除了一直站在人行道上的几名记者外，许多人聚集在路面狭窄而倾斜的波索阿莱格雷街上，既有好奇的围观者，也有报社、博客平台、广播台和电视台的记者在现场直播。一大群“摩托领客”(motolinks)，即载着摄影师的摩托车在人群中间来回穿梭，等待拍摄前总统的画面。摄影师们有的在地面上，有的在摩托车座上，有的爬上面包车车顶，还有的在空中，坐在环球电视台(Globo)、旗手电视台(Bandeirantes)和记录电视台(Record)的直升机里，所有人都把镜头对准了卢拉研究所半地下的车库大门，卢拉应该会从那里出来。

受网络、广播和电视新闻的吸引，支持和反对逮捕卢拉的群众纷纷在研究所门前聚集，人流堵塞了交通，引来一阵汽车鸣笛的交响曲，打搅了街对面圣卡米洛医院里患者的宁静。卢拉的车队没有从众人蹲守的正面车库驶出，而是走了贡萨洛·佩德罗萨街的另一个出口，那里距研究所大门约有一百米。这时，莫赖斯上尉担心的事情还是发生了。

当五十六岁的小企业家卡洛斯·阿尔贝托·贝托尼（Carlos Alberto Bettoni）看到参议员林德伯格·法里亚斯、圣保罗州劳工党州议员埃米迪奥·德索萨（Emidio de Souza）和塞尔希培州劳工党前联邦众议员马尔西奥·马塞多（Márcio Macedo）出现在研究所门口时，他从一群反卢拉示威者中跑出，用手指着三位政治家，高喊着"卢拉是贼！卢拉是贼！"并冲了过去。劳工党的行动者们将他团团围住，有人朝他脸上打了一拳。贝托尼身体一歪，失去平衡，脑袋撞上了一辆堵在路中间的自卸卡车的保险杠，随后倒在地上，头部流血，昏了过去。等他恢复意识起身后，人们将他搀扶着送到旁边的医院，医生确认是轻微的头外伤。这起事件最终导致袭击者——附近小城迪亚德马的前市议员、昵称为"劳工党的马尼尼奥"的曼努埃尔·爱德华多·马里尼奥（Manoel Eduardo Marinho）和他儿子莱安德罗被预防性拘留十二天，并受到谋杀未遂的指控。

要从研究所到二十公里外的工会，卢拉一行人的小车队在"抓贼！抓贼！"的叫喊、人群投掷的鞭炮和反卢拉团体一路的木棍敲击中行驶。无数新闻报道，还有围绕着车队的"摩托领客"和新闻车辆的喧闹声引来大批群众围观。为了摆脱尾行和挑衅者，莫赖斯命令司机、伞兵中尉卡洛斯·爱德华多·罗德里格斯

(Carlos Eduardo Rodrigues)改变路径。原计划是沿伊皮兰加博物馆公园侧面的纳扎雷大街行驶,然后汇入安谢塔公路,但现在车队突然右转,朝里卡多·雅弗特大街方向一路高速驶去,不一会儿就开上了宽阔而繁忙的伊米格兰特公路。看起来,这番操作成功甩开了绝大部分尾行的记者。

卢拉坐在黑色雪佛兰欧米伽轿车后座上,有深色窗玻璃保护着,他对街上的喧嚣和似乎贴着车顶飞行的直升机螺旋桨无休止的叭叭声并不在意。他平静地同卫队成员谈论着路线变化,并且由于对手机一窍不通(他或许连如何自己打电话都不会),卢拉请求莫赖斯替他打几通电话。他和女儿卢丽安(Lurian)以及几个儿子——人称"小卢拉"的法比奥·路易斯(Fábio Luís)、马科斯·克劳迪奥(Marcos Cláudio)、路易斯·克劳迪奥(Luís Cláudio)和桑德罗·路易斯(Sandro Luis)一一通话,向每个孩子简单说了刚刚发生的情况,告诉他们自己正在去工会的路上,到了再决定下一步行动,并希望孩子们不要担心,因为不会有什么坏事发生。通话间,卢拉时不时接到政治家和好友的电话,他重复着刚和孩子们说过的话:到了工会,他再决定下一步行动。

一辆黑色福特福克斯紧跟在卢拉座驾的车尾保险杠后,里面载着里卡多·席尔瓦·多斯桑托斯(Ricardo Silva dos Santos)、埃德松·莫拉(Edson Moura)、里卡多·梅西亚斯·德阿泽维多(Ricardo Messias de Azevedo)和米萨埃尔·梅洛(Misael Melo)几名士官,他们都是卫队队员。陪同卢拉离开研究所的一行人驱车跟在两辆卫队车后面,其中一辆车载着无地农民运动(MST)的几位领导人，若昂·佩德罗·斯特迪莱（João Pedro Stédile）、吉尔马尔·毛罗（Gilmar Mauro）和若昂·保罗·罗德里格斯（João Paulo Rodrigues），他们打电话号召积极分子前往工会。当车队抵达通向圣贝尔纳多的环路时，莫赖斯上尉才发现改变路径并没有起到作用。或许是得到飞行员和直升机上记者的指引，几十辆没熄火的“摩托领客”和装有车顶天线的面包车早已在小达维德·卡皮斯特拉诺·达科斯塔医生立交桥下等候了。

从伊米格兰特公路到工会所在的约翰·巴索街，那五公里路程简直是场马拉松。摩托车在圣贝尔纳多狭窄的街道上穿梭逆行，骚动引来更多人在路边驻足。多数人因卢拉被捕而欢呼。摩托车手大笑着煽动人群：“是卢拉！卢拉在这儿！卢拉被抓了！”更激进的示威者已无法自制，不仅辱骂，还用巴西国旗的旗杆敲击车顶，喊着粗话。在前两辆车上，六名携带自动手枪的前总统卫兵经历了前所未有的精神考验。雪佛兰欧米伽轿车里的卢拉看起来却很平静，他与莫赖斯和罗德里格斯交谈，接打电话，仿佛这场席卷街头的旋涡与他无关。

夜幕已经降临，事态却没有丝毫好转的迹象。卢拉的支持者占领了工会所在的街区，罗德里格斯不得不缓慢驶过一连串人墙，才把车开到大楼入口。数百名工人、工会领袖、积极成员、知识分子、艺术家和来自各州的政治家为卢拉让开道路，然后立即堵上了这栋五层大楼的所有出入口。卫队剩下的两名卫兵——中尉罗热里奥·多斯桑托斯（Rogério dos Santos）和士官埃利亚斯·多斯雷斯（Elias dos Reis）已经在工会等着卢拉了。

热情如火的人群齐声高呼：

“不要投案！不要投案！不要投案！”

联邦警察战术行动队（COT）的特警列队站在两百米外，保持着不失谨慎的距离，同时又明显能让示威者察觉到他们的存在。与包围建筑物的群众相比，特警数量并不多，大概只有几十人，但看起来威胁十足，随时准备战斗。他们身穿卡其色迷彩服，戴着头盔和巴拉克拉瓦头套——一种忍者似的黑色面罩，手持德制HK417突击型步枪，与美军在伊拉克和阿富汗使用的枪械完全相同。

哲学家和政治活动家、无家可归工人运动（MTST）领袖、社会主义与自由党（PSOL）领导人之一吉列尔梅·博洛斯（Guilherme Boulos）在傍晚6点左右得知逮捕令发布，当时他正好抵达瓜鲁柳斯的孔比卡机场[①]。他刚结束了一场东北部的政治巡回，在那里讨论了当年10月大选中作为总统预备候选人的相关事宜。他决定去卢拉研究所看看，但在路上接到了马尔科拉的电话，告知前总统已前往工会，让博洛斯也去那里。

降落圣保罗时，博洛斯原定的目的地也正是ABC地区。他本来计划参加当天下午由无家可归工人运动的“无畏人民”占领队组织的一场集会，而此时已经迟到了。这支占领队由八千个无家可归的家庭组成，他们占领了圣贝尔纳多斯堪尼亚工厂前方一片

① 即圣保罗瓜鲁柳斯国际机场。因其位于圣保罗都市圈瓜鲁柳斯市孔比卡区以北，得此别名。

六万平方米的土地，在那里用尼龙布扎营生活了六个月。那个周四下午的集会是为了庆祝并组织群众胜利撤离：为换取民众撤离这块建筑商的地皮，圣保罗州州长、巴西社会民主党（PSDB）的热拉尔多·阿尔克明（Geraldo Alckmin）与博洛斯签下协定，承诺为扎营的无家可归工人建造并交付两千四百间住房。

在路上，博洛斯给无家可归工人运动的另一位领袖若苏埃·罗沙（Josué Rocha）和占领队协调员安德烈亚·巴尔博扎（Andreia Barbosa）打了电话，请他们向集会群众提议：大家共同前往距营地仅一公里的工会。

"这条逮捕令蛮不讲理、荒唐至极！完全是政治监禁！"博洛斯在通话中喊道，"大家都得去圣贝尔纳多，去捍卫民主。我们不会任由这种荒唐的事情发生！"

提议向群众传达后，全场爆发欢呼以示同意。几分钟后，人流将本就交通混乱的安谢塔公路堵得水泄不通，一路朝卢拉所在的、已成堡垒似的工会涌去。营地只留下了老人、带婴儿的妇女和行动不便者。博洛斯赶到工会时，已有大约五千人聚在那里，其中有活动家、工人，劳工党、无地农民运动和无家可归工人运动的积极分子，他们挥舞着红旗，喊着口号：

"不要投案！不要投案！"

"围住！围住！不许抓人！"

"卢拉不出来！警察别进去！"

得知莫罗发布逮捕令后，劳工党领导的劳动者统一中心（CUT）在社交媒体上发布了一份声明，号召会员前往工会门前坚守。"我们必须继续抵抗，保卫国家有史以来最伟大的政治领袖，”声明中写道，“捍卫卢拉就是捍卫民主。”算上工会周边街道上的金属工人和积极分子，估计约有一万人愿意在那里露宿，等待卢拉做出决定。

尽管入口处布设了严密的安全围栏，工会内部依旧人头攒动。老一辈的金属工人回忆说，即使在20世纪七八十年代ABC地区罢工活动的巅峰期，也从没在工会里见过这么多人。来自全国各地的政治家、活动家和积极分子蜂拥而至，和知识分子、电视与电影艺术家、修女、说唱歌手以及无数记者、摄影师挤成一团。单单一个“自由记者”新闻网（他们自称是“一个没有老板、上司、主编、营销和审查的团体”）就往这栋房子里派了多达十八名年轻人，负责用手机拍摄一切。他们拍下的每一幕都被立刻传到网上播出。在新闻吸引下，时不时还有不知从哪冒出的流动商贩，叫卖印有“给卢拉自由”的旗帜、T恤和鸭舌帽，或推着小车卖矿泉水、椰子水、冰镇啤酒，烤制大众熟知的“猫肉小串”[①]。

在场者将卢拉请到二楼，人们最后达成的唯一一个决定是，卢拉将在工会过夜。强壮的莫伊塞斯·塞莱尔热斯负责为前总统临时安排住宿。在地下室木纤维板墙和狭窄的灰色走廊组成的迷宫尽头，有一间常人很难找到的屋子，塞莱尔热斯铺设了床板、双人

① 原文为churrasquinhos de gato，是巴西人对路边流动商贩烤制的、价格低廉但肉源不明的肉串的戏称。据说最初有人怀疑商贩使用猫肉，才能做到如此低廉的价格，政府介入调查后发现，商贩使用的不是猫肉，而是在南美广泛分布的刺豚鼠（cutia）肉。但这一戏谑的说法仍然保留了下来。

床垫，拿来枕头、条纹床单，还有一条印有蓝色和绿色花朵的棉被。这位工会活动家还去前总统的公寓收拾了两套衣服，装进棕色的小塑料箱里。在与卧室相连的房间的桌子上，摆着火腿奶酪三明治、罐装饮料、啤酒和水。

关于那项最艰难却又最重要的决定——如何回应逮捕令，在最亲近卢拉的政治团体中显然存在分歧。参议员林德伯格·法里亚斯、格莱西·霍夫曼，陪伴卢拉长达三十年的律师路易斯·爱德华多·格林哈尔希（Luiz Eduardo Greenhalgh），以及活动家若昂·佩德罗·斯特迪莱、吉列尔梅·博洛斯等人都认为应该直接无视莫罗的逮捕令，从而将问题抛给对手。在他们看来，要义在于"抵抗"。他们断定执法部队绝不可能疯狂到屠杀包围工会的民众，然后逮捕卢拉。抵抗派认为，事件僵局会成为全球新闻，这正好给了他们向全世界揭露莫罗、检察院及联邦警察迫害卢拉行径的机会。这一想法来自劳工党的两位领导人，同时也是国内最重要的社会运动——无地农民运动和无家可归工人运动的领袖，但瓦莱斯卡和扎宁两位律师听闻后还是十分惊讶。尽管他们在国内外都坚定宣称卢拉是"法律战争"（lawfare）的受害者——这是司法领域的新造词，将"law"（法律）和"warfare"（战争）结合在一起，形容以不正当手段利用法律玷污对手声誉或否定其论点——但夫妻二人明白，若不遵从逮捕令投案，莫罗必定会将卢拉列为逃犯，从而宣布执行预防性拘留，这样再想为前总统申请人身保护令便几乎不可能了。

投案还是抵抗，这一核心问题仍然悬而未决。经验丰富的瓦尔米尔·莫赖斯上尉像惯常那样保持沉默，没向任何人吐露想法，只是忧心忡忡地听着讨论。他知道联邦警察没有能力和足够的训练来驱散人群，因此担心冲突会演变成屠杀，毕竟一颗HK417步枪的子弹就足够击穿五六人。圣保罗军警也处于警戒状态，只是并非所有人都知情。

距工会不到一公里外，防暴部队已在安谢塔公路菲奥伦特·埃莱娜神父立交桥环道附近的一片小树林中隐蔽待命，队员分别坐在四辆灰色大巴车、两辆“鱼骨头”军车和两辆俗称“骷髅车”的装甲车上。这支能上战场的军警部队配有凶猛的罗威纳犬和德国牧羊犬，手持橡胶子弹步枪和催泪弹发射器。只要圣保罗指挥部一声令下，他们便能驱散工会门口不肯离开的人群，然后强行开路，让联邦执法员进入大楼将卢拉逮捕。埃米迪奥·德索萨察觉到防暴部队在周围大批集结的迹象，心中起疑，便给州政府民事办公室主任萨穆埃尔·莫雷拉（Samuel Moreira）打电话询问情况。主任给了肯定答复，表示军警已按联邦警察局的要求待命，而由于司法命令的存在，假如遭遇抵抗，防暴部队有理由采取行动。

夜深了，工会和周围的街道却愈发拥挤。莫罗给出的二十四小时正一点点流逝，而在场的每个人似乎都不知道僵局会如何收场：卢拉会做出抵抗，还是平静地向警方投案？前总统察觉到莫赖斯的忧虑，将他拉到一旁，在耳边交代的两句话似乎表明他已经做出了决定：

“莫赖斯，我不会投案。他们不是发了逮捕令吗？那就让他们来抓我。”

随后，他叫来埃米迪奥·德索萨，悄声委托他带两名律师——里约州劳工党众议员瓦迪·达穆斯（Wadih Damous）和联邦特区劳工党前众议员路易斯·卡洛斯·西格马林加·塞沙斯（Luís Carlos Sigmaringa Seixas）与联邦警察商议逮捕自己的条件和方式。西格马林加是政界知名的“唯一一个三次拒绝担任最高法院法官的巴西人”，他在八个月后因骨髓增生异常综合征去世，享年七十四岁。一小时后，三人抵达拉帕区一幢灰紫色大楼，这里是圣保罗联邦警察局总部。局长迪斯尼·罗塞蒂（Disney Rosseti）和另外三名警员已在那里等着他们。双方的谈话很客气，但没有实际结果。劳工党的三位代表解释说，卢拉不打算自行投案，希望警方前往工会逮捕他。罗塞蒂感到担忧：

“我们收到了逮捕令，要去执行。我们希望动静越小越好，所以最好是请他自愿来这里。而且逮捕令上也明确写了，要他向联邦警察投案。”

德索萨打断了他：

“罗塞蒂先生，这是不可能的。卢拉不会离开工会，自愿到这儿来投案。”

警察局局长不失礼貌地坚持道：

“请他自行前来是对大家最好的解决方案。我们也不想让警员为难，我们只希望执行逮捕令的动静越小越好。”

西格马林加和达穆斯也插话道：

“他是共和国的前总统，不该被置于尴尬耻辱的境地。让他蒙羞，我们决不会接受。”

警官安抚他们：

“我向各位保证，他不会受到任何形式的羞辱，比如戴上手铐之类的。”

三人确信谈话不会有任何结果，便向罗塞蒂告别：

“我们现在回工会去，向卢拉总统说明您提的条件。明天下午5点之前，我们再和您联系。”

即便得知了三名劳工党代表从警察局带回的消息，面对唯一重要的问题——最后要不要抵抗，卢拉和他身边的政治家、活动家，还有不肯离开街道和工会内部的群众仍然彻夜想不出答案。时间来到凌晨，疲惫蔓延开来，政治气氛似乎缓和了些。因担心出去后第二天早上挤不进大楼，几十人就在地板上睡觉，用背包或者成摞的旧报纸当枕头。一些政治家回到了他们在圣保罗的家中或酒店，另一些别无选择，只能在离工会两个街区的一家评价很差、房间狭小的破旅馆过夜。卢拉下到地下室的临时住处，用附近公共浴室的喷头洗了个澡，刷了牙，躺在床上睡着了。显然，他睡下时也不知道醒来该做什么。为安全起见，也为了确保任何可能发生的事情都留下影像记录，从卢拉担任总统时就跟随他的摄影师里卡多·施图克特（Ricardo Stuckert）被安排在卢拉床边的沙发上过夜。

第二章

翻遍卢拉的住处后，联邦警察往沙发上粘了一只麦克风，企图秘密录制夫妻俩的对话

天色渐亮，莫罗法官给的二十四小时已经过去了十四小时。星期五早上，工会大楼里的人比前一晚更多。全国的报纸头条、世界主要媒体的头版报道、逮捕令发布的消息以及卢拉可能抵抗的传言引来了外国记者和巴西各地的活动人士。政治家、社会活动家、法律顾问、神父、福音派牧师、佛教僧侣、音乐家、电影电视演员、足球明星和抱着婴儿的母亲，各行各业的人们乘轿车、公共汽车或飞机齐聚圣贝尔纳多。这天，《圣保罗页报》(*Folha de S. Paulo*) 网站发布了一则未经证实的消息，称部分群众是圣保罗州公立学校教师工会在市郊雇用的“贫困青少年”，目的是“为捍卫卢拉的活动造势”。可以肯定的是，聚在街上的大多数人与所有律师和部分政治家的看法不同，他们希望卢拉抵抗、不要投案，却不知道该如何抵抗。赤手空拳对抗联邦警察局的防暴部队和特警，这种想法似乎荒唐至极。

卢拉表现得很镇定。虽然只睡了四个小时，但他醒来后状态

不错，用跑步机和从家带来的健身器材锻炼了一个半小时，然后洗了澡。身穿牛仔裤、浅蓝色T恤和一件玻利维亚总统埃沃·莫拉莱斯（Evo Morales）送的彩条纹蓝色夹克，卢拉在人群中走动，与人拥抱，安慰哭泣者，还和20世纪80年代一同奋斗过，至今才再次相见的老朋友开着玩笑。需要与政党、工会和社会运动领导人私下商议时，卢拉便中断闲谈，走进某个房间把门反锁。二楼预留了三个大房间供家人使用，卢拉的哥哥、子女、儿媳、女婿、孙辈都在那里，还有时不时露面的随从。中午时分，卢拉陪同家人在一间屋内吃了午餐，说自己仍然没有决定投案还是抵抗。他的家人希望他投案。

下午，传来一条令人恐慌的消息：大楼的供水中断了，这可能预示警方将要闯入。"先断水，等天黑了再断电，"塞莱尔热斯担心最坏的情况发生，"这或许是他们硬闯工会的信号。"在与全国金属工人联盟主席、身材魁梧的"大保罗"——保罗·凯雷斯（Paulo Caires）一同出去租借水罐车之前，塞莱尔热斯叫来了大楼庭院内一台发电机的维保人员。这台功率为330千伏安的发电机产生的电力，足以供工会所有照明和空调设施连续运转，但需每三小时加一次柴油。塞莱尔热斯告诉员工，万一停电他们该如何做：

"你们就在发电机旁边待命。如果断电了，重新打开所有设备，然后在这看着发电机。每三小时加一次柴油。"

等塞莱尔热斯和大保罗租到水罐车之后，两人才得知问题已经解决了。负责为ABC地区供水的半国有企业——圣保罗卫生设施服务公司（Sabesp），已经派出了另外两辆水罐车给工会的水箱加水。有的社交媒体已经在散播假消息，说切断供水是一种抵制行为，公司管理层担心卷入政治风波，赶忙在网上发布官方声明辟谣：

> 圣保罗卫生设施服务公司在此声明，圣贝尔纳多·多坎普的ABC地区金属工人工会的供水已经恢复。由于工会人员众多，内部水箱可能无法满足需求。本公司已经派遣水罐车到场协助充水。

距离最后期限不到四小时的时候，似乎出现了一丝希望。卢拉在研究所的私人秘书、昵称“克劳迪尼亚”的克劳迪亚·特罗亚诺（Claudia Troiano）将参议员格莱西·霍夫曼叫到一边，低声说：

“明天4月7日是玛丽萨夫人的生日。要是她还活着，就该六十八岁了。我们为什么不在工会办场纪念弥撒呢？”

克劳迪尼亚说的是卢拉的妻子玛丽萨·莱蒂西亚·卢拉·达席尔瓦（Marisa Letícia Lula da Silva），她在前一年2月因中风去世。劳工党主席抓住这个想法，在其中看见了化解僵局的一线希望。她找了间会议室，将南大河州劳工党众议员保罗·皮门塔（Paulo Pimenta），参议员林德伯格，众议员埃米迪奥、西格马林加和达穆斯，皮奥伊州州长、劳工党的威灵顿·席尔瓦（Wellington Silva），党内干部马尔西奥·马塞多以及律师克里斯蒂亚诺·扎宁召集在一起。她转述了克劳迪尼亚的提议，并首先表示赞同：

“法院不让卢拉参加亡妻的纪念弥撒，这无论如何也说不通。

她走得那么悲惨。”

提议得到全体成员认可，弥撒很快变成了众多教派的联合宗教仪式，定于次日即周六上午11点举行。现在就差卢拉点头了。格莱西等人简要传达了这项提议，卢拉的回应很自然，即便知道自己的同意意味着拒绝按照塞尔吉奥·莫罗逮捕令的期限投案：

“弥撒可以办，没问题。”

律师、前众议员若泽·爱德华多·卡多佐（José Eduardo Cardozo）不赞成卢拉抵抗。他曾在迪尔玛执政期间任司法部部长，被许多劳工党和非劳工党的卢拉主义者斜眼相看，他们批评他身为司法部部长“手腕太软”，放任自己统辖的联邦警察在“洗车行动”中肆意妄为。警方的行动总会伴随着成群结队的摄影师和记者，这些人得到消息的时间甚至往往比被告律师更早。卢拉的支持者抱怨称，联邦警察遵照莫罗指令，监听为卢拉辩护的特谢拉·马丁斯律师事务所的电话交换机长达二十三天。由于获准监听电话干线，除了与“卢拉案”相关的对话，联邦警察还录下了律师与其他所有客户的通话。根据运营商公函和联邦警察自行出具的证明书，有462通电话被监听，共计13小时50分钟4秒。有关卢拉的通话内容，由警方逐日抄录并发送给莫罗法官和负责“洗车行动”的检察官德尔坦·达拉格诺尔（Deltan Dallagnol）及其团队。这样一来，法官和检察官便能提前获知卢拉律师的辩护策略，从而抢先行动或提前做好准备，在法庭上逐条还击。巧合的是，2016年3月4日莫罗下令强制传唤（condução coercitiva）卢拉时，律师事务所正处在监听之下，不免让人起疑。

到3月中旬，莫罗和检察院发动“法律战争”的事实已尽人皆知。最高法院已在16日下令停止监听，但急于博得大型媒体关注的莫罗竟公然对抗法院决定，将一段窃听录音公之于众：在通话中，时任总统迪尔玛·罗塞芙邀请卢拉担任总统府民事办公室秘书长。这段通话后来广为流传，一是因为迪尔玛将府内一位官员的名字“梅西亚斯”错念成了“贝西亚斯”，二是卢拉道别时说了句“再见，亲爱的”。在联邦最高法院法官特奥里·扎瓦斯基（Teori Zavascki）的公开警告下，法官莫罗请求“谅解”。扎瓦斯基随后命令销毁所有录音，但莫罗从未执行。尽管莫罗对司法的挑衅已引起联合国人权委员会的关注，但令劳工党成员不满的是，司法部部长并未追究联邦警察协助犯事，以致遭到最高法院谴责的责任，甚至连一项内部调查都没有开展。

2016年3月4日早上6点，也就是卢拉逮捕令发布的两年前，联邦警察出动两百名警员和特工，在三十名联邦税务局审计员的陪同下执行了三十三项搜查令和十一项强制传唤令。搜查对象包括前总统及其儿子、儿媳和孙子。当负责强制传唤的联邦警员卢西亚诺·弗洛雷斯（Luciano Flores）来到他公寓门口时，卢拉说：

“我不会跨出家门一步。您如果愿意，可以就在这里记录我的陈词。或者戴上手铐，强行把我带走。”

这不是虚张声势。法律规定，强制传唤（用法律行话来说叫“司法传唤”）只有在被告至少两次收到传票且拒绝服从法庭命令时才能执行，而卢拉的情况并非如此。但警员仍试图说服他，表示“出于安全考虑”，不便现场记录他的陈述。弗洛雷斯担心的是已经在圣贝尔纳多这栋居民楼下聚集的数十名活动人士，他们意欲阻止警察带走前总统。经过一番有律师在场的谈判，卢拉别无选择，只能听从传唤，在不戴手铐的情况下前往孔戈尼亚斯机场的联邦警察局，那里已经停着一架联邦警察专机。有至少一位律师，即路易斯·爱德华多·格林哈尔希认为，正因圣贝尔纳多和机场都有示威者在场，警方录完口供后才没敢将卢拉逮捕并送往库里蒂巴。

当丈夫在孔戈尼亚斯机场的一间屋子里录口供时，玛丽萨留在公寓，看着七名有男有女、全副武装、身穿迷彩服的联邦特工在家里一寸一寸地搜查，从浴室到厨房，从客厅到卧室，她不知道他们在找什么。床垫被掀起，抽屉、衣柜、书架、橱柜和床头柜都翻了个底朝天，甚至连冰箱以及冰柜、烤炉的电机也被警察仔细搜查。玛丽萨阴沉着脸看着，不停地抽烟，一言未发。

此时，同样大张旗鼓的行动也在卢拉的儿子路易斯·克劳迪奥家中开展，随后一周内又在另外三个儿子法比奥、马科斯·克劳迪奥和桑德罗家中轮番上演。卢拉的长女、住在尼泰罗伊的卢丽安是家庭中唯一免遭清查的成员，对此联邦警察从未做出解释。但是，警方在网络和电视上直播了针对父亲和兄弟们的搜查行动，目睹这一切带来的恐惧令她患上了惊恐症。卢丽安未成年时意外怀孕，育有一子一女，还刚刚当上了一名女婴的祖母。自从2016年3月4日那天起，不管睡得多晚，她每天早上6点就会醒过来，然后拨通公寓大楼保安室的电话，询问是否有陌生人来找过她。

对五处住所的搜查结果显示，联邦警察共查获417份文件、共计634页，51台电子设备（包括计算机、笔记本电脑、平板电脑、手机和其他设备）以及70件媒体设备（存储卡、DVD、CD、移动硬盘和U盘等）。下午1点左右结束卢拉公寓的搜查工作时，联邦特工拎着一个个装满文件的黑色帆布袋离开，并趁玛丽萨不注意，用魔术贴在客厅电视前的沙发下面粘了一只窃听器——和腕表纽扣电池一样大的金属小圆片，它能捕捉并传输所有环境声音，当然也包括房主的对话。好在卢拉的安保人员及时发现了窃听器，甚至在它开始工作前就给关闭了。

令当局失望的是，查获的一堆档案和物品中，并没有现金、珠宝和贵重财产的踪迹，也没有可供莫罗和巴拉那州检察官对付前总统及其妻子、孩子的文件。绝大部分资料都是家人分期付款的银行账单、旧纳税申报表、支票簿存根、银行流水和日常消费的购物发票，还有一本由伊培玻璃纤维公司提供的，关于使用和维护两艘脚踏船的平平无奇的说明书。脚踏船是玛丽萨给孙子买的玩具，却被当作卢拉在阿蒂拜亚拥有一座农场的证据泄露给媒体，这座所谓的农场正在接受司法调查。

在查获的媒体和电子设备中，结果也没什么两样。U盘、CD、DVD、硬盘和存储卡里只有孩童生日派对和家庭生活的照片。被收走的有一台苹果平板电脑，里面装有桑德罗和玛莱尼的儿子阿图尔玩的电子游戏，还有一枚存有孩子出生时照片的U盘。尽管这些内容无关紧要，但直到2019年3月阿图尔因流行性脑膜炎意外夭折时，这些设备仍被扣留在联邦警察手中，那时孩子的祖父已经入狱将近一年。虽然没有针对前总统儿媳的搜查令，联邦警员仍非法没收了一枚属于路易斯·克劳迪奥的妻子法蒂玛的U盘，里面是她即将提交给大学的行政法领域研究生论文的唯一副本。

在那个紧张的下午，卡多佐并不在意工会中向他投来的愤怒目光，反而抱怨一些长期以来把“一屁股问题债”都归在自己身上的劳工党党员。

“我知道我有很多缺点，”前部长强调，“但我之所以和大家争论，并不是因为这些缺陷，而是出于我的良心。”

他还反驳了指责自己身为部长手段太软、与联邦警察同流合污的言论。

卡多佐称，他也认为针对卢拉住所的搜查令十分专横，但他无法惩罚执行该命令的警官，因为警官也是遵照司法决定办事。他坚称：“如果有人说部长可以惩罚一名按法官决定行事的警员，那说明他根本不懂巴西制度的运转模式和分权原则。”

星期五下午一共开了几十次小型讨论会，有人哭泣，有人提出要和警察肢体对抗。大楼入口设置的围栏似乎并未见效，因为工会里变得越来越挤。时针指向5点时，气氛紧张得几乎令人崩溃。最后期限已过，卢拉没有遵守法院的命令。按照法律，无论联邦警察还是军警都随时可能闯入工会将他逮捕。此外，还有莫罗被卢拉的大胆行为惹怒，从而宣布预防性拘留的风险，以及此举可能带来的严重后果。

一处封闭空间被改造成某种“危机管理室”，专门用于处理法律问题。律师团队刚开始工作，便收到了一条坏消息。巴西高等法院（STJ）刚刚否决了他们在周四午夜前不久提出的一项申诉。卢拉的律师认为，联邦第四地区法院在受理最后一轮上诉之前就授权发布逮捕令，这违背了它曾做出的保障卢拉人身自由的决定。但申诉毫无效果。危机管理小组很快得到了两支法律团队的支持，一个自称“权利团体”，另一个叫“民主法官协会”。除了卢拉的律师瓦莱斯卡和克里斯蒂亚诺·扎宁，还有许多法律界知名人士在场，如上诉法院法官凯纳里克·布吉基安（Kenarik Boujikian）和玛格达·比亚瓦斯基（Magda Biavaschi），法学顾问奈伊·斯特罗扎克（Ney Strozake）、瓦迪·达穆斯、西格马林加·塞沙斯、路易斯·爱德华多·格林哈尔希、卡罗尔·普罗纳（Carol Proner）、马尔科·奥雷利奥·德卡瓦略（Marco Aurélio de Carvalho），以及来自律师工会的阿尔迪玛·德阿西斯（Aldimar De Assis）和里约热内卢公诉律师罗萨内·拉维涅（Rosane Lavigne）。他们决定设立一间法律值班室，以应对法院、检察院或联邦警察可能的滥权或专断行为。法学家们不知道这种痛苦会持续多久，因此决定轮流值班，一些身着西装的男士不得不与活动人士和记者一起睡在工会地板上。尽管知道逮捕卢拉是专断且违宪的行为，法律团队中的大多数人还是反对抵抗。在他们看来，服从逮捕令既不是最好，也不是最坏的选择，而是当下唯一的选择。

卢拉经常中断会议，找律师提问和交流。其中一次露面时，他重申了已经和其他人说过的话：他决不会前往任何大使馆寻求庇护。他强调，逃离巴西只会让政敌对他的污名化变本加厉：

“两周之前，我和迪尔玛、佩佩·穆希卡（Pepe Mujica）、拉斐尔·科雷亚（Rafael Correa）［两人分别是乌拉圭和厄瓜多尔前总统］去了南大河州的圣安娜·多利瓦门托，那里在乌拉圭边境线上，街对面就是乌拉圭的里韦拉市。有人跟我说：'卢拉，你可以假装去买点威士忌，走到街对面然后停下，穆希卡会保护你。你要是愿意，也可以去玻利维亚或者俄罗斯大使馆。'我回答说，这不是我这把年纪该做的事。我该做的是正视对手，然后迎战。"

会谈期间，布吉基安法官送给卢拉一枚护身符——一只银色的小和平鸽，那是她2014年作为观察员参加梵蒂冈组织的第一届世界人民运动大会时收到的。

"请收下这份由教宗方济各赐福的纪念品，"布吉基安对前总统说，"在目前的情况下，纪念品留给您更有意义。"

法官说得没错，出路正一点点变窄。律师时常被召集处理紧急情况，但几乎都是虚惊一场，那是大家普遍神经紧绷的结果。一会儿是大楼断电的风险，一会儿又是网上的假新闻，说防暴部队已接到闯入工会的命令，将协助联邦警察强行逮捕卢拉。律师们在和当局的协商中也碰了壁：塞尔吉奥·莫罗拒不接听他们打去的几通电话，声称作为法官，他在任何情况下都不能与辩方私自联络。

而在一年之后，"拦截者"网站（The Intercept）披露了"洗车行动"的内幕，公众这才发现法官的解释根本站不住脚：尽管莫罗拒绝与辩方联系，他和"洗车行动"检察官，即卢拉的控方却有着密切往来，甚至彼此协商行动。

在未经商议，也没有获得许可的情况下，一群金属工人用粗铁链、钢索和硬塑料扎带封住了工会所有大门，用锁链全部捆死，然后拿着钥匙溜走了。人们见状高呼：

“卢拉不出来！警察别进去！卢拉不出来！警察别进去！”

夜幕降临，前总统拉着马尔科拉的胳膊，悄悄把他带到一间空屋。他把房门反锁，关上灯，让整个房间陷入黑暗。助理不明白他要做什么。卢拉走到窗边，像屋里有人窃听似的小声说道：

“马尔科拉，往那儿看看，你就知道我为什么关灯了。”

他用手指在百叶窗的塑料片上拨开一条缝，指了指街对面不到二十米远的一栋公寓楼。在一处与卢拉所在楼层高度平齐的公寓阳台上，环球电视台已经架起三脚架、反光板和长焦摄像机。记者和摄影师的目光紧紧盯着工会二楼，仿佛猎人在等待猎物出巢。

假如有人目睹这一幕，他或许难以理解前总统为何把自己锁在昏暗的房间里，用沙哑的嗓音在助手耳边低声交谈。在远离电视网八卦镜头的地方，卢拉问道：

“马尔科拉，你会一直站在我这边吗？”

“会的，总统先生，我当然会。”

“那你马上离开这里，别让任何人注意到，去收拾行李，然后买张到库里蒂巴的机票。到了之后，去找咱们的律师路易斯·卡洛斯·达罗沙（Luiz Carlos da Rocha）和曼努埃尔·卡埃塔诺（Manoel Caetano），然后等着我。”

现在除了莫赖斯之外，马尔科拉成了唯一一位知道卢拉正式决定的人。律师和一些政治家此前已经预感到他会这样做：尽管已违反逮捕令，超过了莫罗给的最后期限，卢拉还是决定不做抵抗。实际上，连之前的一些激进派也开始认清现实了。按照最乐观的估计，街上还剩下一万人；假如不是一万，而是十万、二十万人，或许还能考虑抵抗。年长些的工会活动家在一场场罢工中吃尽苦头，他们亲身经历过圣保罗防暴部队、军警骑兵队和警犬队的暴行。在工厂门口身经百战的活动人士知道，防暴部队想要驱散示威活动、冲破大门给联邦警察开路并非难事，还可能导致许多人受伤。

然而，守在工会周围的人们似乎不这么想。几小时之内，大楼周围的三条街道被彩色的露营帐篷占得满满当当，交通完全瘫痪。人们打算留守在那里，直到卢拉公布决定。在各种组织挥舞的红旗之下，战斗的呐喊仍在继续：

“不要投案！不要投案！不要投案！”

为防止万一，一小群金属工人开始不露声色地为可能发生的抵抗做准备，并备好了所谓的“震地炮”和“黑饼干”——前者指的是射程较远的烟花，可以阻碍直升机在空中巡逻；后者则是废弃轮胎，若放在街区的战略点位并点燃，产生的滚滚黑烟能干扰警方行动。

工会内部，三五成群的会谈仍在不同房间继续，疲惫感似乎笼罩着所有人。就连卢拉也得克制自己不在别人说话时打瞌睡。由于警察随时可能赶到，大家还是保持着警惕，同时决定次日即周六上午的弥撒将由布鲁梅瑙教区荣休主教、卢拉一家的老朋友堂·安热利科·贝尔纳迪诺（d. Angélico Bernardino）主持。另外，埃米迪奥·德索萨、达穆斯和西格马林加次日将再次前往联邦警察局，继续和局长迪斯尼·罗塞蒂讨论逮捕的形式，并告知对方卢拉不会按莫罗的决定前往联邦警察局总部投案。联邦警察如果想逮捕他，就得去工会。身边警卫寸步不离的卢拉快到凌晨1点时才下楼睡觉。有的人再次睡在地上，还有的前往圣保罗市内或在附近的小旅馆安顿。

第三章

环球新闻栏目播出一条假新闻
——“卢拉将会拒捕”，频道收视率提升了694%

上午7点，吉列尔梅·博洛斯早早赶回了工会。卢拉得知无家可归工人运动的领导人来了，便邀请他到地下室，在与卧室相连的房间里一起吃早餐。前总统说他已决定服从逮捕令，但不会去警察局投案，要让警察来工会找他：

“我是无辜的，假如情况允许，我也会抵抗。但现在，我相信这样是最好的选择。”

博洛斯顺从卢拉的意见，但仍坚持请他抵抗：

“总统先生，我尊重您的看法，但我还是觉得，最好的选择是让对手下不来台。热图利奥自杀了，若昂·古拉特流亡国外。[①]您

① 热图利奥·瓦加斯（Getúlio Vargas），巴西前总统、军人、政治家，极富个人魅力，曾发动1930年革命推翻旧共和国（1889—1930），并于1930—1945年实行威权独裁统治，第二次世界大战后下台。1950年大选中，瓦加斯作为民选总统回归，但因卷入政治丑闻，于1954年为保全名誉开枪自杀。若昂·古拉特（João Goulart），昵称“然戈”（Jango），巴西前总统、政治家，巴西民粹共和国（1945—1964）时期的最后一任总统，因主张实施激进改革，于1964年被右翼（转下页）

想如何被载入史册？他们会怎么做，难道会向街头成千上万的民众开枪吗？会闯进工会把您强行拉出去吗？国际上的媒体都在门口，他们这么做会受到全世界谴责，也会彻底揭露莫罗对您的迫害。不过既然您已经决定了，我尊重您的意见。”

吃过早餐后，博洛斯穿过狭窄的走廊，正好遇到也来找卢拉交谈的林德伯格·法里亚斯，他摇了摇头：

“放弃吧，没用的。他已经决定了。”

这位年轻的参议员还没有认输。他坐在卢拉面前，最后一次试图说服他抵抗：

“总统先生，我知道您已经差不多决定好了，但还想请您听听我的理由。您是无辜的，没有犯罪，没做错任何事，没有理由投案，也没有义务投案。巴西乃至全世界都在关注圣贝尔纳多，反响非常积极。如果我们召集更多人上街，就能形成僵持，下周很有可能申请到人身保护令。”

卢拉抚摸着颊须和八字胡尖，默默听完林德伯格的话。他回答说，自己理解甚至赞同参议员的判断，但仍觉得抵抗可能招致屠杀：

“我不想让任何人受伤。但我也不会按照莫罗的要求，坐上车去联邦警察局投案，我不接受，也不会这么做。如果想抓我，就让他们到这里来。”

（接上页）军人势力推翻，巴西由此进入了长达二十一年的军事独裁（1964—1985）时期。1964年政变后，古拉特流亡国外。

这时，圣保罗前市长费尔南多·阿达德（Fernando Haddad）带着妻子安娜·埃斯特拉（Ana Estela）和孩子弗雷德里科、安娜·卡罗琳娜来到了工会。阿达德和卢拉结识于20世纪90年代末，比2002年大选早了四年。那时的阿达德是名律师，三十岁出头，拥有经济学硕士和哲学博士学位，常被邀请到公民研究所（后更名为卢拉研究所）参加智库会议。但两人直到2004年年中才真正拉近关系，当时已成为总统的卢拉得知，阿达德曾规划两个前景广阔的政府项目，其一便是应规划部部长吉多·曼特加（Guido Mantega）要求策划的公私合作伙伴关系项目（PPPs）。几个月后，时任教育部部长塔尔索·任罗（Tarso Genro）在内部档案中找到了由前任部长克里斯托万·布阿尔克（Cristovam Buarque）提出，但此前未能实施的另一个项目，并得知这一项目也出自阿达德之手。任罗让阿达德继续推进，最终建成了卢拉执政时期的一大标志性项目——"全民大学计划"（Prouni），其旨在为贫困学生提供奖学金，从而使两百万巴西人有机会接受高等教育。在一次与曼特加和任罗的会谈中，总统打趣道：

"这个阿达德看起来像个保守党人，长着一张保守党人的脸，但他不是保守党。这家伙关心穷人，关心黑人……他是我们的人……"

几个月后，卢拉任命阿达德为教育部部长，足见对其才能的欣赏。此后阿达德一直担任教育部部长直至迪尔玛第一届任期中段，并在2012年选举中成功当选圣保罗市长。尽管他在市长连任选举中败给了若昂·多里亚（João Doria），但在劳工党领导层看来，在全国最大城市就任四年市长的经验让他有了冲击更高政治成就的资格。如果卢拉能在2018年参加总统选举，且劳工党决定组建一支“纯血”竞选队伍，那么阿达德有望成为副总统候选人。而如果法院取消卢拉的参选资格，党内干部认为阿达德可以代替他参选总统，将副总统的位置留给其他联盟党派。早上来工会拜访卢拉的“长着保守派面孔的劳工党人”正面临这样一串政治未知数。

阿达德一家人中，只有妻子看起来比他还紧张。状态轻松的卢拉和前市长的儿子弗雷德里科交谈，拥抱安娜·卡罗琳娜，擦去她眼角的泪水，并问她在圣保罗大学理工学院（她刚进入工程系学习）学得怎么样。安娜·埃斯特拉是名牙医、社会活动家，她看起来很虚弱，神情凝重地盯着前总统，然后问她丈夫：

“我该不该说？”

费尔南多犹豫不决：

“我不知道合不合适……他已经有那么多烦心事了……”

阿达德欲言又止的样子没能拦住妻子。安娜·埃斯特拉紧张地盯着卢拉，说道：

“总统先生，我知道您今天有很多事要处理，我不想给您更多压力。以我和您的熟悉程度，我也不确定这件事当不当讲，但我实在想说。今天早上一起来我就和费尔南多说了，我觉得我也有责任和您说，即使您可能觉得这事不值一提。”

卢拉突然严肃起来，用指尖抚摸着八字胡，神情焦虑。安娜·埃斯特拉继续说道：

“我昨天整晚都在做同一个梦，一遍接着一遍。梦里有个东西或者某个人告诉我，如果您今天向警方投案，您就永远无法出狱了。”

她紧紧盯着卢拉，接着说道：

“没错，就是这样。您可能不相信，连我也不确定自己是否相信，但梦里那条警告说得很清楚。如果您今天投案，就再也没法出狱了。所以，总统先生，我请求您：不要投案。”

安娜·埃斯特拉真诚地请求卢拉做出抵抗，但她也有并未透露的隐情。她曾有过多次“预知梦”的经历，但觉得还是不提这件事为好。尽管很受触动，卢拉还是用旁人听不到的低声向她解释说，实际做出抵抗的可能性为零。并且他早就否决了去别国大使馆寻求政治庇护的想法，一些人曾这样提议，但他认为这是“一种逃亡，相当于承认了我本来没有的罪行”。甚至在他们谈话的地下室也能听到街上人群的口号，他们仍在高呼：

“不要投案！不要投案！不要投案！”

在支持抵抗的人士中，有一位曾在两年前就提议总统寻求政治庇护。他是卢拉最好的朋友和最亲近的顾问之一，律师路易斯·爱德华多·格林哈尔希。在卢拉被强行带走记录口供后的第二天，格林哈尔希去了研究所，直截了当地谈论这个问题：

“卢拉，他们先是弹劾了迪尔玛，现在又强迫你去录口供。这就表明他们已经对你下手了。他们会限制你参选，然后把你抓进去。都已经做到这个份上了，你觉得他们还会让你参选，然后赢下选举吗？”

“那你觉得我该怎么办？”

“你必须离开巴西，寻求政治庇护。”

卢拉用玛丽萨和孩子们给律师起的亲昵绰号称呼他，但拒绝了提议：

“莫科卡，我是无辜的。我不会寻求庇护。我不会离开这个国家，这片土地是他们的，但更是我的。”

律师坚持道：

“卢拉，庇隆在西班牙流亡了将近二十年！他回到阿根廷，推举了坎波拉，然后自己当上总统，又让伊莎贝丽塔接任……”[①]

“亲爱的朋友，我不会离开这里。我是无辜的，他们没有理由也没有条件抓我……”

“好吧。但别忘了我提醒过你。”

在工会大楼里，离被捕只剩一步之遥的时候，卢拉也许已经忘记格林哈尔希的提醒了。

为了参与网络上狂热的快节奏竞争，环球集团旗下媒体（环球电视台、环球新闻、CBN广播、G1新闻网）投入了大量资源报道圣贝尔纳多的情况，并不断在节目中穿插实时快讯。环球新闻栏目在直播中宣称，前总统身边的群体分裂成了两派，最有可能的情

---

① 胡安·庇隆（Juan Perón），阿根廷政治人物。1946年当选总统，1951年连任，1955年被军事政变推翻后流亡国外。1973年3月大选中，埃克托尔·坎波拉（Héctor Cámpora）在庇隆授意下参选并当选总统，但6月庇隆回国后不久便宣布辞职，为庇隆再次上台让位。庇隆在同年9月的大选中当选总统，他的第三任妻子伊莎贝尔·庇隆，即人们所称的“伊莎贝丽塔”（Isabelita）当选副总统。庇隆于1974年去世后，伊莎贝丽塔接任总统职位。

况是卢拉拒捕——但电视台并未说明消息来源，这种说法其实更像是谣传：

“那里形成了两个派别：一个是政治家派，另一个是律师派。政治家派希望卢拉不要投案。前总统身边的里约州劳工党参议员林德伯格·法里亚斯说：‘如果联邦警察想抓卢拉，就必须来这里找他。’”

尽管确实有不少人主张抵抗，但“政治家对抗律师”这种说法并不准确。除了格林哈尔希、参议员林德伯格·法里亚斯、格莱西·霍夫曼及其他一两位政治家外，主张违抗法官命令的都是大众运动领袖和工会活动家。但新闻中最重磅的内容是卢拉将会拒捕。尽管报道内容并不准确（环球新闻后来自己做了编辑和修正），但在商业上，环球集团取得了前所未有的成功。专门记录收视率的“电视观察网”的数据显示，卢拉被捕当天，环球新闻在付费电视频道中一路领跑，在全国十五个主要城市的收视量较上周同比增长了694%。身处库里蒂巴的塞尔吉奥·莫罗法官也是数百万电视观众中的一员，环球新闻把卢拉将要拒捕的消息“官方化”的举动令他十分不满。看到新闻后，莫罗给联邦警察局高层打了一连串的电话，告诫他们如果抵抗的消息继续扩散，就马上下令抓捕卢拉，或把他列为逃犯——在此情况下，预防性拘留的命令将立即发布。

而实际情况恰好相反，前总统早就开始考虑如何接受警方逮捕了。与阿达德一家交谈结束后，卢拉召集前工会主席、圣贝尔纳多前市长、曾在卢拉政府中担任部长的金属工人路易斯·马里尼奥(Luiz Marinho),劳动者统一中心主席、银行家瓦格纳·弗雷塔斯(Vagner Freitas)和格莱西·霍夫曼,然后直奔主题。必须有人去给猫挂上铃铛[①],现在他们三人被选中了。卢拉传达任务时看起来很严肃,担心发生什么意外:

"我已经决定不向联邦警察局投案,但外面的人们还在请求我抵抗。你们得出去解释,告诉他们抵抗是不可能的。"

那天早些时候发生的另一件事更让卢拉坚定了决心。前一天临近午夜时,已加入卢拉辩护团队的前最高法院院长若泽·保罗·塞普尔维达·佩尔滕塞(José Paulo Sepúlveda Pertence)与扎宁和其他律师一道,向最高法院再次提出预防性人身保护令申请,称联邦第四地区法院在受理最后一轮上诉前授权发布逮捕令,此举有违司法先例。卢拉的辩护团队要求随机受理申请,即以抽签方式决定受理法官——这是最高法院内部章程的规定——但法院院长卡门·露西娅(Cármen Lúcia)法官单方面决定将人身保护令申请交由埃德松·法欣(Edson Fachin)法官审理,此人在莫罗与卢拉的对抗中以判罚严厉而著称。审理结果不言而喻。周六清晨,法欣用短短几十字判定了卢拉的命运:

> ……由此观之,申诉行为并未违反全院庭审(Tribunal Pleno)在合宪性声明(ADCs)第43条及第44条中做出的强

---

① 《伊索寓言》里的故事,讲一群老鼠打算给猫脖子挂上铃铛,这样便能知道猫的动向,但没有一只老鼠敢去做。

制性命令，因此，据联邦最高法院内部章程第21条第1款之规定，否决申诉。否决临时申请。发布，通告，归档。

埃德松·法欣法官

巴西利亚，2018年4月7日

可以肯定的是，在那一串大多数人无法理解的法律术语中，命运已经注定了。一支教师工会的游行车队穿过马路，在人行道边一次又一次停下，车顶成了演讲台。马里尼奥和弗雷塔斯打头阵，他们发言很简短，从听众的反应来看，仿佛在宣读一条讣告。没有掌声，没有嘘声，什么都没有。烈日下的人们回以悲伤而意味深长的沉默。在卢拉选定的三人中，参议员格莱西·霍夫曼尤其引人注意。她看起来很年轻，身穿红色T恤，扎着马尾辫，却显得很痛苦，抗拒这项任务，正如她后来自己承认的那样：

“群众深深触动了我，他们不希望总统投案，劝他留下，劝我们抵抗，让那些想逮捕卢拉的政变分子先踩过他们的尸体。我最不愿意做的就是请求人们离开，放任总统被捕。真的很难说出口，因为我真正想做的其实是和他们一同站在卡车下面，阻止警察带走总统。”

虽然心有不甘，劳工党主席还是登上卡车，请求示威者让卢拉履行自己的决定：

“他知道你们想要抵抗，但他不想让任何人受伤。这不仅关乎他的形象，更关乎他的生命。我们必须尊重他的决定。”

和刚才一样，没人鼓掌，也没人发出嘘声，但一些团体继续喊着：

“不要投案！不要投案！”

宗教仪式直到午后才开始。堂·安热利科主教和五位助理司铎穿戴白长袍和圣带，坐在麦克风旁宣布集会开幕。出于谨慎，主教将本该是弥撒的仪式改成了圣言诵祷会（Celebração da Palavra）。这不仅是一个语义问题。与弥撒不同，圣言诵祷会可以由平信徒主持，且无须神职人员在场。主教可谓是如履薄冰。圣贝尔纳多并不在圣保罗总教区的管辖范围内（根据教会区划，该市属圣安德烈教区管辖），但保守派枢机奥迪洛·舍雷尔（Odilo Scherer）的政治影响力超越了主教区的界限。我们很快就能看到，堂·安热利科小心翼翼的举动并不足以平息枢机的怒火。

这场仪式在互联网、巴西所有电视网和许多外国频道上全程直播，出镜的一系列人物足以让堂·奥迪洛这样保守的天主教徒咬牙切齿——他曾与西班牙的主业会（Opus Dei）[①]有过来往。一众红色人士和穿白袍的教士挤在一起。除卢拉之外，还能看到迪尔玛·罗塞芙，皮奥伊州州长、劳工党的威灵顿·席尔瓦，参议员格莱西·霍夫曼、林德伯格·法里亚斯、阿克里州劳工党的若热·维亚纳（Jorge Viana）、伯南布哥州的温贝托·科斯塔（Humberto Costa）和北大河州的法蒂玛·贝泽拉（Fátima Bezerra），无地农民运动领袖若昂·佩德罗·斯特迪莱，劳动者

① 亦称“主业团”，是天主教会中的一个自治社团，1928年成立于西班牙马德里。此团体绝对服从和维护教会传统教义及教宗训导，故常被认为是保守派。

统一中心主席瓦格纳·弗雷塔斯，南大河州青年共产主义者、巴西共产党（PCdoB）推举的总统预备候选人曼努埃拉·达维拉（Manuela d'Ávila），活动家吉列尔梅·博洛斯，市议员爱德华多·苏普利西（Eduardo Suplicy），前部长塞尔索·阿莫里姆（Celso Amorim）、阿洛伊齐奥·梅卡丹特（Aloizio Mercadante）和埃莱奥诺拉·梅尼库奇（Eleonora Menicucci），前市长费尔南多·阿达德，演员奥斯马尔·普拉多（Osmar Prado）和艾尔顿·格拉萨（Ailton Graça），以及知识分子、学者，还有劳工党、巴西共产党、社会主义与自由党在各州的数十名众议员。

首先发言的是一名基督徒——前部长吉尔贝托·卡瓦略（Gilberto Carvalho），他宣读了一封来自多明我会修士贝托（Frei Betto）的信。贝托是卢拉的好友，近四十年前曾亲眼见到他被独裁时期的政治警察逮捕。接着是前总统迪尔玛·罗塞芙发言，她念诵了一篇圣方济各的祈祷词。然后才轮到堂·安热利科主持圣言诵祷会。身为在ABC地区斗争了四十多年的老前辈，主教回顾了工会的历史意义：

"从这里走出的一位金属工人，两次当选巴西总统，离任时有着87%的支持率，"他举起双臂说道，白色的袖摆仿佛一双翅膀，"他凭借自己的威望，推选了此前从未担任公职的迪尔玛·罗塞芙，让她成为共和国第一位女性总统，并且成功连任。"

主教的讲话数次被听众席上"抵抗！抵抗！"的呼声所打断，他尝试着安抚人群，让他们接受注定的结局：

"我其实很喜欢听到'抵抗'这个词；但我们需要的是一场和

平并且彼此尊重的斗争。我们可以呼吁、可以坚持，但之后卢拉会做出他最终的决定，而我们要去接受。”

堂·安热利科接着说，他深深地感到心痛，“和许多海外人士一样，震惊于对方如此急切地想把卢拉关进监狱的举动”。在主教看来，和“其他一些人”相比，卢拉所受到的区别对待也令人惊讶。他最后的陈词难掩告别口吻：

“这是一位曾经进过监狱的公民，但任何一座监狱都关不住人的心、人的精神与理想。愿耶稣保佑他、赐给他力量，我的弟兄，我的同伴！”

堂·安热利科谨慎的言辞并不足以让舍雷尔枢机心软。诵祷会结束还不到二十四小时，媒体便转载了一份百余字的冷冰冰的声明，其中公开责备了卢拉和ABC地区金属工人的老朋友：

圣保罗总教区

关于昨日在ABC地区金属工人工会前举行的宗教活动，圣保罗总教区新闻办公室做出如下澄清：

1. 这不是弥撒，而是联合宗教活动；

2. 这是活动举办者的个人行为；

3. 活动与巴西全国主教团(CNBB)和圣保罗总教区无关；

4. 活动不属于圣保罗大主教和总教区的责任管辖范围。

圣保罗大主教对于将宗教活动政治工具化的行为表示遗憾。

圣保罗，2018年4月8日

最后,轮到卢拉发言了。趁众人目光聚在演讲者身上时,埃米迪奥·德索萨悄悄离开了会场。他在混乱中找不到西格马林加和达穆斯,便决定独自前往联邦警察局,“完成人生中最糟糕、最可怕的任务之一”:与警官商议如何逮捕卢拉。自从前一天晚上几人从工会往返圣保罗联邦警察局总部后,路易斯·爱德华多·格林哈尔希便感到不安,这时他终于能肯定,让卢拉抵抗的尝试已经落空了。

得知埃米迪奥已去往警察局总部后,他低声嘟囔着:“完了,他们要抓卢拉了。”

当卢拉手持话筒,准备说出第一句“亲爱的朋友们”时,工会四周街道上成千上万人的呼声打断了他:

“不要投案!不要投案!不要投案!”

听到众人一致的呼声,他转向临时搭建的讲台的内侧,看见安娜·埃斯特拉·阿达德靠在台阶边上。卢拉回想起她的梦和让他不要投案的请求,便笑着走过去,低声说:

“亲爱的,是你教街上的人们喊这句口号的吧?”

卢拉手里没有在场者名单,他便用五十分钟演说的前十一分钟向目光所及的每个人问好,然后才正式开始演讲。他先解释了之前决定来工会的原因,这座工会总部是他建立的,而“1978年以来争取巴西民主的成果,很大一部分要归功于这里”:

“工会是我的学校。我在这里学习社会学,学习经济学,学习物理和化学。担任工会主席期间,我在这里锻炼从政,工厂里十四万人都是我的老师,他们教我如何行事。每次遇到疑问时,我都会到工厂门口向工人们请教，在这个国家该怎样做事。”

在频频打断讲话的“不要投案！不要投案！”的呼声中，卢拉像老师讲故事一样，带领会众一点点回忆曾经的风风雨雨：20世纪七八十年代的罢工，政府的镇压、削减工资、干预工会，他本人和工会领导班子集体入狱，母亲琳杜夫人（dona Lindu）在他入狱期间离世，还有那场动员全州近五十万工人停工的失败运动。说完这些，一直被“不要投案！不要投案！”的呼声打断的卢拉才谈起那个让人们自周四以来一直聚在工会门口的主题——塞尔吉奥·莫罗法官对他发出的逮捕令。

“如今的境遇和当年一样：我再次因为没有犯下的罪行而受到起诉。被指控拥有一套根本不属于自己的房子，我算是头一个。环球电视台说那是我的房子，法院知道这是假话。但‘洗车行动’的联邦警察在调查的时候撒了谎，说房子的确是我的。检察院起诉的时候也撒谎说房子是我的。我想着莫罗应该会澄清这件事，但他也撒谎，说房子是我的，然后判了我九年监禁。身为一个公民，我愤怒至极。我七十二岁了，他们却告诉全社会说我是个贼！我绝不会原谅他们。”

人们彼此拥抱哭泣着，请求“不要投案”的呼喊依旧，声音越来越大，以至于卢拉必须对着麦克风大喊，人们才能听见。卢拉说他并不认为自己能凌驾于司法之上，而且如果他不信任司法，他就“不会建立一个政党，而是会发动一场革命”。他再次强调，如果自己真是个贼，那么，他不会要求提供证据，而将“夹着尾巴、闭上嘴”，央求媒体不要公布他的姓名。相反，媒体却是他最严厉抨击的对象：

“《全国新闻》(*Jornal Nacional*) 抹黑我的报道超过七十个小时！有六十多本杂志的封面，几千页的报纸和文章攻击我！记录电视台攻击我，旗手电视台也攻击我。圣保罗州内陆和其他州的电台也是。但他们不明白，越是攻击我，我和巴西民众的纽带就越紧密……审理案件不能受媒体牵制，否则法官断案的时候就会找借口说：‘我不能违背民意。’既然那么喜欢民意，把法官袍子脱了，去竞选众议员啊！找个政党，去参加选举啊！”

卢拉身上的浅蓝色T恤已被汗水浸透，他顿了一下，喝了口瓶装水，然后继续演讲，而人们依旧喊着口号：

“不要投案！不要投案！不要投案！”

接下来，前总统抨击的对象是巴拉那州联邦检察院、法官莫罗和阿莱格雷港联邦地区法院的法官：

“有个检察官做了PPT，然后上电视说劳工党是犯罪组织，是为了窃取巴西财富诞生的。而卢拉是党内头号人物，所以他是犯罪头子。既然卢拉是头子，检察官说，‘那我就不需要证据了，我相信我的判断’。叫他把他的判断留给他的同伙，给他的走狗，别给我！别给我！”

卢拉停顿了一分钟，嗓子有点沙哑，他又喝了口水，想让声音更清楚些，然后以挑战者的姿态继续说道：

“我不怕他们！我之前就说了，关于莫罗提出的指控，我非常乐意和他展开辩论。我希望他拿出一些证据来。我也邀请了TRF4的法官，我让他们选一个大学，选一群听众，然后当场证明我犯了什么罪。”

卢拉说，当受害者只有他一人时，他也就忍了；但当祸及家人时，他便忍无可忍：

“我家人受了很多苦，我的孩子们，玛丽萨都受了很多苦。我想说，玛丽萨本不该走得那么早，卑劣恶毒的媒体和检察院才是罪魁祸首。我很确定。因为这帮人……我觉得这帮人都没有孩子，也没有心肝。他们不知道父母看到自己的孩子被凌辱、被攻击时是什么感受。朋友们，正是在那一刻，我决定抬起头来。”

随后，卢拉在一大段陈词中列举了他“犯下的罪行”，即他在两届任期内开展的社会包容性项目，如“家庭补助金”（Bolsa Família），“我的家、我的生活”（Minha Casa Minha Vida），等等。面对仍在高呼“不要投案！不要投案！”的群众，他终于转向了核心问题——入狱。卢拉说，他的入狱让TRF4的法官、莫罗、“洗车行动”和环球电视台“美梦成真”：

“对他们来说，弹劾迪尔玛还不算政变成功。还要阻止卢拉2018年竞选总统，这才算成功。他们不想看到卢拉回来，因为在他们眼里，穷人压根就没有权利。穷人不该吃上等肉，穷人不该坐飞机，穷人不该上大学。他们的美梦就是看见我进监狱的照片！啊，我可以想见《请看》（*Veja*）把我入狱的事情登在杂志封面上时有多亢奋！可以想见环球电视台播放我被捕的照片时有多激动！他们简直欲仙欲死！”

卢拉没有理会人群的呼喊，继续猛烈抨击报纸、杂志和电台：

“不能先让媒体报道给一个人定罪，然后再对他进行审判。别忘了，我在库里蒂巴录口供的时候就对莫罗说过：‘你不可能判我无罪，因为环球电视台让你判我有罪。所以你会判我有罪。’必须让他们知道，总有一天我们要整治媒体，让民众不再每天成为谎言的牺牲品。”

演说的腔调愈发激昂，听众也愈发激动地呼吁卢拉抵抗，不向警方投案。但这不是卢拉要告诉这些热情追随者的消息。为盖过街头的嘈杂，他用更加洪亮的声音想直接把话讲清楚，但被打断了：

“他们已经签发了逮捕令。我会服从命令。”

“不要投案！不要投案！不要投案！不要投案！”

深谙与群众打交道的方式的卢拉换上平和的语气，人群便不得不安静下来听他讲话：

“我来告诉你们一件事。我会服从他们的逮捕令，是因为我要把责任转移到他们身上。他们以为这个国家发生的一切都是因为我。他们决定逮捕我，但他们会明白，一个战士的死不会让革命止步。”

“不要投案！不要投案！不要投案！不要投案！”

人声嘈杂，但卢拉继续说着，这时的语气仿佛表明告别的时刻已经来临：

“我是个梦想家……我梦想着在领导国家的同时，能让无数穷人参与经济活动、进入大学，给他们创造无数就业机会。我梦想着用牛奶、大米和黑豆让孩子们每天吃饱饭，降低儿童的死亡率。我梦想着把偏远地区的学生送进全国最好的大学，让我们的法官和检察官出自精英以外的家庭。用不了多久，就会有出生在埃利奥波利斯贫民窟、出生在伊塔奎拉及其他偏远地区的法官和检察官上任。还会有更多人在无地农民运动、无家可归工人运动和劳动者统一中心里成长，然后走出来。这就是我犯下的罪。”

卢拉又拿起瓶子喝了口水，情绪变得更加激动：

“不能卖掉巴西石油公司。我们会修订宪法，废除他们正在制定的石油法案。我们不会眼睁睁看着他们卖掉国家发展银行，卖掉联邦储蓄银行，毁掉巴西银行。我们会扶持家庭农业，因为全国70%的粮食要靠他们生产。朋友们，我会怀揣着这份信念，像现在与你们交谈这样昂首挺胸，到那里对警察说：悉听尊便。”

时间逼近下午1点，最后的时刻已经来临：

“朋友们，你们这些年来对我的感激、关爱和尊重，我无以为报。我要和你，吉列尔梅［·博洛斯］，还有曼努埃拉［·达维拉］说，作为即将谢幕的一代，能看到你们两位年轻人站出来，争取当上共和国总统的权利，我感到很自豪。所以，朋友们，我给你们一个大大的拥抱。你们可以放心，我不会低头。母亲生我的时候让我长了个短脖子，为的就是让我不要低头。我不会低头，因为我要昂首挺胸地走出来，证明我的清白。谢谢你们，谢谢所有帮助过我的人。给你们我的拥抱和吻，谢谢你们，亲爱的朋友们。”

第四章

埃米迪奥发现联邦警察密探录制了工会内部发生的一切：不止一两个，有很多

卢拉走下讲台，大保罗和塞莱尔热斯将他扛在肩上回到工会，周围跟了一大群人。从高处看，前总统四周有一圈引人注目的橙色旋涡，他们是石油工人统一联合会（FUP）成员，来自里约热内卢和圣保罗州内陆的保利尼亚，所有人都穿着经典的橙色夹克工装。与此同时，埃米迪奥·德索萨来到了联邦警察局大楼。只有局长罗塞蒂一人接待了他，气氛远不如前一天晚上那么友好。局长显然对这块烫手山芋感到不悦，他向来访者询问ABC地区的情况。埃米迪奥沉着脸，平静地解释说，卢拉不愿看到，也不会鼓动任何形式的对抗，但要求联邦警察出警时不得有电视摄制组陪同——这在警方的行动中早已司空见惯。局长表示同意，这位众议员便开始列举实现和平拘捕的方法和条件。劳工党人带来消息后，与行动相关的警员被召集到局长办公室，围坐在罗塞蒂身边。埃米迪奥的脸上没有微笑，也没有奉承，只是平静地转述了卢拉及其团队提出的条件：

- 必须在工会外的一间仓库，而非工会内部执行拘捕。
- 任何时候均不允许记者拍摄拘捕过程。
- 不得使用手铐，也不得要求前总统剪去头发或胡须。
- 前往圣贝尔纳多的警车须隐匿标识，即车身不得涂有联邦警察局的名称和徽标。
- 载卢拉前往库里蒂巴的联邦警察局专机须隐匿标识。
- 飞机须在圣保罗坎波斯德马特机场起飞，在库里蒂巴市中心五公里外的巴卡谢里机场降落，因为孔戈尼亚斯机场和巴拉那州州府的阿方索·佩纳机场已被记者和电视摄制组占据。
- 在从工会到库里蒂巴联邦警察局途中，包括乘坐飞机期间，前总统的两名律师必须全程陪同。

当局长与库里蒂巴的莫罗法官通电话，并尝试与巴西机场基建公司（Infraero）商定起飞和降落事宜时，一些警员走上前来，询问埃米迪奥圣贝尔纳多的政治气氛如何。

“嘿，工会那边怎么样？”一名警员问道。

劳工党人面无表情地回答道：

“工会那边一切正常。只要满足我提的这些要求，拘捕过程会十分顺利。”

听到这番话，圣保罗联邦警察局情报部门前负责人、网络安全专家伊莎贝拉·穆西达（Izabella Mucida）手持一台亮着屏幕的平板电脑走了过来。这位年轻警官身材修长，戴着眼镜，身穿蓝色西装外套和长裤，褐色长发披在肩上，她把平板电脑递给埃米迪奥看，然后冷冷地说道：

“一切正常？一点也不正常。我们看到的实时画面可不是这样。”

警官展示的画面让埃米迪奥吃了一惊，他仔细一看，屏幕分成八个小窗口，可以清晰看到工会大楼每一层的人来人往——包括卢拉所在的二楼，他们本以为那里能远离镜头的窥视。没错，就像他看到的那样：联邦警察派了不止一两个，而是好多个特工渗透进工会内部，用针孔摄像头（可能藏在背包、胸针或工作牌上）录下发生的一切，这些图像会实时传输到圣保罗联邦警察局总部。特工监视到的情况会以电话形式定时向库里蒂巴的莫罗法官总结汇报。

迪斯尼·罗塞蒂打断了谈话，说卢拉的要求有两项满足不了：一是在那个时间点，已经无法在坎波斯德马特机场起飞；二是恶劣天气导致巴卡谢里小型机场暂停起降。埃米迪奥的回答很强硬：

“那就必须关闭孔戈尼亚斯和库里蒂巴阿方索·佩纳机场的空域，禁止民用直升机驶入。否则，谁知道电视台会不会把拘捕行动搞成狂欢节。”

为解决新问题，局长开始了新一轮的通话，此时穆西达警官又走了回来。她指着平板电脑上监视工会底层的一个小窗口，那是卢拉即将出来的位置：

“看看工会乱成什么样了，里面全是人！”

埃米迪奥试图缓和气氛，表示每隔五分钟与工会通一次电话，事态都在可控范围内。随着时间一点点流逝，警察开始不耐烦了。

约定的逮捕时间是下午5点。劳工党人解释说，宗教活动开始时本就已延误，卢拉的讲话也超时了，他接着决定在房间里单独与在场的哥哥、子女、儿媳、女婿和孙辈吃一顿饭告别。但这顿饭似乎怎么也吃不完。警察变得越发躁动和恼怒。埃米迪奥与工会领导人交谈许久，提议将最后期限宽延两小时，改成晚上7点。局长下达了最后通牒：

“关闭孔戈尼亚斯和阿方索·佩纳机场空域的问题已经解决，你们可以去圣贝尔纳多了。但如果晚上7点事情还没办成，我们会闯入工会逮捕前总统卢拉。”

一个四十岁的大胡子男人——为人谨慎的刑法学教授罗德里戈·科斯塔（Rodrigo Costa）担任此次行动指挥官，和大多数同事一样身穿藏青色西装、白色衬衫，打着领带。他请求埃米迪奥乘坐警车和他一同前往圣贝尔纳多，因为团队中没人熟悉去往工会大楼的那一长串路。埃米迪奥在警察局总部的地下停车场注意到，五辆黑色SUV组成的车队后面还跟着两辆面包车，里面载满了身穿迷彩服的武装人员。在前往ABC地区的路上，埃米迪奥看见有其他车辆在前车警员的指挥下加入了车队，它们的颜色和品牌各不相同，挂着私人车牌，看起来是私家车。

车队在城市中穿梭，全速向南区驶去，一路闯红灯，从右侧超车。看到这些没有车身涂装、没有警笛和闪光警灯的车辆驶过，没有人会以为它们是在执行警务，而只会把它们当成一群疯子在公共道路上开展非法竞速赛。ABC地区入口处混乱的交通使车队不得不放慢速度。一些警车脱离车队，停在了工会附近街道的停车位上。一名遵规守纪的市政交通协管员手持罚款簿，试图处罚其中一辆面包车的违停行为，但当车窗摇下时，他看见十来个身穿军服、全副武装、戴着忍者头套的人，顿时目瞪口呆，马上放弃了执法。

埃米迪奥和科斯塔警官商议后，决定让大部分无标识的警车停在周围掩护，只派出两辆SUV进入大仓库。这座仓库归工会所有，但入口在若昂·洛托街上，这条狭窄的死胡同位于工会总部的背面，与“演讲台卡车”和大多数示威者所在的位置相反。科斯塔警官要求尽快完成行动。

“如果我们在混乱中逗留超过一分钟，就会被人认出来，这可能会带来麻烦。”他提醒道。

行动的前半部分进行得很顺利。埃米迪奥上二楼去接卢拉，罗德里戈·科斯塔、伊莎贝拉·穆西达和另一名警官在底层仓库等待。其他警员乘坐无标识的车辆，在大楼外的战略点隐蔽待命。卢拉只需要从工会的铁栅栏门走出来，步行穿过小巷，进入仓库，科斯塔警官将正式宣布逮捕。

然而，新的意外情况让局面再次紧张起来。卢拉来到工会停车场，离大门只有几十米，而人们经过口口相传得知他将从若昂·洛托街出来，于是沿着工会外的街道绕了一圈，站在前总统即将穿过的大门外，用手砸着铁栅栏，高喊：

“围住！围住！不许抓人！”

“不要投案！不要投案！”

步行出去已经不可能了。有人提议让卢拉坐车，从人群中慢慢挤出一条路，开到巷子对面警察等待的地方。他们选了手边现成的一辆车——某位劳工党干部的银色丰田卡罗拉。身穿花哨夏威夷衬衫的莫伊塞斯·塞莱尔热斯将前总统和一名保镖送进后座，一向打着领带的克里斯蒂亚诺·扎宁坐进副驾。车子向前缓缓挪动了一点，但外面的人并不打算让他出去。喧嚣声一刻未停，现在又有更多人从正门绕过来，聚集在铁栅栏门前：

“不要投案！不要投案！不要投案！”

几名工会干部在保罗·奥卡莫托、便服持枪的莫赖斯上尉和米萨埃尔·梅洛中士陪同下，来到铁门前尝试与示威者交涉，说服他们让出通道，因为前总统已决定接受逮捕。但他们几乎说不上话。几人的呼吁淹没在群众的喊声和铁栅栏发出的猛烈撞击声中：

“不要投案！不要投案！不要投案！”

摄影师里卡多·施图克特骑在一堵窄墙上，同时拿着两台佳能相机拍摄：一台的镜头对准了坐在车里的前总统卢拉；另一台则朝向下方的群众，他们正冲击着围墙。摄影师不得不努力保持平衡。两米高的沉重铁门承受不住，最终垮塌下来，差点压到了保罗·奥卡莫托。莫赖斯决定，不能让卢拉留在那里。三排健壮的金属工人用胳膊连成人墙，阻止人群闯入工会，卢拉则从车里下来，回到了大楼二层。

与此同时，将马尔科拉悄悄送达库里蒂巴的客机降落在阿方索·佩纳机场。这一小时的飞行完全是煎熬。这位社会学家只带了一个手提箱，登机时在机舱尾部看见了同样飞往库里蒂巴的两位劳工党众议员——塞阿拉州的路易齐安妮·林斯（Luizianne Lins）和南大河州的马尔科·马亚（Marco Maia），他打了声招呼，然后在前排座位坐下。马尔科拉手机上最后收到的消息是网上的头条新闻："卢拉尝试投案，但未能成功。"飞机起飞后，他才第一次有机会放松下来。从周四到现在，他最多睡了八个小时。他控制不住情绪，一路上都在哭泣，甚至引起了邻座乘客和空姐的注意。他不得不两三次到洗手间洗脸，想让自己冷静下来。

工会这边，达穆斯和扎宁决定联系卢拉团队在库里蒂巴的律师曼努埃尔·卡埃塔诺。在通话中，扎宁建议卡埃塔诺给莫罗打个电话，请求延长拘捕的最后期限，之后再想办法让卢拉离开工会。几分钟后，巴拉那州的律师给扎宁回电，带来了坏消息：

"办不到。我跟莫罗谈过了，他态度很坚决，不做任何让步，就要我们按期执行。"

下午6点早就过了。仓库内的科斯塔警官通过平板电脑画面看到了外面发生的事情，便给卢拉卫队的队长打电话：

"莫赖斯，我只在这等到约定时间。如果到晚上7点整还没有完成逮捕，我会终止我指挥的行动。等军警防暴部队将这片区域清场之后，我才会回来。"

没有其他选择了。在平板电脑画面中目睹大门倒塌的穆西达警官给埃米迪奥打电话：

"他们推倒了铁门，大喊大叫，现在像是在开万人大会。您没有履行约定。我们要授权军警防暴部队进入工会！"

镇定的劳工党干部请她冷静下来，并保证在7点以前——也就是在十分钟之内，卢拉会到达仓库。然后他和莫赖斯、奥卡莫托、塞莱尔热斯及前总统的卫兵尽一切所能召集人员，组成两道人墙，让卢拉穿过若昂·洛托街上密集的人群，步行到达对面的仓库，在那里等待的联邦特工已经越来越不耐烦。

在莫赖斯、埃米迪奥、塞莱尔热斯和其他卫兵的陪同下，身穿灰色西装和藏青色T恤、没打领带的卢拉走下台阶，周围是一群负责开道的金属工人。他手里拿着一瓶矿泉水，看起来很疲惫，没有对任何人微笑，但昂着头。看到街上等着的无数相机和已经亮起的反光板，埃利亚斯·多斯雷斯中士脱下自己的外套递给卢拉：

“总统先生，街上摄影摄像的人太多了。您不想遮住头吗？”

卢拉谢绝了军人的好意：

“不了，埃利亚斯。谢谢你，但我不想。我不是罪犯，不需要把脸遮起来。”

卢拉走到倒塌铁门的位置时，大家发现无论人墙还是人形通道都没法帮他穿过越发激动的记者和示威人群。有人建议像楔子那样，在前总统和卫兵前面用胳膊肘和膝盖强行推开一条路，让他走到五米外的马路对面。虽然没有卷入周围人的拳打脚踢，卢拉还是被示威者挤来挤去，他们几乎在他耳边大喊：

“不要投案！不要投案！不要投案！”

这时，示威者看起来更加咄咄逼人，开始向卢拉和他周围的人投掷物品。一个装满水的塑料瓶砸到了莫赖斯上尉的脸，让前总统十分担心：

“你受伤了吗，莫赖斯？伤到了吗？”

军人回答说没有，只是吓了一跳。经历片刻的高度紧张后，团队成功到达仓库大门，联邦警察已在那里待命。卢拉和卫队队员、塞莱尔热斯、谈判代表埃米迪奥、西格马林加以及律师扎宁一起走进仓库。按照约定，没有任何电视或网络频道录制卢拉被捕的过程，唯一的影像由摄影师里卡多·施图克特录制。一名身穿藏青色西装、白色衬衫，打深色领带的年轻警官正等着他们。他尊重而有礼貌地挽住卢拉的手臂，将他领到黑色SUV旁边，行动总指挥罗德里戈·科斯塔和伊莎贝拉·穆西达警官的位置。莫赖斯和埃米迪奥正式将前总统交给警方。卢拉用长久的拥抱与朋友、助手们一一道别。在这几小时当中，他似乎第一次感到解脱，心情也好了些。与几十年的老朋友埃米迪奥道别时，卢拉忍不住逗他说：

“哎呀，埃米迪奥。现在你把我交到警察手里，我只好跟他们走了。”

劳工党干部努力克制住眼泪，在那戏剧性的一刻挤出微笑：

“你这混蛋，我已经觉得自己是个废物了，你还跟我开玩笑？”

莫赖斯上尉最后一个道别，他把卢拉送进车后座时，情绪很受触动：

“别担心，总统先生。我们会早早地把您从库里蒂巴接回来。”

卢拉坐进车里，穆西达和另一名联邦警员在他两侧。司机和在仓库门口迎接卢拉的警员坐在前排座位上。第二辆SUV里载着另外五名警员，都穿着西装、打着领带——还拿着枪。人群挡在前方试图阻止车辆通过，他们费了好大劲才从狭窄的若昂·洛托街驶出。当两辆黑色SUV驶离工会时，附近其他隐匿标识的警车也加入了车队，他们现在不得不用招人厌恶的警笛和警灯驱散示威者，逆行汇入马路。

在从圣贝尔纳多到联邦警察局的路上，卢拉亲眼见识到了社会中一部分人对他和他的政党的仇恨程度，这种憎恶或许是他前所未见的。反卢拉团体看到或听到电视、电台和网络上的新闻报道，在半路辱骂并试图攻击前总统。车队呼啸而过，沿着安谢塔公路行驶，而他们站在立交桥上向车顶扔爆竹、木棍、石头、空瓶和手边的任何东西。卢拉团队乘坐的欧米伽和福克斯汽车紧跟在两辆警车后面，也受到了示威者的攻击。第一辆车载着克里斯蒂亚诺·扎宁、西格马林加·塞沙斯、莫赖斯和一名卫兵中士。作为卢拉辩护团队的律师，西格马林加获得联邦警察授权，将和卢拉、扎宁一起乘飞机前往库里蒂巴。

当车队进入圣保罗联邦警察局总部所在的乌戈·丹托拉街时，整条弯曲的街道都被反卢拉示威者占领了。在这类情况下，警察局通常会封锁街区以阻止示威者进入，但这次他们没有这么做。许多人身穿巴西国家足球队的黄绿双色球衣。表情愤怒的男女向车队发起攻击，近距离投掷爆竹，破坏天线、雨刷和后视镜，另一些则用脚踢，或用石头和木棍砸向车身和窗玻璃。车辆加速甩掉袭击者，擦过好几十人迅速冲进了警察局停车场。群众的愤怒让车内人员神经紧绷。这很好理解：除了卢拉、扎宁和西格马林加之外，车队中的所有人都带着武器。一旦其中任何一人决定反击，即使出于防御目的，也可能引发悲剧。几分钟后，所有人安然无恙地抵达警察局地下停车场，这番结果只能用运气来解释。

在一个单独的房间内，医生要求前总统脱下衣物，进行法律规定的身体检查。到达联邦警察局二十分钟之后，卢拉坐上了警察局的贝尔412直升机前往孔戈尼亚斯机场，按照约定，机场关闭了空域，禁止民用直升机起降飞行。扎宁、西格马林加、几名联邦警员和卢拉一同登机。

发生在圣保罗机场的一段插曲差点毁了整个计划。不同于一向尊重前总统及其律师的其他警察局同事，一名原住民长相的警官、联邦警察局航空行动指挥部（Caop）长官雅克松·里马克·罗萨莱斯·阿拉尼克（Jackson Rimac Rosales Allanic）对扎宁严厉地说道：

“我们得把总统铐起来。”

性格温和的克里斯蒂亚诺·扎宁头一次提高了嗓门，坚决地回应：

“绝对不行！您不能这么做！如果戴手铐，他是不会上飞机的。逮捕令明确禁止在任何情况下使用手铐，您这是违反命令。如果铐住，总统就不上飞机。”

警察碰了壁，却还摆着架子：

“那么，我会把手铐带上飞机。如果有必要，我们会使用手铐。”

扎宁冷冷地说：

“没有必要，别想了。”

晚上8点45分，前总统已经准备飞往库里蒂巴。卢拉乘坐了当晚唯一可用的无标识飞机，一架浅灰色塞斯纳“大篷车”单引擎涡轮螺旋桨飞机，注册编号PR-AAC。这架飞机看似不太稳定，但飞行员们认为它坚固而安全，有“空中吉普”之称。在联邦警察局服役的二十年中，这架飞机只有一次事故记录，即2016年因轮胎漏气在马托格罗索州的坎普格兰德迫降，当时机上载有240万美元现金，是从某公交车上的一对夫妇身上查获的。PR-AAC专机押送过许多著名乘客，如同样受司法机关起诉的政治家德卢比奥·苏亚雷斯（Delúbio Soares）和若昂·克劳迪奥·热努（João Cláudio Genu），以及毒贩“海滨”费尔南迪尼奥（Fernandinho Beira-Mar）[①]等。在卢拉被捕五个月后，联邦警察局出动这架飞机将泥瓦工阿德利奥·比斯波·德奥利韦拉（Adélio Bispo de Oliveira）从米纳斯吉拉斯州的茹伊斯德福拉押送至南马托格罗索州一座安全等级最高的监狱，此人因刺伤总统候选人、未来的共和国总统雅伊尔·博索纳罗（Jair Bolsonaro）而被提起诉讼。

在这架能容纳两名驾驶员和九名乘客的飞机上，几人坐在背靠舷窗的两排座位上，左边四座、右边五座，舱门位于左侧空缺处。警官阿拉尼克坐在右侧第一个座位上，卢拉坐第二个，接着是西格马林加·塞沙斯；克里斯蒂亚诺·扎宁坐在左侧第三个座位上，和对面的西格马林加只隔了一条狭窄的通道。另一名联邦警员一直坐在舱门旁的额外座椅上，穿着迷彩服、厚底靴，头戴黑色忍者面罩，手持HK417步枪。

当飞机滑行到跑道末端时，有人在同一波段上收听到飞行员

---

① 此人原名路易斯·费尔南多·达科斯塔（Luiz Fernando da Costa），在里约热内卢的“海滨贫民窟”（Favela Beira-Mar）长大，因而得此绰号。

和孔戈尼亚斯机场信号塔之间的一段对话，并迅速传到了网上。其中一个不明身份的人喊道："把他带走，永远别再带回来了！"在媒体的压力下，巴西空军证实了网传录音的真实性，并担保称该挑衅言论并非出自航空管制员之口。而关于驾驶员，空军方面保持沉默。但从逻辑上讲，驾驶员应该是清白的，因为不会有人自言自语说"把他带走，永远别再带回来了"。

从圣保罗到库里蒂巴，这架最高时速350公里的飞机用了一小时十五分钟。机舱内的寂静持续了一个半小时，卢拉、同伴和警察都一言不发。飞机顺利抵达阿方索·佩纳机场，和孔戈尼亚斯机场一样，这里也封锁了空域，禁止民用直升机进入。卢拉登上直升机，律师始终跟在他身边，周围还有一群躁动的警察不停走来走去。他将乘坐直升机前往库里蒂巴联邦警察局总部，按照莫罗发布的逮捕令开始服刑。

当低空飞行的直升机准备在联邦警察局楼顶的停机坪降落时，乘客们看到街上一支防暴部队正用武力压制那些来看望前总统的示威者。警察局总部所在的圣坎迪达区是中产聚居区，那里愤怒的居民和防暴部队将卢拉的支持者团团围住。从空中看，人们可能会以为是军警在镇压示威者，但实际上行动的是警察局的内部人员。那天傍晚，时任劳工党州主席、众议员罗西尼亚医生（Dr. Rosinha）已亲自与巴拉那州军警佩里克莱斯·德马托斯（Péricles de Matos）上校沟通并得到保证，卢拉抵达时军队不会干涉——事实也的确如此。从低空飞行的直升机的舷窗里，卢拉目睹了这场殴打，许多人受伤流血。这是他被监禁前看到的最后一幕。面对遭受的暴力，许多社会和工会运动人士决定在联邦警察局门口开展名为“给卢拉自由”的值守活动，他们在那里扎营，并宣布只有前总统获释才会离开。

在卢拉乘坐的飞机从孔戈尼亚斯机场起飞的同时，劳工党租用的一架小型喷气式飞机也即将出发，乘客包括党主席格莱西·霍夫曼、林德伯格·法里亚斯、埃米迪奥·德索萨、卢拉的新闻助手若泽·克里斯皮尼亚诺（José Chrispiniano）、摄影师里卡多·施图克特、记者里卡多·阿马拉尔（Ricardo Amaral）和卢拉研究所的奥塔维奥·安图内斯（Otávio Antunes）。然而，正式拘捕流程走得太快，尽管他们比官方飞机早半个小时抵达库里蒂巴，却还是没能和前总统道别。

假如卢拉走的是警察局总部一层的正门，而非直升机停机坪，他或许会看到大理石墙上一块颇显讽刺的铜板：那块一米长的牌匾上记录着，这栋关押他的建筑在卢拉执政期间修建，并于2007年2月由他亲自揭幕。大楼二层设有六间宽敞的牢房，收押大约四十名囚犯。其中一些是等候驱逐出境的外国毒贩，比如来自卡拉布里亚光荣会（'Ndrangheta）的黑手党成员多梅尼科·佩莱（Domenico Pelle），他被控与犯罪组织“首都第一指挥部”（Primeiro Comando da Capital）成员交易可卡因。但大多数囚犯是在“洗车行动”中受到了指控，其中一些人已经充当污点证人，向警方检举了卢拉，如卢拉和迪尔玛执政时期的前部长安东尼奥·帕洛奇（Antonio Palocci），巴西石油公司前总经理雷纳托·杜克（Renato Duque），承包商马塞洛·奥德布雷希特，

OAS公司的绰号为“莱奥·皮涅伊罗”的小若泽·阿德尔马里奥·皮涅伊罗（José Adelmário Pinheiro Filho）和阿热诺尔·富兰克林（Agenor Franklin），巴西工程装备公司的热尔松·阿尔马达（Gerson Almada），巴西银行和巴西石油公司前总裁阿尔德米尔·本迪内（Aldemir Bendine），以及企业家阿迪尔·阿萨德（Adir Assad）和若热·卢兹、布鲁诺·卢兹（Jorge & Bruno Luz）父子。

卢拉被直接带到三楼，伊戈尔·德保拉（Igor de Paula）警官和巴拉那州联邦警察局局长，瘦削、文雅、脸色发白的毛里西奥·瓦莱舒接待了他，两名警官尊重卢拉，也很有礼貌。瓦莱舒选派了小若热·卡斯塔洛（Jorge Chastalo Filho）和另一名警员护送卢拉与扎宁、西格马林加前往囚室，这名年纪四十五岁、身高一米八三的金发男子是联邦警察局总部的卫队协调员和监狱总管。五人爬了一段楼梯（电梯只能到四楼），穿过一条走廊，终于到了牢房。

根据巴西法律，包括前总统在内的一些高级官员有权在所谓的“高级囚室”中服刑。分配给卢拉的囚室面积不超过二十五平方米，高处有两扇带铁栏杆的磨砂玻璃窗，还有一张宽大的单人床，带塑料帘子的淋浴间，电热水器、洗手池和马桶，一张桌子、四把椅子和一只床头柜。这间房以前是给出差警员过夜用的寝室，从未用作牢房。当警察要求卢拉解下腰带、运动鞋鞋带和短裤抽绳时，他笑了笑：

“别担心，我不会自杀的。我还有很多事要为巴西做呢。”

情绪激动的扎宁和西格马林加拥抱卢拉，然后离开了。因为过去几天的压力而筋疲力尽的前总统谢绝了一名狱警提供的三明治（第二天一早，他又叫卢拉起来喝咖啡、吃黄油面包），只脱了外套和鞋子，连行李箱都没有打开。卢拉没有关灯，睡下时用一副夜间航班上戴过的眼罩遮住眼睛，那是他在陌生环境睡觉时的习惯。他说，这样如果半夜需要上厕所或喝水，就不用在黑暗中摸索开关，免得碰到家具和物品摔倒。

他没有祈祷，也没有咒骂任何人。他倒在床上，无须服用安眠药，便安静地睡着了。

他睡下时坚信，无论出于政治还是法律原因，自己都会在一周、最多十天之内重获自由。

第五章

对抗附近居民和联邦警察后，上百人连续581天问候卢拉，他看不到，只能听见他们的声音

卢拉错了。要是知道接下来会发生什么，他在库里蒂巴联邦警察局总部牢房里度过的第一晚不会睡得那么安稳，而是会做噩梦。狭小的囚室成了卢拉的家，被禁足、与外界隔离的时间并非他想象的短短一个星期，而是仿佛永无止境的八十三周。

第二天早晨醒来时，值班狱卒给他送来黄油面包和一杯加奶咖啡。从他所在的“高级囚室”看不到街道上的情况，那里有一千五百人彻夜未眠——他们是来自各州的工会人士和无地农民运动的积极成员。在警察局三百米外两条柏油马路的交叉口，人们用石灰在地上描出一个巨大圆圈，中间以同样巨大的、从十层高楼都看得清的字母写着“奥尔加·贝纳里奥广场”，以纪念巴西共产主义领袖路易斯·卡洛斯·普雷斯特斯（Luís Carlos Prestes）的第一任妻子，死在纳粹德国毒气室中的犹太人奥尔加·贝纳里奥（Olga Benario）。这便是“给卢拉自由”值守活动，人们将与警方和附近的圣坎迪达居民不断发生冲突（圣坎迪达是巴拉那州联

邦警察局总部所在的上层中产聚居区），也会有名人从世界各地而来。在卢拉被关押的581天里，人们轮流值守，没离开过哪怕一分一秒。有时那里会聚集二三十人，但在一些特殊的日子——劳动节、前总统生日、重要上诉的宣判日、外国元首访问日——最多有超过两千人守在那里。

在卢拉被监禁的八十三周里，除了数十名国内外工会成员、企业家、经济学家、电影明星、艺术家、歌手、各派宗教人士、亲朋好友和来自各州的政治家之外，来探望他的人还有：五位外国前国家元首，如意大利前总理马西莫·达莱马（Massimo D'Alema）、阿根廷前总统爱德华多·杜阿尔德（Eduardo Duhalde）、哥伦比亚前总统埃内斯托·桑佩尔（Ernesto Samper）和乌拉圭前总统何塞·“佩佩”·穆希卡；未来的阿根廷总统阿尔韦托·费尔南德斯（Alberto Fernández），他中断了一场艰难的总统竞选活动，前往库里蒂巴监狱，然后戴着一顶印有“给卢拉自由”的红色帽子离开；两位诺贝尔和平奖获得者，印度人凯拉什·萨蒂亚尔希（Kailash Satyarthi）和阿根廷人阿道弗·佩雷斯·埃斯基维尔（Adolfo Pérez Esquivel）；外国政治家、墨西哥联邦特区前区长库奥特莫克·卡德纳斯（Cuauhtémoc Cárdenas），“不屈法国”党众议员、曾获近20%选票的法国前总统候选人让-吕克·梅朗雄（Jean-Luc Mélenchon），以及代表教宗方济各的阿根廷经济学家胡安·格拉博伊斯（Juan Grabois）——教宗本想探望卢拉，给他一串教宗祝圣过的念珠，但被联邦警察以“非宗教人士探视日”拒之门外。此外还有法国共产党参议员劳伦斯·科恩（Laurence Cohen），德国社会民主党众议员马丁·舒尔茨（Martin Schulz），意大利民主党众议员、欧洲议会议员罗伯托·瓜尔蒂耶里（Roberto Gualtieri），以及工会领袖、美国最大的工人工会“劳联-产联”主席理查德·特拉姆卡（Richard Trumka），西班牙劳动者总联盟（UGT）的佩佩·阿尔瓦雷斯（Pepe Álvarez），国际工联秘书长沙兰·伯罗（Sharan Burrow）和美国工会人士斯坦利·加采克（Stanley Gacek）。

虽然有诺姆·乔姆斯基（Noam Chomsky）这样的思想家和丹尼·格洛弗（Danny Glover）等好莱坞艺人到场，巴西媒体对于值守活动的报道却很少，可以说几乎没有。而在短短几周内，“给卢拉自由”这场开在联邦警察局眼皮底下的精彩活动还是吸引了游客的好奇心，并最终成为巴拉那州州府旅游巴士的观光项目之一。因为上述这些特点，值守活动不仅成为反武断监禁的抗议场所，更成为向巴西和全世界各地的不公表达抗议与不妥协态度的国际性示威舞台。

2018年4月9日周一早上，卢拉在牢房里吃了第一顿简朴的早餐。他看不见外面发生的一切，从带铁栅栏和磨砂玻璃的威尼斯式窗户内，他只能看到一小片天空和活动地点附近的巴西松树的树冠。

同样是那个星期一，在警察局九公里外佩特拉斯酒店一间租用的会议室里，劳工党主席格莱西·霍夫曼召集党内领导班子和卢拉入狱时已经在库里蒂巴的人员开会。这家酒店设施平庸、光线昏暗，配不上四星级的头衔。周日晚卢拉的牢房门关上之后，身心俱疲的众人来到佩特拉斯酒店下榻。大家心力交瘁、神经紧绷，好多人三天三夜没合过眼。格莱西做出决定：

“大家都洗个澡，吃点东西睡觉吧，明天一早我们再聊。”

佩特拉斯酒店不仅成为劳工党的司令部，还聚集了活动人士、顾问、摄影师、律师和前总统的卫兵，以及自发成立的“权利团体”的几位法律顾问，人们在这里商议如何尽快让卢拉出狱。两位特别人物也加入了前总统最亲近的圈子——六十二岁的路易斯·卡洛斯·达罗沙和六十五岁的曼努埃尔·卡埃塔诺，深受巴拉那州法律界精英尊重的两位律师。二人还是堂兄弟，他们的父亲都在巴西东北部长大。绰号“罗希尼亚”的达罗沙生来就是共产党员，他父亲是巴西的共产党（PCB）[①]中央委员会成员，独裁时期受到迫害。就政治生命而言，曼努埃尔·卡埃塔诺则“出生”在无地农民运动中，并与之结下了不解之缘。最终，二人都加入了劳工党。尽管罗希尼亚的成长背景在传统上保守的巴拉那州引人恐慌，但这位在意大利获博士学位、喜欢品鉴葡萄酒的律师坐拥一家利润丰厚的事务所，并为州内州外的大公司提供法律服务。曼努埃尔·卡埃塔诺从事学术，在巴拉那州联邦大学任法学教授，也拥有

① 巴西的共产党（Partido Comunista Brasileiro，缩写PCB，简称“巴共”）和巴西共产党（Partido Comunista do Brasil，缩写PCdoB，简称“巴西共”）是两个不同的政党。巴西的共产党成立于1922年，党名最初为Partido Comunista do Brasil，也称“共产国际巴西分部”（PC-SBIC），1960年，党名更改为Partido Comunista Brasileiro。1962年，巴共内部发生了第一次分裂，部分异见人士脱离巴共自立门户，并以巴共最初的党名自称，巴西共产党由此诞生并延续至今。东欧剧变后，巴共再次分裂：以时任党主席为首的一批主张与苏联和社会革命脱钩的党员，将巴共改组成了社会主义人民党（PPS），即如今公民权党（Cidadania）的前身；另一批反对脱钩的党员继续以巴共名义展开活动。

博士学位。他们不仅是堂兄弟，还更像是异面同心的连体双胞胎。出于同样的巴拉那人特质，他们也和塞尔吉奥·莫罗，以及“洗车行动”中最爱装腔作势的埃德松·法欣法官成为朋友——或至少曾经是朋友。

请两位律师来的人是罗伯托·特谢拉（Roberto Teixeira），他是卢拉的朋友，也是克里斯蒂亚诺·扎宁的岳父。他与二人相识多年，这次请他们代表扎宁和瓦莱斯卡担任卢拉在库里蒂巴的代理律师。两位老左派欣然接受，但有一个条件：他们要提供义务劳动，分文不收。实际上，如果要计算二人在为卢拉提供基本安全和舒适的日常生活上的开销，那肯定不是一笔小数目。正式成为前总统的代理律师后，他们便获得了随时随意探望卢拉的法定权利，但也要遵循探视时间的规定，即上午8点至晚上7点，且周末和节假日无法探视，因为关押卢拉的地点并非普通监狱，而是政府机关，政府大楼假期可不会开门。

先来探访卢拉的是曼努埃尔·卡埃塔诺，他以前只在新闻里见过卢拉。他看到牢房门关着，于是请狱警小若热·卡斯塔洛把门打开，准备和委托人打个招呼，但卢拉吃过早饭后又睡下了。看见他蜷缩在床上，卡埃塔诺轻轻关上门，告诉狱警自己会在外面的走廊等卢拉睡醒。卢拉醒来后，律师再次走进来，礼貌地自我介绍，两人聊了案件、监禁和其他琐事。快到中午时，卡埃塔诺的搭档路易斯·卡洛斯·达罗沙来了，也做了自我介绍。卢拉习惯性地问了很多问题。他得知二人是堂兄弟，并惊讶地发现罗希尼亚出生在伯南布哥州半湿润过渡地带的小城布伊克，那里距卢拉的家乡卡埃特斯只有六十公里。

罗希尼亚和卡埃塔诺的探视从未受到狱警的任何阻挠。监禁期间负责照管卢拉的小队由八到十名行动中心的联邦警员组成，队长是若热·卡斯塔洛，他的知名度不仅源于共和国前总统的狱警的身份，而更来自他本人出众的外貌。他聪慧、有学识、彬彬有礼，但很少露出微笑或与人交谈。卢拉出狱时，完成任务的卡斯塔洛登上了事业巅峰，被派往秘鲁首都利马担任巴西驻外警官，他的妻子和两名小女儿一直在那里陪同。除卡斯塔洛外，另一名和卢拉关系不错的狱警是小保罗·罗沙·冈萨维斯（Paulo Rocha Gonçalves Jr.），绰号也叫“大保罗”，他是个笑容可掬的黑人，身材和他的同事一样，甚至比同事还要魁梧。

两三名警员坐在牢房门右侧的监视器前轮班，摄像头对准前总统所在楼层的入口，监控着每一个来访者。监视器旁边还有一台小电视机，让这项二十四小时全天候的工作不至于那么乏味。走廊尽头的门通向一处开放空间，四周有高墙，但没有屋顶。里面有点瘆人，像是一处废弃的狗窝。这片长约三米、宽约两米的长方形空间以前是警员吸烟区，中间有一块水箱似的混凝土。卢拉到来后，依照法定权利，这里变成了他每天晒日光浴的地方。没有值勤任务时，卡斯塔洛也从不放下手中的对讲机，他一直和牢房门口换班的狱警保持联络。

卢拉从不是真正意义上的“宅男”，他也会利用狱中时间锻炼身体。除了扩胸运动用的橡胶弹力带，他还让罗希尼亚买了台二手跑步机，但用了几周就不得不换成新的。

“罗希尼亚，我觉得这台跑步机像是在废品回收站买的，”前总统抱怨道，“我得把一只脚放在地上，像滑滑板车那样，才能启动机器。”

律师忍俊不禁，马上给卢拉换了台新的——并且决不接受劳工党或扎宁报销任何费用。按照卢拉向探望他的朋友们自吹自擂的说法，体育锻炼似乎卓有成效：

“我变成了一个很年轻的老头，”他总是坏笑着说，“我从生物学上说是七十二岁，却有着三十岁的精力和二十岁的欲望。”

住在佩特拉斯酒店的众人的首要任务之一就是探访值守活动。一群陌生人在圣坎迪达区精心绿化的街道上游荡，这让周边居民很不自在。几周之后，他们设法让市政府签发了一项收回公共区域使用权的命令——理论上，值守活动会被取缔。然而，工会人士、无地农民运动成员、律师和政治活动家迅速筹款，找到了一个比最初想法更好的解决方案。他们在联邦警察局大楼对面租了一片空地，签订租赁合同仅几小时后，就有大约一千两百人开始预备场地。凭借占领活动的经验，无地农民运动的成员们只用几小时就搭起了一顶巨大的帐篷、一间共享厨房和一个咖啡亭。除了这片空地，活动集体还在五十米外租了一栋小楼房，里面有房间可供有需要的人过夜，还有一间改造成互联网工作室的车库，志愿者录制值守活动的重要画面，做成新闻材料并向全世界媒体推送。

既然没有理由再要求活动人士离场，圣坎迪达的别墅居民们便向警方投诉，说这些人晚上大呼小叫，打扰居民休息睡眠。库里蒂巴市长、巴拉那州民主党的拉斐尔·格雷卡（Rafael Greca）受理了投诉，并决定对违反市政规定的行为处以每日50万雷亚尔的罚款。两名邻居报警称“劳工党、劳动者统一中心和无地农民运动的示威者侵占其居住的街道”，并要求停止“白天制造噪声、晚上举办派对、饮酒吸毒等扰乱安宁的行为”。最终，值守团队与军警和市政执法部门达成协议：必须严格遵守《市政寂静法》，晚10点至早7点噪声不得高于45分贝。但示威者没有放弃喊话，反而将这项传统一直延续到卢拉获释那天：每天上午9点、下午2点半和晚上7点，人们会齐声高呼十三次“总统先生早上好！”“总统先生下午好！”“总统先生晚上好！”。虽然双方已达成协定，但几周过后，家住附近的四十五岁警员加斯唐·舍费尔（Gastão Schefer）还是在光天化日下踢坏了示威者用来扩音的音响。多亏活动安保人员干预及时，警员才侥幸免受群众的殴打，他随后因扰乱公共秩序被捕。在2018年选举中，舍费尔代表当时博索纳罗所在的社会自由党（PSL）竞选联邦众议员，只获得了平平无奇的4 670票，在候补名单中位列第一百一十一。他后来被调往南大河州的南卡西亚斯市，并于2021年8月9日身亡——据联邦警察称，他自杀了。

探访卢拉的过程看似顺利，但也要遵守严格的日程安排。周一下午4点至5点是留给宗教领袖的探视时间。在监禁期间，卢拉接待了神父、修士、佛教僧侣、福音派牧师、伊斯兰教徒、犹太教拉比和非洲宗教祭司。在获得刑事执行法庭法官卡罗琳娜·莱博斯（Carolina Lebbos）的许可后，国内政治领袖方可在周二入内探访。莱博斯因敌视卢拉著称，她曾禁止联邦众议院人权委员会的八名众议员视察服刑条件，但这一决定后来被最高法院的法欣法官推翻，委员会成员最终得以探视前总统。记者米诺·卡尔塔（Mino Carta）和本书作者也预约了探视并来到库里蒂巴，但受到莱博斯法官阻拦，理由是服刑人员禁止接受媒体采访。她明知二人都不是以记者身份探访卢拉，但仍维持原有决定。前总统的子女和孙辈可以在周四上午9点半至12点、下午1点半至4点探视。在这期间，家人至少有一次曾获准与卢拉共进午餐。

若家人没有占用周四的全部探访时间，则剩下的部分会留给外国访客。6月21日星期四，就在乌拉圭前总统何塞·“佩佩”·穆希卡探视卢拉过后，一条消息传来，在他的律师团队中引发了一场不小的危机。此前，卢拉的辩护律师扎宁再次向最高法院提出人身自由令申请，要求释放卢拉。而在没有征求卢拉和扎宁意见的情况下，同为被告律师的塞普尔维达·佩尔滕塞在扎宁的申请书中加了一条，请求允许卢拉在人身自由状态下应对诉讼。按照“洗车行动”的“过往判例”，如果被授予这项特权，被告需要戴上电子脚镣。年过八旬、受人尊敬的塞普尔维达·佩尔滕塞是卢拉的老朋友，但他似乎不知道，前总统宁愿去见鬼也不愿听到这两个词：软禁和电子脚镣。4月7日被捕前数小时，卢拉在圣贝尔纳多的工会门口发表的演说中已经明确表示了这一点。

甚至比那还要早：2016年12月3日，被捕前的一年零四个月，卢拉与另外几人乘商务飞机前往古巴圣地亚哥，参加菲德尔·卡斯特罗（Fidel Castro）总统的葬礼。在八小时的飞行中，众人谈起“洗车行动”，十名乘客中的一人问了卢拉一个问题，其他人似乎也想知道他的回答：

“总统先生，假如莫罗法官下令逮捕您，并决定上诉期间暂不执行逮捕，但必须戴上电子脚镣，您会同意吗？”

卢拉的反应令人震惊。他怒不可遏，脸色涨红，颈部青筋暴起，像要心脏病发作一样。因系着安全带无法自由活动，前总统只能用拳头猛击座椅扶手：

“如果莫罗想给我戴脚镣，他得先砍掉我的小腿！如果他找来十个大汉按住我，强行戴上脚镣，我会到街角的车间，拿把钳子把它扯掉！你知道为什么吗？因为我是清白的！软禁我也不会接受。让莫罗给他妈戴脚镣去吧！想让我戴绝不可能，因为我是清白的！”

前总统迪尔玛·罗塞芙、群众运动领袖若昂·佩德罗·斯特迪莱和吉列尔梅·博洛斯以及其他乘客都陷入沉默。还没到菲德尔的墓前，丧礼的氛围就已经开始弥漫。剩下的旅程中，没人再提起这件事。佩尔滕塞此举引发的危机（他当然完全是出于好意），实际上揭示了辩护团队内已持续数月之久的“自尊心之战”。许多著名的律师和法学家私下里认为，克里斯蒂亚诺·扎宁这位不到四十岁的律师只是个从事程序法的新手，对于刑法一窍不通。更有甚者，几乎所有人都议论说，扎宁之所以当上卢拉的辩护律师，只是因为合伙人瓦莱斯卡·特谢拉是他妻子，而瓦莱斯卡又是卢拉的老朋友罗伯托·特谢拉的女儿。而在“脚镣危机”之后，当案件结束、卢拉取胜时，即使那些曾经支持佩尔滕塞的法学家（他们中的许多人与“权利团体”有联系）也不得不承认，扎宁这位刑法学新手在前总统指导下采取的对抗策略确实是最优解。

7月8日星期日清晨，卢拉的助手、卫兵、律师和劳工党领导班子相互召集，紧急赶往设立在佩特拉斯酒店的临时指挥部开会：根据那个周末阿莱格雷港TRF4执勤法官罗热里奥·法弗雷托（Rogério Favreto）的决定，卢拉将立即获释。法官受理了里约热内卢的瓦迪·达穆斯、南大河的保罗·皮门塔和圣保罗的保罗·特谢拉（Paulo Teixeira）这三位劳工党议员提交的人身保护令申请，裁定释放卢拉。这项决定实在过于惊人，以至于听闻前总统助手马尔科拉叫自己去联邦警察局总部接卢拉时，律师曼努埃尔·卡埃塔诺狐疑而不失幽默地答道：

"去警察局把总统接出来？妈的，我机关枪呢？"

不一会儿，众议员达穆斯和狱警大保罗就拿着释放令来到卢拉的牢房，罗希尼亚和卡埃塔诺也在场。皮门塔在大门口等待，车子已经启动，等卢拉一下楼就走。保罗·特谢拉正在赶来库里蒂巴的路上。卢拉用疑虑的眼神看向众人。达穆斯宣布了法弗雷托的判决：

"总统先生，我们是来接您出去的。"

卢拉没有欢呼雀跃，只是看起来松了口气。后来人们才知道，卢拉看到几人周日一早来到牢房，还以为是自己癌症晚期的哥哥"瓦瓦"去世了。听完司法裁定的内容后，卢拉平静地以问代答：

"你们来接我出去，但我又能出去多久？"

见众人面面相觑，他继续说道：

"亲爱的朋友们，不要心存幻想了。这只是执勤法官的临时决定而已，明天周一一到就会被撤销的。我可不能坐上飞机，等到了圣保罗又听他们说：'再上去吧，你被捕了。'"

卡斯塔洛和大保罗确信卢拉即将获释，正为他收拾行李，其他人则和卫队队长莫赖斯上尉一起下到三楼，把释放令交给局长。当时毛里西奥·瓦莱舒不在，巴拉那州联邦警察局局长一职由罗贝瓦尔·维卡尔维（Roberval Vicalvi）警官代理。捧着烫手山芋的警官犹豫不决，他招待众人喝咖啡，然后不停地拐弯抹角……但众人的要求又确实是正当的：法官的决定不容置喙——更何况他的司法权威还高于莫罗（那时他正在度周末呢）——由不得警方自作主张，必须执行。达穆斯、卡埃塔诺和罗希尼亚强硬地表示，没有商量的余地，命令就是放人。维卡尔维不知如何是好，辩称不能把事情绝对化：

"没错，没错，是要求放人。但这可不是普通人，要放的是卢拉。"

连狱警卡斯塔洛和大保罗都不得不出面干预：

"长官，狱警的职责是遵守法律。既然上诉法院法官要求放人，我们的法律义务就是把他带去门口，送到街上。"

在人员进进出出的紧张时刻，有人带来了新消息：

"莫罗博士打电话说，现在还不能放人。他说这项决定不该由一位法官做出，而必须经过TRF4全院庭审。"

事情悬而未决，卢拉在牢房里平静地等待。这时，TRF4中该案的负责法官（juiz relator）宣布法弗雷托的决定无效。"洗车行动"检察官生怕煮熟的鸭子飞了，赶忙竭尽所能地动用资源。下午2点，法弗雷托回应称，案件负责法官的决定违宪，必须立即释放卢拉，否则上到警察局局长、下至看守和狱卒，一切相关人员都将受到惩处。卡斯塔洛去牢房找卢拉诉苦：

“总统先生，您必须离开，如果留您在这儿，我们都得遭殃啊。”

卢拉想知道到底是怎么回事：

“妈的，那我到底能在外面待多久呢？”

狱警沮丧地答道：

“我也不知道，但您留在这里是违法的。”

“那我去达罗沙博士家喝杯酒，明早再回来，责任不用你担。”

当TRF4首席法官卡洛斯·爱德华多·汤普森·弗洛雷斯·伦斯（Carlos Eduardo Thompson Flores Lenz）下令继续关押卢拉，宣布法弗雷托法官的决定无效时，天色已经暗了下来。前总统是对的。他肯定没法在圣保罗过夜了。

然而，致命一击还未到来。

8月31日，巴西高等选举法院（TSE）召开了一次超过十个小时的特别会议，最终，七位法官中的六位依据所谓的《清廉法》（Lei da Ficha Limpa），投票禁止卢拉参加总统选举。法院还宣布，劳工党将有十天时间选择替代候选人。在此之前，劳工党不得开展竞选活动，也不得在电台、电视上为卢拉造势，连网上也不行。大家普遍认为，副总统候选人、圣保罗前市长费尔南多·阿达德最有可能代替卢拉参选。该案的负责法官路易斯·罗伯托·巴罗索（Luís Roberto Barroso）宣布，高等选举法院全院庭审的决议是对于参选资格的最终裁定，并且立即生效，即使辩方向该院或联邦最高法院上诉也无济于事。多数法官都支持巴罗索的意见。

不过，数百天的监禁也并非只有痛苦，一些好玩甚至滑稽的事件经常穿插在卢拉漫长而艰难的牢狱生活中。比如在7月26日古巴革命纪念日，有人给他带来一枚U盘，里面存着何塞伊托·费尔南德斯（Joseíto Fernández）谱曲、以何塞·马尔蒂（José Martí）的诗句填词的古巴知名歌曲《关塔那摩姑娘》（“Guantanamera”）。卢拉牢房里的那台旧电视已经被罗希尼亚和卡埃塔诺处理掉了，因为它不仅太过老旧，还可能装有窃听器或摄像头，用来录制牢房内的声音和画面。两位律师另装了一台配备USB接口的新款液晶电视。《关塔那摩姑娘》的开场旋律从这台电视中传出：

世上穷苦的百姓
我愿与他们分享我的幸运
山中的小溪
比大海更能让我欢喜
关塔那摩，关塔那摩姑娘
关塔那摩，关塔那摩姑娘①

高兴的卢拉在牢房里哼着小调跳起舞，他的朋友、律师，甚至狱警也一齐加入，大家都挤在二十多平方米的小房间里。4月25日葡萄牙康乃馨革命纪念日也发生过类似的情况：有人送给卢拉一枚U盘，里面是若泽·阿方索（José Afonso）创作的音乐《格兰多拉，褐色的城镇》（“Grândola, vila morena”），这首歌曾是号召全国军队哗变、推翻萨拉查（Salazar）独裁统治的暗号。音乐响起

① 歌词原文为西班牙语。

之前，还能听到军靴有节奏踏向地面的声音。四年前，卢拉曾作为特邀嘉宾参加葡萄牙“四·二五”革命四十周年的庆典。在狱中听到这首歌时，他站了起来，用运动鞋使劲跺向地面，一步步走出牢房——咚！咚！咚！——和着军靴的声音，唱道：

格兰多拉，褐色的城镇
在这友爱的土地上
人民当家做主
在这城市之中

卢拉的狱警、卫兵、律师和朋友们在他身后排成长队，一边跺脚一边歌唱，让那场本该寻常的探望变得不同寻常。若泽·阿方索唱出那首标志性歌曲的最后一句时，大家都已泪流满面。

还有一次，在轮到宗教人员探视的下午，一位神父在长袍下藏了一只小小的圣水瓶，通过了入口处的搜查。通常来说，搜身警员对于可能携带尖锐或锋利物品的访客会严加检查，这次却让神父带着小玻璃瓶溜了进去。探视期间，神父把卢拉叫到一边，从黑色长袍底下拿出这份神秘礼物，并在他耳边低声说：

“总统先生，这是东北部最好的甘蔗酒。是从蒸馏器里专门为您取的酒头。慢点喝，能喝好几周呢。”

卢拉假装很感动，向神父道谢，但在探访结束后，他叫来了狱警：

“卡斯塔洛，请把这瓶酒放到警察局的储物柜或者库房里。酒精饮料不能带进来，这可能会给门口的检查人员造成麻烦，对你我都不利。但请不要扔掉。等我从这里出去的那天，我要拿给守在外面的那些人一起喝。”

让卢拉警觉的不仅是酒精饮料。某天下午，两位库里蒂巴律师带来了罗希尼亚的妻子阿德里安娜·弗兰萨（Adriana França）的礼物——一块巨大的法国奶酪，装在圆形盒子里，里面还有商家附赠的切片刀。奶酪带进了牢房，但刀被入口处的检察员扣下了。俗话说“一朝被蛇咬，十年怕井绳”，卢拉心里也明白。他为这份礼物郑重道谢，但请求把奶酪分给守在外面的人：

“非常感谢你们的心意。但在里约热内卢的杰里西诺监狱，前州长塞尔吉奥·卡布拉尔（Sérgio Cabral）就是因为一块法国山羊奶酪丢掉了所有特权，连日光浴都给取消了。请不要误会我的意思，但我的确不敢冒这个险。”

两位律师理解卢拉的担忧，便把奶酪带下楼与值守团队分享。曼努埃尔·卡埃塔诺从警察局门口拿回了切片刀，然后走到不远处的营地。当他手持法国奶酪刀穿过马路时，扎营的人们爆发出欢呼和大笑，这令他十分惊讶：

“快看哪，是他！是卡埃塔诺博士把军佬给捅了，拿着刀向咱们炫耀呢！干得漂亮，卡埃塔诺博士！这才叫真正的男子汉！”

原来就在几分钟前，在一千公里外的米纳斯吉拉斯州茹伊斯德福拉市，一个貌似精神失常的路人用刀刺伤了极右翼总统候选人、联邦众议员和退伍军人雅伊尔·博索纳罗。民调显示，博索纳罗是那年10月选举中卢拉的主要对手。没错，卢拉虽然被捕，但仍坚持要在10月参选，届时因迪尔玛·罗塞芙被弹劾而接任总统的米歇尔·特梅尔（Michel Temer）的临时任期将满。当时数据页报（Datafolha）研究所的最新民调表明，卢拉大幅领先于博索纳罗：在8月22日的统计报告中，卢拉的支持率为39%，社会自由党的博索纳罗为19%，可持续发展党（Rede）的马里纳·席尔瓦（Marina Silva）为8%，巴西社会民主党的热拉尔多·阿尔克明为6%，民主工党的西罗·戈梅斯（Ciro Gomes）为5%。

书籍可以随意带入，卢拉因此成了一位如饥似渴的读者。朋友和信件中推荐的书籍他都一一阅读，然后堆成一座小山，整齐地码放在衣柜后的角落里——卢拉给人的印象之一就是非常执着于整理身边的事物。这座书山增高的速度常让几周后再次探访的来客惊讶不已。前总统放弃了通过阅读书籍申请减刑的权利，也不羞于向律师询问某个单词或短语的意思，比如某次他就曾问罗希尼亚：

“达罗沙博士，请给我解释一下，这个‘身份政治’到底是什么意思？”

为了不过分打扰朋友和访客，卢拉买了两本高质量工具书，一本优秀的葡萄牙语词典和一本厚厚的地图册，这样无论阅读小说、传记还是艰深的学术论文，他都能独自解决疑问。他最感兴趣的内容当数葡萄牙人殖民以来巴西爆发的民众起义，而这些内容在课本中往往被隐去了。

有时，大人物的来访不仅让“给卢拉自由”值守活动的扎营者感到惊讶，更会引起公众广泛关注。2019年5月中旬，卢拉接待了著名经济学家、若泽·萨尔内（José Sarney）和费尔南多·恩里克·卡多佐（Fernando Henrique Cardoso）执政时期的前部长路易斯·卡洛斯·布雷塞尔-佩雷拉（Luiz Carlos Bresser-Pereira）。两天后，布雷塞尔在Facebook主页上发布了一篇在库里蒂巴与卢拉会谈的总结：

“上周四我探访了卢拉，他的身体和精神状态都很好。他现在主要关心的问题是捍卫主权；他希望巴西人民团结起来，保护国家和人民免受威胁。他的首要诉求是获得无罪认定。”

在这段话的结尾，经济学家在各种国内政治议题中间意外透露了一则“秘密”，看似随口一提，但很有可能是和卢拉商量好的：

“卢拉恋爱了，他出狱后的第一个计划是结婚。”

卢拉的恋情历经一年零四个月才公开。2017年12月23日，在圣保罗州内陆的瓜拉雷马市，隶属无地农民运动的弗洛雷斯坦·费尔南德斯国民学院（Escola Nacional Florestan Fernandes）举办了一场提供黑豆饭的庆典，正式启用“苏格拉底·布拉济莱罗博士足球场”，以纪念已故的科林蒂安球星、曾力挺劳工党和卢拉的苏格拉底·布拉济莱罗（Sócrates Brasileiro）。庆典的主要活动是一场友谊赛，对阵双方分别是“希科·布阿尔克（Chico Buarque）之友队”和一支由卢拉、斯特迪莱及另外几十位艺术家、政治活动家组成的男女混合队。记者茹卡·克福里（Juca Kfouri）担任裁判，最终双方5比5战平。

卢拉在活动中结识了社会学家罗桑热拉·达席尔瓦（Rosângela da Silva），一位五十岁的漂亮女子，有着棕色的长发，总是笑容满面，是劳工党的忠实支持者。她让卢拉着迷。朋友们给她起的绰号是“詹佳”，她在库里蒂巴伊泰普跨国公司（Itaipu Binacional）总部工作了十六年，这是一家巴西和巴拉圭共同控股的公司，她负责跨国水电站建成后搬迁居民安置点的社会督察工作。后来，在司法部门撤销案件、恢复卢拉的政治权利后，由于要参加竞选活动，布雷塞尔-佩雷拉提到的婚礼计划推迟了。虽然两人希望尽快领证结婚，但从卢拉获释到现在，他们还一直住在圣贝尔纳多那栋租来的房子里。

尽管偶尔有欢快和开玩笑的时刻，但在狱中，前总统还有一个棘手问题需要解决。高等选举法院以违反《清廉法》为由禁止卢拉参选，劳工党只有短短十天时间选择替代候选人，否则将无法参加大选。牢房中的前总统从未明确指定接班人，但据几位心腹讲，他心里有三个人选，依次是：巴伊亚州参议员雅克·瓦格纳（Jaques Wagner），圣保罗前市长费尔南多·阿达德，以及劳工党全国执行委员会主席格莱西·霍夫曼。每个人各有优缺点，但必须从仅有的三人中选出一位，在选举中和博索纳罗对抗。博索纳罗则利用发生在茹伊斯德福拉的刺杀事件拉取选票：不出一个月，他的支持率就从19%跃升至31%，增幅达63%。

巴伊亚州参议员第一个被召到库里蒂巴开会，讨论候选人事宜。除他之外还有两三位党内干部参与，但阿达德和格莱西都不在场。卢拉开门见山：

“要替我竞选的人就在我们中间，在这间牢房里。”

见大家一言不发，卢拉也不卖关子了，他用绰号称呼瓦格纳，说道：

“嘿，加莱戈，怎么不吭声？候选人就是你。”

参议员拥有深邃的蓝眼睛、晒成古铜色的皮肤和看起来总像刚刚洗过的头发，他不像在巴伊亚长大的里约人，更像一只米纳斯吉拉斯州的老狐狸：

“总统先生，能代替您参选是莫大的荣誉，这您肯定清楚。但我可能还没准备好迎接这份挑战。”

卢拉的话切中老朋友的要害：

“加莱戈，你还不到七十岁［那时瓦格纳六十七岁］，你当过石油工人、工会成员、众议员，当过州秘书处处长，你连续两次当选巴伊亚州州长，在第一轮就胜出，你打败了安东尼奥·卡洛斯·马加良斯（Antônio Carlos Magalhães）的选举联盟，让你指定的继任者在第一轮就当选，你还当过民事办公室主任、机构关系部部长、劳动部部长、国防部部长……妈的，加莱戈，全巴西谁还有这样的履历？你就差当个总统了。”

这场无果而终的谈话表明，巴伊亚人打算竞选参议员：借用一些政治家的话，他“足不出户”就能当选，所以无意在自己的履历中加上一场大败。政治之路往往荆棘密布，如果卢拉选择瓦格纳，那他必然遭遇党内基层的强烈反对，因为瓦格纳曾公开支持西罗·戈梅斯参选副总统，而大部分劳工党员都很讨厌这位喜怒无常的塞阿拉人。

总之，候选人的大任最终落在了经济学家、教授费尔南多·阿达德身上。尽管他在圣保罗市长连任选举中败给精英出身的政界新人若昂·多里亚(多里亚获得53%的选票，他仅获得16.7%)，但由于具备足够的学识、魅力和声望，阿达德不至于成为美国人口中贬称的“跛脚鸭”，即在多数制选举中落败但仍坚持参与政党活动的政治家。因此，由他来当候选人顺理成章。卢拉没有选择格莱西，不仅因为她在迪尔玛被弹劾期间的国会辩论中如母狮般勇猛，更因为在卢拉看来，她出色地领导劳工党度过了最艰难的一段时期。

“当一支队伍连胜的时候，最好不要去调整它，”前总统说，“所以最好让格莱西留在党的领导岗位上。”

决定提名阿达德为候选人后，卢拉把他叫到库里蒂巴，二人展开了简短的对话：

“你来当候选人。”

“好吧，如果这是一项任务，那我接受。”

“很好，我会起草一封提名信，公开这个决定。”

正如卢拉在高等选举法院的逼迫下拖到最后一刻才决定放弃参选，他起草公开信时照样不慌不忙。我们不难理解他在两种情形下的抵触心理，也正因如此，他一直拖到没有时间和法律手段来保全竞选资格时才宣告放弃。在他脑海里——不仅是潜意识，他也曾直言不讳地说过——即便迫于司法决定放弃参选，在旁人看来也如同承认罪责之举，而这是卢拉从未接受，也绝不会接受的说法。在他和许多朋友看来，坚持参选到底，是一种客观而具体的自证清白的方式。

“放弃参选，我就失去了最重要的辩护手段，”他向律师曼努埃尔·卡埃塔诺倾诉道，“那一刻，我签下了自己选举生涯的死亡判决书。”

但问题在于，假如卢拉坚持立场，劳工党会直接出局。这可是个有着三十年历史、曾执政近十四年、全世界人数第二多的左翼政党，它拥有一百五十万党员——仅次于拥有近亿名党员、规模庞大的中国共产党。

信件经过多方传阅、准备公开时，前总统做了一个决定：这封信不要在报纸、博客、网站、广播和电视上公布，而是到联邦警察局门口“给卢拉自由”值守活动的现场宣读。大家一致同意，但有一个难题：由谁来宣读？格莱西？阿达德本人？还是参众两院中的党内干部？聪明的卢拉选择了一位既没有派系纠葛，也没有竞选野心的党员——律师路易斯·爱德华多·格林哈尔希，他身边最忠实的老朋友之一。得知此事后，莫科卡告诉卢拉，这项任务应该交给格莱西，毕竟她是党的主席。卢拉固执己见，请格林哈尔希亲自前往佩特拉斯酒店，向劳工党全国执行委员会传达他的决定。除了格莱西，其他人都十分不满：他们觉得，虽然格林哈尔希是党的创始人，且在执行委员会任职，但这样重要的文件不该交给一位在全国没有政治影响力的人来宣读。律师回到卢拉的牢房告诉他，不出所料，几乎所有人都表示反对。前总统却干脆利落地说：

“回去告诉他们，这是我的决定，没有商量的余地。”

9月11日下午，在众多记者、积极分子、活动人士和所有值守群众面前，身穿棕色外套、黑色毛衣和红色网球衫的格林哈尔希抚摸着灰白的胡须，听完格莱西·霍夫曼的简短开场后，开始宣读卢拉的信。前总统迪尔玛·罗塞芙、费尔南多·阿达德和安娜·埃斯特拉夫妇、格莱西·霍夫曼、里约州参议员林德伯格·法里亚斯、众议员保罗·皮门塔和南大河州巴西共产党众议员曼努埃拉·达维拉都在旁边。他用十三分钟读完了七页的《卢拉致巴西人民的信》。

掌声结束后,格林哈尔希将麦克风交给新任总统候选人费尔南多·阿达德,他又讲了大概十分钟:

> 今天许多巴西人得知,他们无法给心中期待的那位候选人投票,他们盼望他能走上高原宫[①]的斜坡,从1月1日开始领导国家。这种痛苦我也感同身受。这痛苦来自国家最贫穷的百姓,反观如此残酷、如此不公,年复一年压迫着三分之二巴西人民的历史,他们明白劳工党政府意味着什么……我们要赢下这场选举,为了卢拉,为了劳工党,为了巴西共产党,为了社会运动,也为了巴西。因为这场胜利是巴西应得的。

尘埃落定,但命运似乎并不眷顾劳工党。数据页报研究所前一天发布的民调显示,假如在那天举行选举,博索纳罗将获得24%的选票,而费尔南多·阿达德的支持率还不到两位数,仅有9%。

① 高原宫(Palácio do Planalto),亦称"普拉纳托宫",位于巴西首都巴西利亚,是总统办公大楼及政府所在地。

第六章

绰号“红”的黑客打开了地狱之门，高等选举法院将莫罗和“洗车行动”一同埋葬。卢拉走出监狱，成为巴西总统候选人

阿达德替代卢拉参选后的首份民调结果公布时，劳工党员和巴西进步派人士纷纷陷入恐慌。卢拉作为候选人时支持率接近40%，几乎是博索纳罗的两倍。阿达德入局后，支持率甚至没能突破个位数——博索纳罗却大肆炒作发生在茹伊斯德福拉的刺杀事件，无论在数据页报研究所、巴西民意和统计研究所（Ibope）还是其他区域性机构的民调中，他的支持率都在不断攀升。不过，这种恐慌很快消散了。后续几周中，圣保罗前市长阿达德展现出充沛的活力与决心，逐渐赢得选民支持，得票率也在向博索纳罗靠拢。根据不同机构利用不同方法做出的统计，前上尉与卢拉继任者之间的支持率差距在10%至15%之间浮动，虽然相差不小，但博索纳罗在首轮选举中直接获胜的可能性已经不大了。

这次选举的战场不再是巴西选民熟知的电视节目或候选人辩论，而是互联网。从普通公民的视角来看，相较于劳工党人，博索

纳罗的支持者在数字领域遥遥领先。毫无底线节制的博索纳罗竞选团队将所谓的假新闻（fake news）利用得淋漓尽致，而这不过是老一套骗局和谎言的新名称罢了。

在巴西，社交媒体上成千上万的帖子宣称，圣保罗前市长计划向全国的托儿所发放“丁丁奶瓶”，把奶嘴替换成橡胶阴茎。还有，如果劳工党候选人当选，公立学校课程将提供一本青少年性教育手册，教导男孩女孩如何成为“同性恋者”。博索纳罗的竞选团队还说，阿达德支持乱伦行为，一旦当选总统就会将恋童癖合法化。一张合成照片在匿名博客和网站的无数帖子中流传，其中与阿达德搭档的副总统候选人、来自南大河州的巴西共产党年轻干部曼努埃拉·达维拉穿着一件T恤，上面写着“耶稣是变性人”。

而针对费尔南多·阿达德的炮火攻击背后的关键人物正是博索纳罗的儿子、绰号“老三”的爱德华多·博索纳罗（Eduardo Bolsonaro），他在警察局担任书记员，也代表圣保罗州出任联邦众议员（尽管他一直生活在里约）。8月竞选活动如火如荼之时，“老三”在社交媒体上发布了一张照片，照片中的他在纽约给了自己年过六旬的新导师、饱受争议的美国政治战略家史蒂夫·班农（Steve Bannon）一个拥抱。班农的形象在美国和巴西的许多出版物中屡次出现，但最能还原他真实面目的作品当数美国记者迈克尔·沃尔夫（Michael Wolff）的《火与怒》（*Fire and Fury*），书中揭露了此前总统竞选活动的内幕。

而在巴西，种种迹象表明，一场前所未见的、抹黑阿达德而有利于博索纳罗的假新闻风暴将在网络空间肆虐，前上尉的民调支持率的上升势头似乎已不可阻挡。阿达德以传统手段应对，但这一切似乎把劳工党和竞选团队高层搞得晕头转向。民主阵营越是揭露博索纳罗的种族主义、仇外心理和好战倾向，他在民调中的支持率反倒越高。他在网上毫不含糊地为强奸行为开脱，把逃亡黑奴后代比作应该过磅的牲口，并攻击一切LGBTQIA+（性少数群体）权利运动的支持者。他把竞争对手称为有恋童癖的共产主义者，“一群想把巴西变成古巴和委内瑞拉的混蛋，应该统统枪毙”。一场名为“不要他”（#EleNão）的大型民众集会在皮涅罗斯区的巴塔塔广场举行，这被普遍认为是自“马上直选”[①]以来人数最多的群众集会。“不要他”运动由妇女和其他反博索纳罗联盟的党派领导，意图组织民众给前上尉的竞选活动一次致命打击。然而不知为何，结果恰恰相反，博索纳罗的民调支持率继续上升。

2018年10月7日星期天，第一轮选举拉开帷幕。这天晚上，在帕拉伊索区路易斯·安东尼奥准将路与图托亚街转角处的佩斯塔纳酒店的顶层，阿达德竞选团队中的氛围仿佛葬礼现场。清点全国所有电子投票机后，高等选举法院刚刚公布了最终结果：博索纳罗获得46.03%的选票（近5 000万票），而阿达德获得29.28%（略多于3 000万票）。三周后的第二轮选举将决定战争结局。

---

① “马上直选”运动（Diretas Já）是1983—1984年军事独裁末期开展的一场大规模社会运动，其核心诉求在于立即恢复总统直选。这场运动最终失败了，1985年的巴西总统选举仍以间接方式举行。

第一轮选举结果公布十一天后，《圣保罗页报》记者帕特里西亚·坎波斯·梅洛（Patrícia Campos Mello）发表了一篇特别报道，揭露了博索纳罗令人目眩的网络竞选攻势背后的秘密。报纸的头版头条——“企业家通过WhatsApp资助反劳工党竞选活动”只是巨大冰山的一角，博索纳罗家族，尤其是他的二儿子——里约热内卢市议员卡洛斯·博索纳罗（Carlos Bolsonaro）才是一直以来的幕后主使。四年来，这名记者一直在世界各地跟踪调查，揭露以社交媒体和聊天软件为政治宣传工具，进而操纵舆论的行为——这基本是右翼和极右翼民粹主义政权采用的手段。2014年，帕特里西亚首先在印度发现这一情况。

2016年，帕特里西亚被派往美国报道总统选举，她此前也在那里当过常驻记者。她在美国发现了相似的竞选手段，但规模庞大得多，而且除了Twitter和WhatsApp之外，还多了一个新的识别和侵入个人数据的有效工具——Facebook。

应邀参与报道时，帕特里西亚已经听说这些数量惊人的假新闻是有机产物，是共和党候选人支持者的自发行为，彼此之间没有联系。但如此庞大的信息量背后显然有自动化的痕迹，而且需要大量物力、财力才能使之运转。对于任何一个车库黑客来说，这项技术本身再简单不过：通过电脑软件以社交媒体推送的形式模拟出想要的新闻，然后在几十台电脑上运行同样的软件——或用俗称的“芯片板”，上面焊有许多芯片——最后开始信息轰炸。

由于可通过黑市或通信公司获取用户资料，客户可以指定向某地区的数百万人发送特定消息，还能选择用户的年龄段、性别、经济阶层等等。如一名黑客所说，“你甚至可以用袜子颜色来筛选用户，或查清对方是素食主义者还是食人族”。这样，当用户在电脑上收到消息，说阿达德将分发“丁丁奶瓶”或引导孩子成为“同性恋者”的课本时，会有另外几十个真实的商品广告随之出现，比如衬衫、牙刷或旅游广告——理论上，这会提高假新闻的可信度。

这种低投资、高回报的简单业务激发了互联网和政治地下世界的贪婪。帕特里西亚深入调查，发现数十家公司向候选人和政党提供服务包，识别选民的手段像用瞄准镜锁定一样准。服务的关键词在于“细分”。可以按收入、职业、地理位置、婚姻状况、年龄段、位于农村或城市来为目标群体分类。为了让读者明白这不是一篇科幻报道，帕特里西亚在报纸上刊登了一家名为Croc Services的公司向2018年总统候选人、巴西社会民主党热拉尔多·阿尔克明竞选团队提供的报价截图（似乎没有成交）。按照这家公司的报价，只要肯花870万雷亚尔，任何候选人都可以向约1.2亿选民推送任何想要的信息。

尽管在党员和支持者群体中有一些巴西顶尖互联网专家，他们也都愿意与博索纳罗派的魔龙战斗，但劳工党似乎选择了另一条路。阿达德竞选团队没有征求被关押在库里蒂巴的卢拉的意见，擅自决定在10月28日的第二轮选举前大幅调整竞选策略。为了回应第一轮选举中博索纳罗不断提出的亲共指控，首要举措无疑是让竞选宣传“去红色化”——某种意义上也是“去工党化”。卢拉不喜欢竞选团队向“中间派”靠拢的做法，他对调整表示不满，但竞选团队似乎并未理会。败局将近，忧心的卢拉质问第二轮选举前的宣传调整是谁主导的。俗话说“丑儿没爹认”，责任最后落在了竞选团队的官方宣传负责人、巴伊亚州广告策划员西多尼奥·帕尔梅拉（Sidônio Palmeira）头上，他曾成功帮助雅克·瓦格纳和鲁伊·科斯塔（Rui Costa）当选巴伊亚州州长。库里蒂巴牢房中的卢拉发话：

“那就买张机票，让这个西多尼奥到库里蒂巴来见我。”

在格莱西和阿达德毫不知情的情况下，社交媒体上约一千万卢拉忠实追随者的用户列表成了一场无声竞争的对象，双方暗中较劲，没有闹出新闻。一边是阿达德的宣传团队，想给卢拉追随者推送新消息；另一边是卢拉派，虽然指名道姓是个冒险的举动，但可以肯定的是，至少有保罗·奥卡莫托，马尔科拉，以及卢拉的新闻助手、推文代发员尼科莱·布里奥内斯（Nicole Briones）几人参与。卢拉派的小团体（可能还有另外两三人）担心，一旦获取到这些用户信息，阿达德团队可能像竞选宣传时那样故技重施，将卢拉的推文和言论引向中间立场，争夺可能流向博索纳罗的选票。但在卢拉派看来，这样做不仅无法夺得选票，还会损害卢拉的进步派形象。凭借保罗·奥卡莫托的权威和声望（他从来都不是左翼激进分子），小团体加入了斗争，并且“牢牢坚持”奥卡莫托的诉求：“卢拉提出的想法和意见由他自己说了算。想要改变策略可以自行改变，但卢拉就是卢拉。”团队做了些调整，竞选活动继续进行。广告策划员没去库里蒂巴，没人知道为什么，或是没人愿意透露。也永远没人能亲身确认是否真有某个人要为后来的事情负责，但事实就是，2018年10月28日那天，退役上尉、三十年来籍籍无名的联邦众议员以5 780万票当选第三十八任巴西总统。

除了选举失败和此前经历的所有难处，在之后的几个月里，卢拉还将因失去三个不同程度上的深爱之人而心如刀绞。先是在圣诞节那天，他得知多年挚友去世的消息：在从圣保罗至库里蒂巴的联邦警察局飞机上陪伴他，直到他失去自由那晚的最后一刻的老友，前国会议员西格马林加·塞沙斯，因不断折磨他的骨髓增生异常综合征倒下了，那是一种攻击骨髓且无法治愈的癌症。另一人的死更令卢拉痛心，虽说他的离世和西格马林加一样，在某种程度上已经注定了。2019年1月29日，卢拉的长兄、绰号“瓦瓦”的热尼瓦尔·伊纳西奥·达席尔瓦（Genival Inácio da Silva）在圣贝尔纳多因癌症离世，此前他已经因糖尿病截去了一条腿。卢拉的辩护律师要求法院批准他前往圣贝尔纳多到哥哥的遗体前守灵。基于“洗车行动”专案组检察官们的意见，库里蒂巴刑事执行法庭法官卡罗琳娜·莱博斯拒绝了申请。“拦截者”网站后来公布的对话显示，检察官卡洛斯·韦尔特（Carlos Welter）曾表示同意：

“我觉得他有这个权利去。”

他的同事雅努阿里奥·帕卢多（Januário Paludo），顶着大光头、长着地包天下巴的联邦检察官，却回了一句值得刻到他墓碑上的话：

“那混蛋就是想出去逛，韦尔特还心软了……”

卢拉的辩护律师向联邦最高法院提出上诉，请求允许前总统为哥哥守灵。曾由卢拉任命为联邦最高法院法官、时任院长的迪亚斯·托弗利（Dias Toffoli）做出了决定。其恶劣至极的性质暂且不论，决定的文字本身无须分毫修改，就可以放进任何一本拉美魔幻现实主义小说之中：

> 基于上述理由，本庭依法授予申请人路易斯·伊纳西奥·卢拉·达席尔瓦人身保护令，申请人可在今日之内、于所在地军营与亲属单独会面，且允许将遗体运送至所在地军营，依亲属意愿行事。

托弗利挣脱法律术语的束缚，用流利的葡萄牙语颠覆了一切文化和宗教中的葬礼传统：不让弟弟去灵堂，而是要把哥哥的遗体送到军队——“所在地军营”——让他的弟弟、曾在圣贝尔纳多的卡皮巴里贝队和他一起踢球的老伙伴，在军营接他。卢拉骂骂咧咧，叫人传话给最高法院院长，说他绝不会受此侮辱。所幸，这项惊人的决定在《司法日报》(*Diário da Justiça*)上发表时，瓦瓦的遗体已经长眠于保利塞亚公墓的泥土之下。

然而，更大的打击还在后面。3月1日星期五下午，若热·卡斯塔洛来牢房叫卢拉出去晒太阳，他感觉怪怪的。外面明明下着阴冷的小雨——正是巴拉那州州府的典型气候，哪来的阳光？实际上，狱警把他从牢房带出来，是为了不让他从电视上得知孩子的死讯。律师曼努埃尔·卡埃塔诺和新任联邦警察局局长卢西亚诺·弗洛雷斯的到来，让卢拉更觉狐疑。卡埃塔诺向神色紧张的卢拉传达了噩耗：

“总统先生，是阿图尔……”

“哪个阿图尔？”

“您的孙子，阿图尔。”

“他怎么了？”

“总统先生，他出了严重的健康问题，刚刚在圣安德烈过世了。”

“死了？怎么会这样？两天前他还好好的，健康得很！死了？怎么死的？死因是什么？！”

阿图尔是个七岁的小男孩，跟爷爷特别亲。前一天家属探访日，阿图尔的父亲桑德罗·路易斯没来库里蒂巴。其他家人说，孩子发烧了，他留在ABC那边照顾。顽童般的卢拉开玩笑道：

“这个懒虫用阿图尔发烧当借口不来看我，我知道是怎么回事。”

听闻悲讯，卢拉陷入茫然，只重复着同一句话：

“我孙子阿图尔？怎么会这样？孩子两天前还好好的，能发生什么事儿呢？”

有人解释说，是因为急性的流行性脑膜炎，但后来圣安德烈的市政卫生部门认为这一诊断有误。卢拉无法接受：

“可流脑是不会致命的，他昨天应该来这里才对。”

他坐下，痛哭不止，口中反复念着：

“可为什么是他，前途一片光明的七岁孩子？死的不应该是我，一个七十多岁的老头吗？为什么偏偏是阿图尔这样的孩子，他的生命才刚刚开始啊！”

这一次，没有哥哥瓦瓦去世后那些荒唐的禁令和要求，卢拉乘坐联邦警察局专机前往ABC地区参加了阿图尔的葬礼，没遇到什么阻拦。

依据《刑事执行法》第120条的规定，卢拉获准离开监狱。星期六上午11点左右，神情憔悴的卢拉来到公墓，前一晚人们已经在那里为他的孙子守灵。虽说像高危罪犯一样被重兵看守，但前总统毕竟还是亲身来到了圣贝尔纳多的科利纳花园公墓，军警和联邦警察在外围组成人墙，不让民众靠近卢拉。到达和离开时，卢拉几乎没法和墓地周围的群众打招呼。在他陪伴遗体的一个半小时中，三架军用直升机在上空盘旋。

那是卢拉第一次踏出库里蒂巴的监狱。自从博索纳罗上台后，唯一一条重磅且惊人的政治新闻是他公布自己的司法部部长人选——塞尔吉奥·莫罗，曾不顾一切阻止卢拉竞选总统的法官。在大众眼中，广受吹捧的莫罗不仅是总统的高级顾问，还更像是准总理。为了担任部长，莫罗不得不放弃从业二十二年的司法特权，而作为回报，博索纳罗承诺会将司法部与公安部合并，让他掌管强势的联邦审计署（CGU），并锦上添花般将金融活动管制委员会（Coaf）也交给他，这一机构原本由政府中另一位超级部长、芝加哥学派经济学家保罗·格德斯（Paulo Guedes）掌管，他曾在智利奥古斯托·皮诺切特（Augusto Pinochet）将军的独裁政府中供职。

然而，政府任期还没过半，莫罗的好日子就到头了。2020年4月24日上午，莫罗在数次受到总统公开羞辱后卸任部长，他也不再是法官，他什么都不是了。就像加夫列尔·加西亚·马尔克斯（Gabriel García Márquez）笔下的海难幸存者，这位共和国曾经的强人似乎注定要被永远遗忘。

不同于莫罗被命运抛弃的孤独境地，他所憎恶的卢拉在库里蒂巴监狱中度过了近二十个月的艰难时光，却始终不乏陪伴。如活动人士罗伯托·巴吉奥（Roberto Baggio）第一天承诺的那样，无论晴空万里还是风雨交加，值守者一刻也没有离开过联邦警察局门前。在市政府与扎营者达成协议后，日子总体上还算平静。街对面的联邦警察甚至能和红色群众形成某种和平共处的局面。破坏值守团队设备并在数月后自杀的那名警员所引发的严重事件，双方似乎都已经抛之脑后了。

只有军警还在继续侵扰值守团队的日常生活。从法律上说，州长是军警的最高长官，而巴拉那州州长小拉蒂尼奥（Ratinho Júnior）恰好是博索纳罗的支持者——他父亲是知名电视主持人，也是博索纳罗派。军警一有机会就来骚扰营地生活，借口无非是超出了人行道的界限几厘米，或者违反了市政寂静条例。某天，来了一个身份不明的巴拉那州军警警官，他身材高瘦、长着鹰钩鼻，态度蛮横，率领一队武装士兵，冲人们喊道：

“有居民向军警投诉，说你们没有遵守寂静条例。我奉指挥官的命令驱散值守活动。给你们十分钟时间，把东西拆了然后滚蛋。今天没有‘总统晚上好’一说了。”

“抱歉，可您有禁止值守活动和逮捕群众的法院命令吗？”

“我不需要谁谁的命令，我是巴拉那州军事警察警官。”

“我非常尊重您的部队，但您想做的事情，换谁来都需要法院的命令。这块地是租来的，所以归他们合法所有。”

“你说什么也没用。我接到的指令就是清空这片区域，把不服从的抓起来。”

“您的意思是，要逮捕留下的所有人？”

“没错！”

“那先从我开始吧，我不打算走。”

“没问题，第一个就抓你。”

“但问题是，我是联邦法官。您想逮捕我，需要另一位上诉法院法官在场。”

人们后来才知道，这是四十七岁的圣保罗州联邦法官埃德瓦尔多·梅德罗斯(Edevaldo Medeiros)，他刚代表“捍卫民主律师协会”向卢拉递交了一份支持声明。那个没人知道名字或军衔的军官不再大喊大叫，回头解散了几米外待命的武装士兵，自己悄悄溜走了。

“这儿甚至有奇迹发生”，律师曼努埃尔·卡埃塔诺大笑着说道。他指的是来自亚马孙州的热尔松和雷纳塔·阿鲁达(Gerson & Renata Arruda)夫妇，他们要去南大河州，而在长途车停靠库里蒂巴期间，司机顺便带乘客参观了著名的“给卢拉自由”值守活动。结婚多年的热尔松和雷纳塔有个身体上的问题——尽管多次尝试，但雷纳塔一直没能怀孕，不管看什么医生、用什么疗法都没见效。在桑达利亚·蒙宗教授街短暂逗留时，雷纳塔喝着咖啡，向营地中的一位女士内乌德(Neude)透露了自己的健康问题：

“哎，他们都说卢拉无所不能，说不定也能让我沾点福气，怀上孩子呢？”

在场的众人都觉得这话很有趣。乘客上车后，长途车继续开往阿莱格雷港。三个月后，律师曼努埃尔·卡埃塔诺拿着一张雷纳塔的超声图像来到前总统牢房，她现在是真相信卢拉了：参观值守活动后，雷纳塔不仅成功怀上了孩子，图像中的宝宝还伸出大拇指和食指，做出了象征卢拉的“L”形手势：

“总统先生，这下莫罗肯定要完蛋：您已经开始创造奇迹了。”

助手们担心消息传开后值守活动会成为朝圣点，将卢拉变成西塞罗神父[①]的形象，因此对此事轻描淡写，没有人再提起过。

而在卢拉这边，故事更没有泄露的风险。毕竟莫罗、巴拉那州联邦检察院、刑事执行法院法官加布里埃拉·阿德特（Gabriela Hardt）以及联邦警察局警官都禁止他接受采访——尽管这样做没有任何法律依据。更有甚者，任何职业记者探访卢拉的申请都会被当局严厉回绝，在他被关押期间几乎始终如此。2018年底，曾任巴西律师协会（OAB）全国主席的塞萨尔·布里托（Cezar Britto）决定直面这一问题。布里托在电视和报纸上经常看到跨国武器毒品贩子、团伙首领和犯罪头目接受采访，却未受到任何司法机关阻拦，他感到十分愤慨。既然关在最高安全等级监狱里的罪犯都能向公众发言，一位对社会毫无威胁、和蔼可亲的共和国前总统却为何被剥夺这项权利？

不满于歧视的布里托找到了记者小弗洛雷斯坦·费尔南德斯（Florestan Fernandes Jr.），他那时是与西班牙《国家报》（*El País*）合作的每周访谈栏目《积极之声》（*Voz Ativa*）的导演兼主持人，同时也担任该报的临时撰稿人。布里托询问弗洛雷斯坦是否有兴

① 西塞罗·罗芒·巴蒂斯塔（Cícero Romão Batista），18—19世纪巴西东北部著名神父，极富个人魅力，受到民众爱戴。

趣向巴拉那州刑事执行法庭法官加布里埃拉·阿德特申请采访卢拉，他可以从中牵线——不出所料，弗洛雷斯坦欣然接受。阿德特法官对卢拉及其律师团队的敌视尽人皆知，她果然拒绝了申请。特梅尔政府的司法部部长劳尔·容曼（Raul Jungmann）也表示反对，借口称卢拉接受记者采访可能会干扰"选举环境"。巧合的是，不只布里托一人有这种想法。大约同一时间，《圣保罗页报》专栏记者莫妮卡·贝尔加莫（Mônica Bergamo）委托该报律师小路易斯·弗朗西斯科·卡瓦略（Luís Francisco Carvalho Filho）提出了相同申请：采访狱中的卢拉。布里托和小卡瓦略都向最高法院提出上诉，抽签选中的里卡多·莱万多夫斯基（Ricardo Lewandowski）法官批准了申请，前提是卢拉要同意接受采访。最高法院副院长路易斯·富克斯（Luiz Fux）和院长迪亚斯·托弗利极力拖延时间，直到2019年4月，博索纳罗当选总统后才最终下达采访许可。新闻界得知弗洛雷斯坦和莫妮卡将采访卢拉后，公开反对卢拉、支持莫罗及"洗车行动"的"反派"（Antagonista）网站和《克鲁索埃》（*Crusoé*）杂志的记者也申请加入采访。卢拉叫人传话说，他同意接受《国家报》和《圣保罗页报》的采访，但绝不会接受迪奥戈·梅纳尔迪（Diogo Mainardi）、马里奥·萨比诺（Mario Sabino）或任何来自"反派"和《克鲁索埃》的记者的采访。然而，联邦警察局局长卢西亚诺·弗洛雷斯以捍卫新闻自由为由，允许被卢拉拒绝的记者加入采访。采访日临近，莫妮卡·贝尔加莫与弗洛雷斯警官在WhatsApp上展开了一场令人困惑的对话：

莫妮卡·贝尔加莫：弗洛雷斯博士，您好。我听说，库里蒂巴联邦警察局打算让其他记者也参加《圣保罗页报》和《国家报》对卢拉的采访。可是最高法院的决定里明确写着，采访必须得到受访者的同意。卢拉不想见其他记者，没人能强迫他这么做。《圣保罗页报》和《国家报》能入场，因为我们已经取得了受访者的同意、联邦最高法院的许可，并且遵守了联邦警察局的一切要求。其他记者该做的是说服前总统接见他们，而不是试图干扰采访，强迫前总统去做他不愿意做、法律也不要求他做的事情。

卢西亚诺·弗洛雷斯：早上好，莫妮卡，你说得对。只有得到前总统许可的记者才能提问。其他人只能旁观，不能发言。

莫妮卡·贝尔加莫：这是在侮辱我们的新闻工作。事实就是，其他人会剽窃我们做的工作。按照我的理解，最高法院决定的意思是，卢拉有权只接待他想见的人。其他记者也清楚这一点。他们这是在强迫卢拉接受一场未经联邦最高法院授权的集体采访。

卢西亚诺·弗洛雷斯：哦，那这不是我们的初衷。我们从没有冒犯任何人的意思。相反，我们的想法始终是尊重新闻自由。我们的关注点不是独家采访权，而是在行政行为不涉密的条件下，保障职业自由和新闻自由的权利。

莫妮卡·贝尔加莫：弗洛雷斯博士，其他记者是在强人所难。我们都知道，一个人只会接受他愿意接受的采访，而卢拉不想接待其他记者。这是他的决定，是得到联邦最高法院和法律保障的。

卢西亚诺·弗洛雷斯：那这样吧：我会要求警署办公室主任正式通知律师，并附上我的公文副本，便于他们提交司法审查以撤销决定。如果你们愿意，我们可以把采访日期改到下周五，这样你们有时间来申请撤销我的决定。可以吗？

莫妮卡·贝尔加莫：我之前不知道这是您的决定。那就这样安排吧。按照我们的理解，只有卢拉同意接待的记者才能进去。如果他愿意同时接待一千名记者，我们不会反对，也不能反对。但这是采访，而不是公开听证会。不能强迫他做事。一场专属于特定媒体的采访，却有上百名其他媒体的记者参与，这是从来没有过的事情。这些人会和我们同时发布采访内容。

卢西亚诺·弗洛雷斯：问题是，其他申请采访的记者已经获知了这项决定，尽管他们可能也不想以这种方式参与，毕竟只能旁观。

莫妮卡·贝尔加莫："反派"网站两天前就预告了这场集体采访。我以为那是假消息。

卢西亚诺·弗洛雷斯：问题就是其他申请采访的记者已经获知了这项决定。其实巴西所有的记者都要想参加采访。

莫妮卡·贝尔加莫：是"想要参加"，不是"要想参加"。[①]

---

① 卢西亚诺·弗洛雷斯在这里犯了一个语法错误，将无人称不定式"vão querer"误为有人称不定式"vão quererem"，莫妮卡·贝尔加莫指出了他的错误。

但也要问卢拉想不想。

卢西亚诺·弗洛雷斯：这是当然。

莫妮卡·贝尔加莫：问题是他不想。他不想接见那些人，不想被强迫。他只同意接受两名记者的采访，而不是参加一场有很多记者围观的活动。这是采访，不是听证会。所有记者都心知肚明。他们是在误导联邦警察局，想把采访给搅黄。但他们不会得逞，因为有法律保证，卢拉只会和他愿意接见的人交谈，没有其他听众。

采访前一晚，卡斯塔洛走过卢拉的牢房，想看看一切是否正常。前总统满头大汗，正在跑步机上锻炼。卡斯塔洛瞟了一眼机器面板，跑步的平均速度是每小时6.5公里。他靠在门框上，听卢拉发泄：

“卡斯塔洛，你知道我为什么不接受这个‘反派’的采访吗？因为我不跟法西斯分子讲话。那些家伙，尤其是迪奥戈·梅纳尔迪，是一群混蛋，是我见过最肮脏的骗子。我宁愿不接受任何采访，也不会和他们说话。最高法院的决定是，我只接受我想接受的采访。我会和莫妮卡·贝尔加莫还有《国家报》的弗洛雷斯坦聊聊。之后我再考虑是否接受其他媒体采访。决定谁能来采访的人是我，不是他妈的联邦警察局。”

前总统从跑步机上下来休息了几分钟，擦了擦脸，向狱警抱怨说，他那天体能表现低于正常水平，因为跑步机的皮带有点歪。卡斯塔洛找来一只硅胶小盒子排除了故障，看卢拉慢慢走上跑步机恢复锻炼，然后继续听他讲：

“我已经老了，卡斯塔洛。我活得够久了，我不会用尊严去换自由。这些家伙不知道他们抓的是谁，不明白自己做了什么，但历史会谴责他们。他们会被世人记住，会被当成历史上的渣滓记住。三层公寓那个案子，一切都他妈是因为《环球报》上的一篇文章，被一个混蛋联邦警察看中，传到混蛋达拉格诺尔手里，然后又传给混蛋莫罗。最后交到了TRF4，那群懦夫法官连证据都没看一眼，就同意了莫罗荒唐的判决，操。”

第二天，卢拉穿着灰色外套、白衬衫和黑裤子，但没打领带，他和两位记者谈了一小时五十分钟。他简单回顾了自己遭受的不公对待，然后分别回答了莫妮卡的二十七个问题和弗洛雷斯坦·费尔南德斯的二十一个问题。次日，采访吸引了超过两亿读者和观众——仅在《国家报》多语种版本的网站上，就有一亿七千万人阅读和观看卢拉的自述。

在接受记者采访的两周之后，2019年5月12日母亲节，卢拉的命运将迎来一个重大转折——也许是他七十四年生命中最重大的转折之一，但他当时对此一无所知。在距离圣保罗州州府约三百公里的阿拉拉夸拉市，住在外婆家的“红”正在厨房吃饼干、喝牛奶。他几分钟后开始做的事情将结束卢拉的苦难，并让“洗车行动”及其一众头目沦为笑柄，从莫罗到丑恶的雅努阿里奥·帕卢多（前总统想为癌症去世的哥哥守灵时骂他“混蛋”的那个巴拉那州联邦检察官），没有一人能够幸免。这场海啸也卷走了年轻的检察官德尔坦·达拉格诺尔，他曾承诺要消灭国内贪腐，自己却利用本该以负利率卖给低收入工人的经济住房投机赚钱。

三十岁的法学学生、绰号“红”的瓦尔特·德尔加蒂·内托（Walter Delgatti Neto）一直过着既不舒适也不安宁的生活。父母离婚时他还小，于是被送到外婆家生活。

“他们在吵架，说谁能留下，谁不能留下，把我像毽子一样踢来踢去。最后我妈把我带到外婆家，把我和行李、衣服一块儿丢在了大门口，然后我就住在那里了。”他在接受CNN采访时透露。

“红”的绰号并非源自政治观点，而是因为他的胡子和头上稀疏的鬈发都带点红色。从政治角度看，他一点也不“红”；他甚至可能不知道自己被称为“红”的意识形态含义。没有父母照管，他一直寄宿在外婆奥蒂莉亚·德尔加蒂（Otília Delgatti）等亲戚的家中。在经历了银行纠纷、豪车欠贷，以及被控在家中床头柜藏有八十颗药丸（警方确认药品为安非他明，而他发誓称那是任何药店都能买到的抗抑郁药）之后，“红”开始在不到一小时车程外的一所私立大学——里贝朗普雷图大学（Unaerp）学习法律，在这之后，他似乎冷静了下来。

为了过活，他给无心学习的同学代写论文赚钱。他并非人们在电影和新闻中惯常看到的那种黑客，而只是对手机、电脑和信息技术很感兴趣，比一般人更了解这些东西。他饶有兴致地学习日新月异的技术，成了一名业余爱好者。利用俄罗斯通信应用程序Telegram的漏洞，即允许用户以接听电话的方式获取登录验证码，“红”逐渐掌握了侵入任何账户的专业方法。

"红"经常去听大学办的讲座，不是因为用功，而是在耍小聪明。他对讲座内容不怎么感兴趣，只是因为学校有规定，翘课的学生只要是去听讲座，无论什么主题，就都不算旷课。某次装模作样地听讲座时，"红"近距离接触了当晚的主讲人——巴拉那州联邦检察官、"洗车行动"专案组负责人、外表和善的德尔坦·达拉格诺尔。"红"虽然没有深入了解"洗车行动"，但从各种新闻头条上多少读到过一些内容，达拉格诺尔关于腐败、给政客的百万贿赂、政党损害公共财政和巴西石油公司利益的演讲吸引了他。而且，这个库里蒂巴检察官看起来不像另一个世界的人——"红"觉得达拉格诺尔的忧虑跟自己很相似。走出会场时，"红"确信库里蒂巴的那些人是在从贼人手中拯救巴西。

"红"用电脑侵入Telegram账户时发现的每个新秘密，都让他对那个神秘的网络世界更加兴奋。在外婆奥蒂莉亚家，他彻夜不眠地盯着电脑屏幕上的蓝光。几周后的某个凌晨，捣鼓电脑的"红"决定随机侵入政治名人的账户。他这么做没有特定的党派偏好——侵入目标可能是塞阿拉州民主工党参议员锡德·戈梅斯，或是圣保罗州社会自由党众议员、那时博索纳罗的狂热支持者乔伊斯·阿塞尔曼（Joice Hasselmann）。他还试图登录里约州社会主义与自由党前众议员、已自愿流亡欧洲的让·威利斯（Jean Wyllys）以及南大河州巴西共产党前众议员曼努埃拉·达维拉的账户。年轻的达维拉曾作为副总统候选人与费尔南多·阿达德一同参选，正是在她的协助下，"红"将那些撬开地狱之门的材料交给了"拦截者"网站编辑格伦·格林沃尔德（Glenn Greenwald）。

从捕捉到库里蒂巴检察官与塞尔吉奥·莫罗法官的消息往来开始，"红"这一"洗车行动"曾经的狂热粉丝开始怀疑整个行动不过是一场巨大的骗局，目的就是要将卢拉的群众领袖地位彻底埋葬——在他本人被逮捕、禁止参选以及前上尉雅伊尔·博索纳罗当选总统之后，他们已经得偿所愿。

格林沃尔德是一名五十二岁的美国记者，在巴西生活多年，和社会主义与自由党的政治家戴维·米兰达（David Miranda）结婚。格林沃尔德曾带领英国《卫报》（*The Guardian*）团队发布一系列报道，揭露了美国最强大的安保机构、理论上为保护电子通信而生的国家安全局（NSA）幕后的秘密，并因此赢得普利策奖——美国新闻界的奥斯卡大奖。此外，格林沃尔德还是奥利弗·斯通（Oliver Stone）执导的电影《斯诺登》中的主角之一，影片讲述了美国前情报局特工、目前流亡莫斯科的爱德华·斯诺登（Edward Snowden）揭露全球监听计划和军事秘密的故事。

格林沃尔德将手中的海量信息如沙漏般一点点发布在"拦截者"网站巴西版上——这可能是巴西历史上最大的秘密信息披露事件，与"洗车行动"相对，网友将其戏称为"漏水行动"。从2019年6月到2021年3月，格林沃尔德将"红"提供的材料分成一百多个部分，以报道形式在"拦截者"巴西版和其他媒体上发表。为确保行动无可指摘，"拦截者"网站的战术是将上述材料分享给一些立场保守、声名显赫的媒体以及被认为"反卢拉"或"反劳工党"的记者。这样一来，格林沃尔德的网站不仅把信息传得更广，还能免遭某些人的口诛笔伐，以免被认为是在策动媒体，挑战司法机关对卢拉及劳工党的判决。因此,“拦截者”与旗手电视台、《圣保罗页报》集团旗下的UOL新闻网、记者雷纳尔多·阿泽维多(Reinaldo Azevedo)、《圣保罗页报》、《请看》杂志、西班牙日报《国家报》巴西版、经济新闻网站BuzzFeed以及被认为独立于任何政党或团体的“公共机构”新闻社(Agência Pública)都展开了合作。

“拦截者”及其合作媒体披露的信息足以将“洗车行动”彻底埋葬,但联邦警察发现“红”手中仍掌握着大量腐败证据。将黑客逮捕后(他在巴西利亚帕普达监狱被关押了六个月),联邦警察局开启了“欺骗攻击行动”(Operação Spoofing),将搜集的一大批新信息提交给联邦最高法院——法官里卡多·莱万多夫斯基将这些材料交给了前总统卢拉的辩护律师克里斯蒂亚诺·扎宁,帮助后者一点点揭开了所谓“库里蒂巴共和国”的全部阴谋。

据联邦警察局称,这名来自阿拉拉夸拉的黑客从“洗车行动”中截获了约7 TB的信息,大约相当于4 500万页文件。信息泄露的后果相当严重,在巴西法律和政治界引发了一场地震。面对“拦截者”网站和“欺骗攻击行动”的信息披露引发的丑闻,两名最高法院法官将巴西搅了个天翻地覆。2021年3月8日,埃德松·法欣法官做出了一项令人震惊的决定,宣布以莫罗为首、曾受理“洗车行动”专案组指控的库里蒂巴第十三联邦法庭无权审理卢拉相关案件,故前总统因“洗车行动”调查而被判处的一切罪名无效。决定下达后,卢拉将彻底恢复自由,重获政治权利和参选资格。一天后,最高法院法官吉尔马尔·门德斯(Gilmar Mendes)

决定受理自2018年11月以来一直搁置在抽屉里的申请，认定前法官塞尔吉奥·莫罗审理卢拉一案时存在偏见，故其所有裁定无效。

2019年11月最高法院宣布，被告人只有在上诉被全部驳回后才能开始服刑，这意味着包括前总统卢拉在内的许多“犯人”将暂时获释。而在最高法院发布释放令和打开牢门之间，卢拉还经历了一段插曲。巴拉那州联邦警察局局长和军事警察警官聚在警察局总部的大会议室里，盘算着在法欣和吉尔马尔的决定中自行添一条附加惩罚。他们担心热情迎接卢拉的群众引发政治动荡，便要求他乘直升机离开大楼前往阿方索·佩纳机场，然后立即乘坐公务机飞往圣保罗。两人的提议遭到一致反对：卢拉的律师、助手、莫赖斯，甚至连狱警都认为这样违反了最高法院的决定。作为释放“犯人”的最后一级法定责任人，卡斯塔洛试图制止上司的违法行为：

“法院的命令是释放囚犯。我的责任是打开牢房门，把囚犯带到一楼，然后打开大门。之后，他可以自由行动。”

军警和警察局局长的计划没能成功。几人来到牢房，卢拉在释放令上签字，然后拿起大保罗和卡斯塔洛已经收拾好的行李。为避免挤在狭小的电梯里，卡斯塔洛决定带他走消防楼梯，这段通道位于建筑外侧，封有一层混凝土外墙。从四楼到一楼，卢拉走过警察局每一层的通道出口时，都有荷枪实弹、戴着黑色巴拉克拉瓦头套的联邦警员微笑着向他道别，而前总统或用他们的姓名，或用他们的家乡名向每一个人问好：

“喂，帕拉纳瓜，把那破东西从头上摘下来，让我看看你的脸！

喂，波拉科，谢谢你的照顾！再见，某某，非常感谢你！再见，某某，上帝保佑你，代我向你的爱人问好。”

每走过一段楼梯，都是一场道别。一些警员低头掩饰着泪水。到了最下面两层，已经能听见聚在警察局大楼外的人们齐声喊着：

“释放卢拉！释放卢拉！释放卢拉！”

2019年11月8日星期五，离下午6点只剩几分钟，获释的卢拉跨出巴拉那州联邦警察局总部大门，结束了581天的监禁。他穿着黑色外套和藏青色无领T恤，步行走出大楼，几十名朋友、家人和卫兵围在身边。卢拉笑容满面，拥抱了女友詹佳、女儿卢丽安和孙子蒂亚戈。电视和网络直播的画面显示，在人们哭泣相拥的混乱中，卢拉身边的人包括卫队队长瓦尔米尔·莫赖斯上尉，前众议员、律师瓦迪·达穆斯，无地农民运动领导人、值守活动组织者之一罗伯托·巴吉奥，被关押期间一直陪伴他的狱警若热·卡斯塔洛，劳工党主席格莱西·霍夫曼，律师克里斯蒂亚诺·扎宁和妻子瓦莱斯卡，路易斯·爱德华多·格林哈尔希，新闻助手若泽·克里斯皮尼亚诺，每天陪伴他的律师朋友曼努埃尔·卡埃塔诺和罗希尼亚，前市长费尔南多·阿达德，众议员埃米迪奥·德索萨，里约州劳工党干部林德伯格·法里亚斯，马尔科拉，尼科莱·布里奥内斯，以及在如此感人的场景下激动不已的摄影师施图克特，他手中的相机像机关枪一样转来转去。

卢拉一直用手揽着詹佳的肩膀，几乎是被众人推到了值守营地外搭建的小讲台前，那里还有数百人等待着他。在简短的十五分钟演讲中，前总统用了一半时间念长长的名单，向入狱期间仍支持他的人一一致谢。

……你们是我每天需要的民主食粮，帮我抵抗巴西政府中的腐败分子对我和整个社会做的卑鄙龌龊的事情。联邦警察局、检察院和联邦税务局的那帮腐败分子，想方设法给左翼、给劳工党、给我卢拉定罪。在离开这里以前，我必须向各位道谢。

……联邦警察局的一些虚伪小人调查我的罪证。检察院里的流氓骗子，还有莫罗，加上TRF4的法官，这帮人都应该知道：他们不只是抓了一个人，更是试图扼杀一种思想，而思想是扼杀不了的。思想不会消失。

……我们国家有个犯罪团伙，一帮黑手党，他们在环球电视网的带领下策划了这个阴谋，想要制造出劳工党有罪、卢拉是恶棍的形象。我告诉你们，如果把达拉格诺尔、莫罗和一些调查我的警察放进搅拌机里打碎，他们剩下的那点信誉还不到我在国内所拥有的信誉的十分之一。

……我不恨联邦警察，我不恨狱警，我不恨任何人。我只是想证明，如果国家有一位不像博索纳罗那样谎话连篇的总统，巴西会比现在好得多。我真心感谢你们所做的一切！我会永远感激你们，并且忠于你们的斗争！愿上帝保佑你们所有人！

……我要向你们介绍一个人。我曾经提过这个人，但还不是所有人都认识。我要向你们介绍我未来的伴侣。我在监狱里竟然找到一个女友，她还同意嫁给我，你们都知道这有多不容易。她需要很大的勇气。

在听众坚持不懈的呼声中（“亲一个！亲一个！亲一个！”），卢拉给了詹佳一个电影般的吻，然后走下讲台的台阶，踏上地面。无须明说，每个人都心知肚明：卢拉将作为巴西总统候选人归来。

第七章

1980年4月，拉维尼亚花园。
来逮捕他的警察已经到了门口，卢拉吼道：
“我他妈在睡觉！让他们滚蛋！”

1980年4月19日星期六，时间马上来到凌晨1点，众议员热拉尔多·西凯拉（Geraldo Siqueira）告诉大家：四瓶“圣母之乳”全都喝完了——那是一种廉价德国葡萄酒，微甜，蓝色瓶身，在巴西很受欢迎。酒喝完的时间正好。议员看起来很困了，头发像嬉皮士一样乱糟糟的，而和他一同熬夜的另外三人——多明我会的修士贝托以及屋主卢拉和玛丽萨夫妇，也都一副困倦的样子。酒喝完了，几人晚餐后一轮接着一轮的布拉科（Buraco）纸牌游戏也打完了——卢拉一直和玛丽萨一组，对阵修士贝托和昵称“热拉尔迪尼奥”的议员。早些时候，若泽·卡洛斯·迪亚斯（José Carlos Dias）和艾尔顿·苏亚雷斯（Airton Soares）先行离开了，两人都是专为政治犯辩护的律师，苏亚雷斯还代表刚刚成立的劳工党出任联邦众议员。到牌局结束时，修士和议员一次都没能赢过卢拉和玛丽萨。朋友们公认，夫妻二人在这款纸牌游戏中无可匹敌。

乍一看，修士和政治家凌晨时分出现在这位工会领袖家中似乎不大寻常，但那是有原因的。两天前，在一场已动员ABC地区超十四万工人罢工的活动的高潮中，卢拉领导的圣贝尔纳多和迪亚德马金属工人工会受到联邦政府干预，所有干部均被免职。贝托和热拉尔迪尼奥知道卢拉即将被捕，便搬到圣贝尔纳多拉维尼亚花园区一间三十三平方米的平房里，与卢拉夫妇和他们一岁九个月大的小儿子桑德罗同住。热拉尔迪尼奥睡客厅沙发，贝托和桑德罗睡在里间的双层床上，卢拉和玛丽萨睡在唯一的卧室里。在这种紧急情况下，其他孩子——九岁的马科斯（玛丽萨与前夫所生）和五岁的法比奥已经交给亲戚照看。六岁的卢丽安是卢拉与护士米丽娅姆·科尔代罗（Miriam Cordeiro）短暂相恋生下的女儿，她也在圣贝尔纳多，和外婆比阿特丽斯（Beatriz）同住。

晚餐前，卢拉和众议员艾尔顿·苏亚雷斯步行到离家十五分钟的亚松桑医院，探望两名在罢工中遭防暴部队镇压而受伤的活动者。其中一人逃跑时足骨骨折，另一个右手被催泪弹炸掉了一截。到家时，两人偶遇了“正义与和平委员会”（Comissão Justiça e Paz）主席、法学家若泽·卡洛斯·迪亚斯，他担心工会领袖的安全，于是前来探望。两人自1975年认识，当时卢拉的哥哥、人称“修士希科”的若泽·费雷拉·达席尔瓦（José Ferreira da Silva）因加入巴西的共产党（人称“大党”）被捕，卢拉为此向迪亚斯求助。即使是往返医院这几步路，也有穿便衣、开着无牌或假牌车的特工紧紧跟着卢拉。

卢拉和玛丽萨从年初就意识到，他们一直被人监视。卢拉以为是联邦警察，但他错了。实际上，这些人是陆军和海军的情报特工。无论卢拉去哪里——工会、亲朋好友家，甚至到小酒馆喝杯甘蔗酒，他们都会尾随。特工们总是驾驶着国家安全部门常用的雪佛兰维拉尼欧（Veraneio）旅行车，毫不遮掩监视意图。哪怕是周末，卢拉与家人或朋友去金狮餐馆吃午餐时，他还是一坐下就能认出那些条子。他们通常四五人一组，在附近的餐桌落座。特工的举动实在太过大胆，艾尔顿·苏亚雷斯甚至建议挑衅一下他们：让玛丽萨走到马路对面，每天去送几趟新煮的咖啡。

常规的跟踪小队一般只配备一两名特工，而尾行卢拉的特工却如此之多，其中自有原因。这片区域充斥着敌意和骚乱，军警经常和罢工者发生冲突。陆军和海军特工虽然身穿便衣、配备武器，但也担心被城里走来走去的罢工纠察队[①]认出来。这可不是被害妄想症。卢拉本人就曾阻止过一场悲剧的发生：

"有一天，几个同事来我家，提议召集四五十名工人，悄悄摸到警车背后，拿一大桶汽油浇在车上然后点火，把条子烧死在车里。我觉得他们简直疯了，赶紧拦了下来。"

修士贝托不仅是卢拉一家的朋友，还是圣安德烈教区工人牧灵运动（Pastoral Operária）的负责人。他和热拉尔迪尼奥的全天候值守构成了一张"蜘蛛网"的中枢，网内成员包括许多工会活动家、部分天主教会人士、记者、人权领域律师、知识分子和政治

① 指在罢工活动中自发组织起来的一批工人，他们一般会通过围堵工厂大门等方式，阻止其他不愿参加罢工的工人（即所谓的"工贼"或破坏罢工者）照常工作，以确保罢工谈判顺利进行。

家，有的已经加入了两个月前刚刚成立的劳工党——卢拉担任党主席，也是党内核心人物。一旦卢拉被捕，贝托或热拉尔迪尼奥便会通过电话激活这张关系网。接到电话的人会将信息以电话告知另外十人，这十人再打电话告诉更多人。按照计划，关系网中所有人都要在电话旁待命，以便接听随时可能从圣贝尔纳多打来的电话。如此便能确保卢拉被捕的消息尽快传到国内媒体和外国记者耳中。

人们的担忧并不过分。不论替资本家还是政府卖命，警察都有充分的理由限制卢拉行动。由他领导的罢工即将步入第三周，已有数十万名工人参与其中。罢工不仅使维拉雷斯这样的巴西企业巨头瘫痪，还影响到大众、福特、通用汽车、奔驰和斯堪尼亚等跨国公司，更不用说圣保罗都市圈内数百家为大公司加工零部件的中小型金属企业了。

罢工运动一开始便取得了巨大成功，当时资本家向地区劳动法院提起诉讼，但法院表示无权裁定罢工非法。罢工的规模引起了联邦政府的警觉。海军情报中心（Cenimar）开始监控运动，并定期向巴西国家情报局（SNI）中央局局长——绰号“尼尼”、行为滑稽的牛顿·克鲁斯（Newton Cruz）将军发送报告。这些报告是绝密的，没有抄送给任何人，甚至连州长保罗·马卢夫（Paulo Maluf）、圣保罗政治与社会秩序局（Dops）[1]局长罗梅乌·图马

---

① 巴西政府下属的安全和情报机构之一，成立于1924年，军事独裁时期主要负责镇压政治异见派。为简化表述，下文有时简称为“秩序局”。

(Romeu Tuma)和圣保罗州公安厅秘书都不知情。在其中一份报告中,海军情报中心警告国家情报局称,罢工活动已经向ABC地区外蔓延,波及坎皮纳斯、陶巴特、索罗卡巴和皮拉西卡巴等市。红色警报开始闪烁。

汽车工业雇主工会的二十二名领袖组建了所谓的圣保罗州工业联合会(Fiesp)"十四小队"(Grupo 14),决定将1979年瓦解金属工人罢工的策略故技重施。金属工人在1980年罢工中的第一场胜利很快被打破:在资本家的压力下,地区劳动法院改变态度,在几天后裁定罢工活动违法。这样,圣保罗州工业联合会便可以向劳动部部长、银行家穆里洛·马塞多(Murilo Macedo)提出申请,要求联邦政府对工会施加干预。他们还允许圣保罗州州长保罗·马卢夫动用警力阻止罢工纠察队、示威和游行。同时,企业老板进一步施加压力,宣布扣押罢工者的工资。

形势十分紧张。扣押工资、劳动法院的压力、政府干预的威胁以及军警部队的暴力并没能让工人回到工厂,正相反,据州长马卢夫发布的"十四小队"工业家的公告,始于圣贝尔纳多的罢工已经蔓延到更多企业,并波及桑托斯、塞尔唐西尼奥、平达莫尼亚加巴、瓜拉廷格塔、皮拉西卡巴、圣若泽·多斯坎普斯、圣巴巴拉·多埃斯特、阿拉拉夸拉、阿梅里科·布拉西利恩塞、里贝朗普雷图、欧里尼奥斯、莫科卡、容迪亚伊、洛雷纳和克鲁塞罗等市的中小型金属加工企业。

政府统计显示,圣保罗有近五十万工人罢工,数字达到全国注册工人总数的一半。罢工者似乎并未被达尔特·迪马斯·里戈纳托(Dalter Dimas Rigonatto)上校的暴行吓倒——里戈纳托是一名矮小但像水牛般健壮的蓝眼大汉，担任防暴部队和骑警团指挥官。骑警团和防暴部队针对罢工纠察队的突袭彻夜不停，而工人则用石块、棍棒和点燃的轮胎反击。每天都有人在和军队的冲突中受伤，让ABC地区医院的病患数量翻了一倍。

在1980年那场旷日持久的罢工中，一位关键人物是来自伯南布哥的若泽·迪莱曼多(José Dilermando)，人称“小鼠”，他是福特公司的车工，也是工厂里的工会代表之一。“小鼠”身材矮小精瘦(他总说“我大概重两个阿罗巴[①]”)，不苟言笑，也不爱寒暄，但他拥有与体格不成正比的胆量，并因此为记者和警察熟知。他被抓过很多次，有一回他拒绝军警士兵将自己押上警车：

“要抓我得来个下士！”他吼道，“我可不是流氓，小兵别想抓我！”

结果来抓他的不是下士，而是防暴部队指挥官——性情凶暴的里戈纳托上校。“小鼠”喜欢在皮拉波里尼亚广场的纠察集合点值班，工人通勤乘坐的公交车就停在那里。寒冷的凌晨时分，常能看见记者和骑着高头大马的士兵(马背就有一米七五高)在“小鼠”身边巡逻，而他总是面带愁容，用枯瘦如柴的手指指着警察，重复着已经成了口头禅的话：

“只有鲜血漫过我们的小腿肚，巴西才会好起来。”

比起警察使用的催泪弹，更让罢工者夜不能寐的是集市、肉

---

① 葡萄牙、巴西旧重量单位，1阿罗巴约合12千克。

店、面包店、药店和超市的账单。工厂每月15日和30日支付行政人员工资，5日和20日支付生产工人工资。罢工三周后，工资被厂里冻结，大多数家庭已经入不敷出。好在圣安德烈教区主教、几十年后差点当上教宗的堂·克劳迪奥·乌梅斯（d. Cláudio Hummes）设立了援助罢工家庭的基金，拯救许多家庭于水火。在那时，能得到堂·克劳迪奥主教这类人的支持绝非易事。

从烟雾缭绕的圣保罗伊皮兰加区到大西洋沿岸雨林覆盖的马尔山脉[①]悬崖，整个广阔的圣安德烈教区都归这位身形瘦削、语气温和的方济各会主教管辖。除了主教座堂所在的圣安德烈市，教区还囊括圣贝尔纳多·多坎普、南圣卡埃塔诺、迪亚德马、毛阿、里贝朗皮雷斯和里奥格兰德·达塞拉市，共分为一百个堂区，有一百六十万居民在其中生活。四十五岁的堂·克劳迪奥主教来自南大河，在他的辖区内坐落着占巴西GDP 10%的工业区，还有自1964年军事政变以来规模空前的工人组织。

在堂·克劳迪奥主教的倡议下，其他工会、社会运动、政党和圣保罗市内的无数堂区纷纷响应。几天后，改造成捐赠物资接收储存中心的圣安德烈教区母教堂大厅已经塞得满满当当，再多一箱饼干都放不下。从各地甚至州外运来的物资源源不断地堆进州立法会的议员办公室。在这座由大理石、玻璃和铝材修建，位于伊比拉普埃拉公园对面的宏伟建筑门前，排成长队的卡车卸下大米、

① 马尔山脉（Serra do Mar），是一条位于巴西东南部沿海、长达1 500公里的山脉，本意为“海滨山脉”。

黑豆、面粉、奶粉和罐头，这些食品用纸箱运来，再由工会分发给成千上万的罢工家庭。艺术家和知识分子举办演出和辩论会筹款，自由职业者们各自捐款，这些捐赠以现金形式送到圣安德烈，用来采购药品、基本生活用品和卫生用品。

罢工基金的负责人筹划了一场有望带来丰厚收入的艺术汇演，定于维拉·欧克利德斯体育场举行，并邀请了几位最知名的巴西流行音乐歌手，桑巴、波萨诺瓦（Bossa Nova）和热带主义音乐的明星将齐聚一堂。确认出席的艺人包括阿多尼兰·巴尔博扎（Adoniran Barbosa）、希科·布阿尔克、加尔·科斯塔（Gal Costa）、MPB-4乐队、贡萨吉尼亚（Gonzaguinha）、阿尔西奥尼（Alcione）、多明吉尼奥斯（Dominguinhos）、埃尔巴·拉马略（Elba Ramalho）、法格纳（Fagner）、弗朗西斯·伊梅（Francis Hime）、伊万·林斯（Ivan Lins）、若昂·博斯科（João Bosco）、若昂·多瓦莱（João do Vale）、若昂·诺盖拉（João Nogueira）、马丁尼奥·达维拉（Martinho da Vila）、保利尼奥·诺盖拉（Paulinho Nogueira）、塞尔吉奥·里卡多（Sérgio Ricardo）、托基尼奥（Toquinho）和泽·凯蒂（Zé Kéti）等人，这套阵容或许是赞助商无论出多少钱都不可能请到的。演出将由漫画家齐拉尔多（Ziraldo）和女演员贝特·门德斯（Bete Mendes）主持。演出原定于4月20日，但后来推迟到下一个周日。如果能像之前一些集会那样吸引十万观众，每张门票售价100克鲁塞罗[①]，收入最高能达到惊人的1 000

① 巴西旧货币单位。

万克鲁塞罗（约合2021年的230万雷亚尔）。然而梦想很快破灭，联邦警察在门票开售前就禁止了演出。演出取消四天后，传来一条让许多组织者和观众欣慰的消息：圣保罗州处决小队[①]的创始人和队长，据称以酷刑将数十名工人和政治犯折磨致死的塞尔吉奥·弗勒里（Sérgio Fleury）警官，在沿海城市伊利亚贝拉的一起事故中当场丧命。

负责秘密监视罢工的军队情报机构不相信这堆捐赠物资完全出自公众的同情心，它们仿佛嗅到了活动背后外国资本的气味。在发给巴西利亚国家情报局总部的一份报告中，圣保罗海军情报中心“不排除”有人秘密运送150万美元（约合2021年的2 600万雷亚尔）入境支援罢工的可能性。虽然没有明说，但报告暗示称资金可能来源于19世纪末在柏林成立的、全世界最大的金属工会——拥有超过两百万会员的德国金属工业工会（IG Metall）。

外部援助确实存在，但金额远没有海军情报部门想象得那么多。至少有两名巴西人发挥了关键作用：在罢工高峰期，圣保罗州内陆两名参与工人牧灵运动的年轻金属工人（一个三十岁，矮个子，来自巴拉那，另一个二十岁，来自南大河）被教会派往欧洲，参加工会和社会组织的课程及实习，目的是借鉴欧洲工人的经验，学习如何巩固巴西的“工厂委员会”，即工会在工厂内部的分支。ABC地区已经出现了这类组织的非正式形态。

---

① 指在政治迫害等活动中专门进行法外处决的群体，成员一般是秘密警察、军警、民兵等。巴西军事独裁时期的处决小队臭名昭著，后来其他拉美独裁政权也纷纷效仿。

在旅行最后一站巴黎，两个巴西人接到了一项政治任务：把一个相当厚的棕色信封拿回安德烈教区。信封里装着2万美元，那是由全法数百个工人工会组成的联合体——法国工人民主联盟（CFDT）给罢工家庭基金的捐款。二人从未见过这么多钱（约合2021年的34万雷亚尔），最后决定像真正的乡下人一样，把钱装进口袋里带回巴西。他们把钞票分成八个小包，塞进裤子、外套和防寒服的口袋。运输方式虽然原始，却十分有效：这笔钱通过层层海关关卡，完好如初地交到了堂·克劳迪奥·乌梅斯主教手中。这笔意料之外的慷慨捐赠数额巨大，主教甚至将卢拉请到母教堂，让他亲自从两位年轻人手中接过法国的宝贵援助，并将二人介绍给罢工运动领袖。他们因亲眼见到偶像而激动得颤抖，自然无法想见那个接待他们的蓬头浓须的男人会在二十年后将两人都任命为部长。堂·克劳迪奥介绍道：

"卢拉，这孩子是南大河州圣利奥波尔多的米格尔·罗塞托（Miguel Rossetto），他同伴是来自巴拉那州伦德里纳的吉尔贝托·卡瓦略。"

除了法国的捐赠，世界各地天主教会（包括美国）的神父在各自堂区募捐，并设法把钱送到ABC地区。卢拉和工会干部们知道，这些来自五湖四海的捐款，加上食品募集活动的惊人成就，都给罢工多提了一口气——停工时间越长，他们与雇主谈判的底气就越足。

在堂·克劳迪奥的保护下，工会干部虽被罢免，但每天仍能在圣安德烈教区母教堂开会。然而，这一切也意味着政府随时可能采取激进行动。既然连干预工会都无法切断卢拉与罢工者的联络（工会虽然关停，但人们仍在维拉·欧克利德斯体育场或母教堂开展集会），政府和雇主所剩的唯一选择就是将他逮捕——这种担忧便能够解释，修士贝托和热拉尔迪尼奥议员为何带着行李箱和牙刷搬进金属工人领袖家中。

凌晨1点半，热拉尔迪尼奥在他睡觉的沙发上铺了层床单。修士贝托悄悄走进他和桑德罗同住的房间，没有开灯。他用瑜伽姿势坐下，默想了几分钟。他没有向上帝做什么特别祈祷，只念了平日的主祷文和圣母经，然后睡下。所有人都知道夜晚会很短暂，因为周六一早，维拉·欧克利德斯体育场又有一场罢工集会。卢拉总喜欢在早上开会，这是他的小窍门，为的是避免工人来之前喝上几杯甘蔗酒或者白兰地，然后提出过于激进的要求。

当拉维尼亚花园那间屋子里最后一盏灯熄灭时，在二十公里外圣保罗市另一边的拉迪亚尔东大道上，一辆没有车牌和任何标识的雪佛兰维拉尼欧旅行车正飞速行驶，然后在路中间突然转弯，将旁边车道的另一辆车逼停。被拦下的是一辆黑色奥帕拉，铜质的黑色车牌上标着AL-92，表明这是一辆属于圣保罗州立法会议员的公务车。车主是昵称“热拉尔迪尼奥”的热拉尔多·西凯拉，他这时正在卢拉家中过夜。从维拉尼欧上下来四名手持步枪和机关枪的便衣男子，他们气势汹汹，将议员的司机，三十岁左右、棕色皮肤的路易斯·布莱法里（Luís Blefari）从驾驶座拽出来，套上头罩，然后塞进了那辆无标识车的后座。一人安慰他说：

“你不会有事的。我们知道你是卢拉的保镖，等抓到他就把你放了。”

布莱法里其实不是卢拉，也不是任何人的保镖，但在那段艰难的日子里，公务车内和后备箱中打算运到ABC地区的罢工传单和小报已经足够给他定罪。他蒙在头罩里，彻夜惊魂不定，不知道身在何处，也不知会被带到哪里。早上6点，他们把布莱法里丢在了抓他的地方，归还了车钥匙，也没有伤害他。传单被绑架者拿到了自己车上，布莱法里甚至可以继续昨晚的行程，还少了被发现的风险。

与此同时，在圣贝尔纳多，热拉尔迪尼奥被外面啪啪敲打院门的声音惊醒。透过马尔山脉这个季节时常笼罩城市清晨的浓雾，他从门缝里看到两辆无牌照的维拉尼欧，还有几个手持大型武器、身着便衣的男子。他鼓起勇气，走了几步到院门的栅栏前。议员眼睛充血、头发凌乱，穿着因在沙发上睡了几小时而皱巴巴的米色西装，对几人中看着像头领的、留着灰白八字胡的强壮中年男人说：

“早上好。请问您有什么事？”

虽然手中拿着一座小型武器库，但几人看起来很紧张，不停左右张望，似乎害怕与在工厂门口徘徊、号召参加早晨集会的金属工人发生冲突。留八字胡的男人厉声回答：

“我们来抓路易斯·伊纳西奥·达席尔瓦先生。”

热拉尔迪尼奥提了一个出人意料的古怪问题：

“您有逮捕他的司法命令吗？”

在独裁统治下要求出示司法命令来执行抓捕，这确实是个讽刺而大胆的举动。但那人默默将手伸进皮夹克内袋，拿出一张打字机用纸，稍微展开一下又收了回去，根本没给议员读到一字半句的机会。那可能是一道司法命令，也可能什么都不是。实际上，那只是一张匆匆填写的警察局表格，只有一位“书记员尼尔顿”签了字，但在那种情况下，与几人展开法律辩论显然不合时宜。而且，对方的耐心似乎已所剩无几：

“如果他不马上出来接受逮捕，我们就进去抓他。”

热拉尔迪尼奥请他冷静，说会去叫醒卢拉，他很快就出来接受逮捕。他跑进屋内，告诉修士贝托警察就在门口，让他去叫醒卢拉。同时，议员拿起客厅的电话，拨通了自己的办公室助理、年轻的社会科学家和学生运动领袖、绰号“比亚”的比阿特丽斯·蒂比里萨（Beatriz Tibiriçá）的公寓电话，用五个字完成了几天来一直等着执行的任务：

“来抓卢拉了。”

穿着牛仔裤和条纹短袖衬衫的贝托轻轻敲了敲夫妇卧室的门，发现两人都睡得很熟。他走进去，晃了晃卢拉的肩膀：

“起来吧，他们来抓你了！”

令修士惊讶的是，卢拉翻了个身，破口大骂：

“我他妈在睡觉！让他们滚蛋！”

忧心的贝托继续劝说：

“卢拉，他们就在外面！他们在喊要进来抓你！”

卢拉最终还是起身了。他光着脚，没穿上衣，边往外走边拉着裤链。他看起来并不害怕，但很恼火，和看着像头领的那人展开了紧张的对话：

“怎么了？你想干吗？”

“你被捕了！”

“我为什么被捕？”

“我们也不知道，只是奉命来抓你。”

“那你们等会儿，我要刷牙，穿衣服，还要喝杯咖啡。”

不久，他与玛丽萨、贝托和热拉尔迪尼奥一起出来了。几人将他塞进维拉尼欧的后座，由六个人看守：左右两边各一人，前面两人，还有两个蹲在后备箱里，手里都拿着枪。还有四名持枪警员坐在离房子不远处的另一辆维拉尼欧里监视情况。两辆车高速驶向圣保罗。

几分钟前还在对警察咆哮的卢拉，现在非常害怕。没法保证这些人真的是警察或政府其他安全机构的人员。他哥哥“修士希科”曾在五年前遭受巴西内部防御行动中心-情报行动特遣队（DOI-Codi）[①]的酷刑，这段记忆在他脑海中挥之不去。近四十年后，已经卸任总统的卢拉仍记得被带上那辆无牌车时噩梦般的场景：

“我一进那辆车就开始害怕。我一个人面对六个拿枪的家伙。我想起被杀的那些人，最后连尸体都找不到。妈的，也没有目击者……那些人要把我带到哪去？要是他们把我杀了，再用车碾过

① 巴西军事独裁时期另一个臭名昭著的组织，负责情报工作、政治迫害、镇压、刑讯逼供等，手段极其残忍。为简化表述，下文将此机构简称为“特遣队”。

我的尸体，说我是被车撞死的呢？”

好在不祥的预感没有持续多久。几分钟后，车辆驶过距卢拉家一公里的金狮餐馆时，维拉尼欧驾驶员打开的车载收音机打破了沉默。正在收听的是由旗手电台记者若泽·保罗·德安德拉德（José Paulo de Andrade）主持的早间新闻和综艺节目《猫跳》（*O Pulo do Gato*）。主持人自己打断节目，插播了一条新闻：

“各位听众请注意！工会领袖路易斯·伊纳西奥·达席尔瓦，也就是卢拉，刚刚在圣贝尔纳多被捕了。消息发布者是圣保罗都市圈主教公署（Cúria），信息真实可靠。”

由堂·保罗·埃瓦里斯托·阿恩斯（d. Paulo Evaristo Arns）枢机主教发布的消息称，逮捕卢拉的是警察而非准军事组织，这让卢拉长舒一口气，却让坐在他旁边、怀里抱着枪的男人十分不满：

“这狗娘养的主教真该死！”

不久，经验丰富且广通人脉的播音主持人德安德拉德补充了新闻内容，向听众透露了他多方打听的结果，并试图解开一个谜团：究竟是谁下令逮捕了金属工人领袖？

“我们想方设法查明逮捕令的源头，但州长保罗·马卢夫、公安厅秘书小奥塔维奥·贡萨加（Otávio Gonzaga Júnior），甚至政治与社会秩序局局长罗梅乌·图马警官都答不上来。但可以确定的是，卢拉已经于今早6点在圣贝尔纳多家中被捕。”

“蜘蛛网”计划奏效了。接到热拉尔迪尼奥的电话后，比亚立即打电话给枢机主教秘书安娜·玛丽亚·维伊（Anna Maria Wey）——其职务相当于都市圈主教公署民事办公室主任，她将消息转告给堂·保罗。几乎同时，堂·保罗也接到了来自圣安德烈的电话：是堂·克劳迪奥·乌梅斯主教来转达修士贝托以电话告知的消息（堂·克劳迪奥是贝托的一号联络人）。若泽·保罗·德安德拉德在节目结束时确信，州政府声称对早间行动一无所知，是为了混淆媒体视听。《圣保罗州报》（*O Estado de S. Paulo/Estadão*）刊登了第二陆军第五分部的干脆回应："此事与军队无关：抓人是政治与社会秩序局的事。"

第八章

海军截获主教公署的通信，发现阿恩斯枢机请求德国教会援助ABC工人罢工

关押卢拉的大楼由索罗卡巴纳铁路公司于20世纪初建造，铁路公司老板是美国亿万富翁珀西瓦尔·法夸尔（Percival Farquhar）。这座由著名建筑师拉莫斯·德阿泽维多（Ramos de Azevedo）设计的美丽红砖楼房最初用作办公楼和火车站点，20世纪40年代初，时任州长阿德马尔·德巴罗斯（Ademar de Barros）将铁路公司收归国有，并把这座位于圣保罗市中心奥索里奥将军广场的四层大楼改造成监狱。这里曾关押过不少人，有像蒙泰罗·洛巴托（Monteiro Lobato）这样的知名作家，也有奥斯瓦尔德·德安德拉德（Oswald de Andrade）、帕古·加尔旺（Pagu Galvão）和弗拉维奥·德卡瓦略（Flávio de Carvalho）等圣保罗现代主义先驱，还有不少宗教人士——包括之前在卢拉家中留宿的修士贝托。

一进这栋大楼，金属工人领袖便意识到，自己并不是当天唯一被捕的人。其他所有工会干部同事和ABC地区的一些工会活动家——包括他哥哥“修士希科”，都已经被关押在这里。然而，让

他重新感到被带出家门时那种恐惧的，不是哥哥和工会同事的在场，而是看到两位法律界大人物——知名律师若泽·卡洛斯·迪亚斯（他几小时前刚去过卢拉家）和达尔莫·达拉里（Dalmo Dallari）也一同被捕了。两人致力于为政治犯辩护，与天主教会高层有密切联系。“我的天！”卢拉心想，“连达拉里和若泽·卡洛斯·迪亚斯都被抓了，肯定是一场政变中的政变。我们完蛋了。”通常面带笑容、神情愉悦的政治与社会秩序局局长罗梅乌·图马，在门口看着卢拉被带进大楼时也露出阴沉忧虑的脸色。

图马阴沉的脸色和记者若泽·保罗·德安德拉德提出的质疑一样，背后都有原因。多年后，随着独裁时期的文件部分解密，人们才真正揭开了谜底：和卢拉一样，州长马卢夫、公安厅秘书和秩序局局长三人也是听到旗手电台的广播才得知了逮捕行动。

罢工者的顽强抵抗让危机从圣保罗蔓延到高原宫。一个由总统若昂·巴蒂斯塔·菲格雷多（João Batista Figueiredo）将军亲自领导的“紧急指挥部”迅速成立，其成员仅有三位部长级职务的将军：军事办公室主任达尼洛·文图里尼（Danilo Venturini）、国家情报局局长奥塔维奥·梅德罗斯（Otávio Medeiros）和民事办公室主任戈尔贝里·多科托-席尔瓦（Golbery do Couto e Silva）。这一非正式工作组中的唯一多面手是总统的私人秘书、前少校埃托尔·阿基诺·费雷拉（Heitor Aquino Ferreira）。为保证行动绝密性，连司法部部长伊卜拉因·阿比-阿克尔（Ibrahim Abi-Ackel）也被排除在决策之外，他甚至不知道几人在计划些什么。戈尔贝里后来向记者埃利奥·加斯帕里（Elio Gaspari）透露：“我们的目标是打断ABC地区罢工运动的脊梁。”菲格雷多决定动用强硬手段，以自己的方式解决问题。

执行任务的人选简直再合适不过：时任驻圣保罗第二陆军司令官、身材瘦小的米尔顿·塔瓦雷斯·德索萨（Milton Tavares de Sousa）将军，同僚给他起的绰号叫“小骷髅”。这名极右翼军队司令官的履历令人不寒而栗。据美国中情局提供的一份备忘录，塔瓦雷斯·德索萨在向盖泽尔（Geisel）①和菲格雷多将军提供的报告中称，他在短短一年内清洗了104名政府敌人。担任陆军情报中心主任时，他曾统领全国各地的情报行动特遣队工作，数千名异见人士在特遣队的军事地牢中被折磨致死。

当情报部门将全国汽车制造商协会（Anfavea）编制的报告送达巴西利亚时，联邦政府对卢拉和罢工者的耐心已经消磨殆尽。这份报告总结了罢工对于汽车工业乃至国库造成的巨大损失：据称，仅汽车制造商和零部件供应商就亏损了约185亿克鲁塞罗（约合2021年的43亿雷亚尔），其中有57亿克鲁塞罗（约合2021年的13亿雷亚尔）本该以税收形式上缴国库。资本家称，罢工期间共有64 000辆汽车未能出口，进而增添了5 200万美元（约合2021年的8.06亿雷亚尔）的损失。更让军方震怒的是，外交部每天向高原宫递送的文件堆积如山，这些都是从美国、欧洲、日本发来的抗议电报、传真和信函，世界名流、宗教团体和工会中心齐声谴责巴

① 埃内斯托·盖泽尔将军是巴西军事独裁时期的第四任总统，任期为1974—1979年。菲格雷多是盖泽尔的继任，也是军事独裁时期的最后一任总统，任期为1979—1985年。

西政府的镇压行为和资本家对工人诉求的漠视。

逮捕事件发生几天后，政府与教会间的冲突开始显现——“紧急指挥部”将教会视为罢工的头号支柱。在伊塔马拉蒂宫参加活动后，菲格雷多总统回答了几名记者的提问，语气急躁，明显心情不悦。他反复强调罢工已经造成了数十亿克鲁塞罗的损失，抨击卢拉（“卢拉的一些侮辱性言论让我大开眼界”）并否认联邦政府参与了逮捕行动。菲格雷多拐弯抹角、含糊其词，最后将矛头对准了教会。他利用记者提问的时机，展开了一贯简短而直接的对话：

记者：您如何看待教会的角色？

菲格雷多：非常坏，非常糟。但这不是整个教会的问题，只是教会的某些部分。很多主教也来找我，表达了和圣保罗教会相反的立场，说不认可他们的做法。

记者：即便在巴西全国主教团发表声明之后，他们仍然不认可？

菲格雷多：主教团和教会是两码事。

记者：也就是说，只有教会的一部分支持金属工人罢工？

菲格雷多：没错，教会内部存在分歧。

记者：是神父在领导罢工吗？

菲格雷多：我不确定，但他们给公众的印象就是在和法律作对。

记者：那堂·保罗·埃瓦里斯托·阿恩斯呢？

菲格雷多：我不认识他。我从没和他联系过。但据我所知，他在煽动罢工。

几小时后，记者们找到阿恩斯枢机，他对总统的指责表示困惑，并讽刺地回应道：

“我不信……这话可能是埃拉斯莫上校说的，但肯定不会出自共和国总统之口。在我印象里，他只发表声明，不会说这种话。”

堂·保罗将菲格雷多和脾气暴躁、缺乏理智的埃拉斯莫·迪亚斯（Erasmo Dias）上校相提并论，此人曾担任圣保罗公安厅秘书。枢机重申，他从未与罢工者有过接触，但他相信，只要政府满足以下三项诉求，就可以解决冲突：

1. 重新开放维拉·欧克利德斯体育场；
2. 释放被捕者，这将“缓解全国各地的紧张局势；没有人受伤，政府也能受益”；
3. 安排工人和企业家代表会面，但“我们要的是有尊严的谈话，让工人们高高兴兴回到工作岗位，而不是受凌辱般面对那些冷酷的机器”。

菲格雷多指责阿恩斯枢机主教煽动罢工，这让记者十分好奇：总统那样说，应该是掌握了不为他们所知的信息。

果然如此。

在排查巴西国内参与“境外诋毁国家运动”的反对派时，国家情报局截获了一条重要情报——一封用德语写成的电报，由圣保罗大主教堂·保罗·埃瓦里斯托·阿恩斯亲自签署，并于卢拉被捕前一天发送给德国天主教中央局（Katholisches Büro）委员会主任、受人尊敬的保罗·博克勒特（Paul Bocklet）主教，委员会总部位于当时东德地区的柏林。在简短的电报中，枢机强调了堂·克劳迪奥·乌梅斯发挥的关键作用，明确表示圣保罗主教团“全力支持”罢工，并请求天主教中央局向德国巨头大众和梅赛德斯-奔驰施压，让它们批准其巴西分公司恢复与金属工人的谈判。

> 圣保罗主教团全力支持克劳迪奥·乌梅斯主教，并迫切请求天主教中央局施加影响。圣贝尔纳多·多坎普的金属工人已罢工十七天，要求加薪、岗位保障和工会代表。大众和奔驰两家公司坚持拉拢小型企业，降低加薪标准，并拒绝岗位保障和工会代表的要求。我们已经陷入僵局，十七天未能开展谈判。中型国有企业热能机械公司几乎满足了工人的所有诉求，大众和奔驰自身条件更好，更应该这样做。我们坚持争取劳工权益，要求这两家在巴西运营的公司恢复谈判，并与工人达成协议。

除了对全国范围内的工会和劳工组织具有强大影响力以外，根据德国法律，天主教中央局还有权通过主教会议和德国教区协会向联邦政府、国会或州议会提出立法建议。几天后，这封电报果然奏效：沃尔夫斯堡的大众工人和斯图加特的奔驰工人威胁称，如果它们的巴西分公司不恢复与ABC地区金属工人的谈判，他们将放下手头的工作，拖延到底。

明明已经知道电报内容，菲格雷多与记者交谈时却对这份文件只字不提，否则相当于变相承认政府侵犯了堂·保罗的通信隐私。军方选择在那时全国最重要的报纸《圣保罗州报》上披露枢机主教的电报内容，此前该报已将总统的即兴采访登上了头条：“菲格雷多称堂·保罗煽动罢工。”三天后，《圣保罗州报》在每日报道罢工的版面中以横跨八栏的大标题开篇：“枢机和主教谋求境外势力支持。”报纸参考了政府安全机构非法截获的通信，但由于不能承认这一点，只好在文章中拐弯抹角、故弄玄虚：

> 圣保罗大主教、枢机堂·保罗·埃瓦里斯托·阿恩斯和圣安德烈主教堂·克劳迪奥·乌梅斯向境外宗教组织施压，迫使其支持ABC地区金属工人罢工。施压的方式有很多，其中之一便是向上述组织发送意图明确的信息，包括指控某些在巴西设有分公司的企业动用所谓阴谋手段意图阻碍谈判等。
>
> 据调查，枢机大主教和主教二人甚至点名提及大众和梅赛德斯–奔驰的巴西分公司，宣称两家公司拒绝接受工会代表和岗位保障这两项ABC地区金属工人的诉求……
>
> 在给国际组织的信息中，阿恩斯枢机和乌梅斯主教表示，必须恢复与工人的谈判，上述德企巴西分公司应接受工人提出的协议。

为在境外施加压力，宗教人士提出另一项指控，宣称上述巴西分公司压低工人的加薪诉求以降低调整幅度。

上述向境外组织施压的情况发生在金属工人罢工的第三周。

主教公署并未通过官方声明或发布会做出回应，而是发布了一篇与堂·保罗的“访谈”，将问题和答案都写了出来。在第一个问题中，枢机只是驳斥了“施压”和“迫使”两个动词的使用，并未否认电报的存在：

问：关于上个周日圣保罗一家晨报发布的消息，称您和堂·克劳迪奥·乌梅斯“向境外宗教组织施压，迫使其支持ABC地区金属工人罢工”，您有什么想说的吗？

答：这种说法不仅怀揣恶意，而且大错特错。近年来，发达国家的教会本来就非常关注那些常驻多国或跨国组织的道德诉求。

阿恩斯枢机确信政府情报部门截获了电报，并表示“若是如此，便属于严重违宪，因为宪法禁止侵犯个人通信隐私”。确实如此。《圣保罗州报》在报道这篇“访谈”的同一版面刊登了电报原件的复印件，文字用德语打成，并有保罗·阿恩斯主教的亲笔签名。

但《圣保罗州报》和其他任何一家报纸都没有报道的是，军方最初的计划其实宏大得多。如果完全按“小骷髅”将军的想法，4月19日将会抓捕一百二十人，其中包括巴西的共产党（PCB）和巴西共产党（PCdoB）的干部、工会活动家、数十名联邦众议员和州议员，以及来自ABC地区和圣保罗东区共十一个堂区的神父，他们都被认定为罢工支持者。这项计划严格保密，为防止泄露，执行抓捕的甚至不是政治与社会秩序局或圣保罗警察，而是由第二陆军派出的数百名特工。政治与社会秩序局大楼仅用于监禁，因为军方没有足够的牢房关押如此多的犯人。

数十年后解密的文件表明，“小骷髅”将军策划的闪电战未能执行到底，是由于战术失误——一个政府自己承认的“操作不当”：他们无故逮捕了达尔莫·达拉里和若泽·卡洛斯·迪亚斯。对于那个时代的民众来说，抓罢工者再正常不过，但逮捕两位律师在舆论和媒体层面引发的负面反响，以及对政权拥护者群体造成的冲击，迫使政府中止了后续行动。抓捕行动暂停，下午，达拉里和迪亚斯也在州长马卢夫的要求下获释（这是州长在事变期间的唯一一次发声）。天黑之前，政府开始释放金属工人和非干部的工会活动家，其中包括“修士希科”。其余人则被控违反《国家安全法》（Lei de Segurança Nacional）。

释放部分犯人的命令纯粹是在掩人耳目——对于任何政府确定的罢工支持者，抓捕行动仍在肆无忌惮地执行。但是，经过4月19日的大肆抓捕，工人罢工的规模还在扩张。一周后，政治与社会秩序局迎来了新住户：一位是银行业工人工会副主席、矮壮的日裔巴西人路易斯·古希肯（Luís Gushiken），留着延伸至两颊的八字胡和山羊胡，另一位是来自圣保罗的国际象棋亚军埃尔伯特·卡瓦略（Herbert Carvalho）。古希肯是托洛茨基主义者，因善于鼓动民众而令雇主畏惧。作为国际象棋爱好者，他决定组织一场支持ABC地区罢工的活动——不是普通的快闪集会，而是更精心的"布置"。他选择的地点是20世纪圣保罗的华尔街、人称"巴西金融心脏"的安东尼奥·普拉多广场。在由圣本笃街、博阿维斯塔街、十一月十五日大街和安东尼奥·普拉多广场组成的方形区域，高峰时段有包括银行职员和客户在内的近两万人往来流动。

4月28日星期一，古希肯利用银行午休歇业的时间，在宽阔的人行道上摆了十张小木桌和十块象棋棋盘，每块棋盘上摆好三十二枚棋子，准备开始对弈。这位工会活动家挂起了一道红色大横幅，上面用巨型字母写着："打倒独裁！"下面还有："在此挑战圣保罗国际象棋亚军埃尔伯特·卡瓦略，比赛收入将捐给ABC地区金属工人罢工基金。"没过多久，活动地点就聚集起了骚动的人群。十名挑战者站在桌前，把赌注塞进棋盘下方，开始比赛。眉毛浓密、留着黑胡子的卡瓦略在桌间来回踱步、挪动棋子——身后总有一群好奇的围观者跟随，想见识象棋亚军如何快速应对十个对手的同步进攻。卡瓦略曾任《圣保罗页报》和《晚间页报》（*Folha da Tarde*）国际象棋专栏作家，因发文揭露财政部部长马里奥·恩里克·西蒙森（Mário Henrique Simonsen）的妻子、国际象棋手伊卢斯卡·西蒙森（Iluska Simonsen）利用丈夫的权力在比赛中舞弊、挤走实力更强的对手而与警方起过冲突。

金融中心的活动没能持续多久。人群的聚集引起警察注意，政治与社会秩序局的车队迅速包围活动区域，没收了棋盘、桌子、横幅、车、马和皇后，全部扔进了警车。在古希肯和卡瓦略之外，秩序局还逮捕了一名路人，热内西奥·多斯桑托斯（Genésio dos Santos）。这名巴西银行职员当时正专注于棋局，完全没注意警察的到来。曾在1978年奥林匹克国际象棋比赛中获得铜牌的西塞罗·布拉加（Cícero Braga）则逃过一劫，他在十人挑战赛中赢下一局，警察赶到时他刚刚离开。

“操作不当”的后果迅速显现。卢拉被捕当天，各大报社编辑部和外国记者都收到了一份抗议逮捕的声明，声明由最具影响力的一批知识分子、艺术家和政治家签署，其中就包括此前被捕的若泽·卡洛斯·迪亚斯和其他众多大人物：阿尔塞乌·阿莫罗索·利马（Alceu Amoroso Lima）、阿尔弗雷多·博西（Alfredo Bosi）、安东尼奥·坎迪多（Antonio Candido）、安东尼奥·欧艾斯（Antônio Houaiss）、奥古斯托·德坎波斯（Augusto de Campos）、奥雷利奥·布阿尔克·德奥兰达（Aurélio Buarque de Holanda）、巴尔博扎·利马·索布里尼奥（Barbosa Lima Sobrinho）、鲍里斯·福斯托（Boris Fausto）、布鲁纳·隆巴尔迪（Bruna Lombardi）、小卡约·普拉多（Caio Prado Jr.）、塞萨尔·拉蒂斯（César Lattes）、希科·德奥利韦拉（Chico de Oliveira）、克劳迪奥·伦博（Cláudio Lembo）、克莱德·雅科尼斯（Cleide Yáconis）、德西奥·德阿尔梅达·普拉多（Décio de Almeida Prado）、埃德加德·卡罗内（Edgard Carone）、埃德加德·达马塔·马沙多（Edgard da Mata Machado）、小埃瓦里斯托·德莫赖斯（Evaristo de Morais Filho）、法比奥·孔德·孔帕拉托（Fábio Konder Comparato）、费尔南达·蒙特内格罗（Fernanda Montenegro）、费尔南多·恩里克·卡多佐、费尔南多·莫雷拉·萨列斯（Fernando Moreira Salles）、弗拉维奥·兰热尔（Flávio Rangel）、弗洛雷斯坦·费尔南德斯、弗朗西斯科·伊格莱西亚斯（Francisco Iglésias）、弗朗西斯科·韦福尔特（Francisco Weffort）、詹弗朗切斯科·瓜尔涅里（Gianfrancesco Guarnieri）、戈弗雷多·达席尔瓦·特莱斯（Gofredo da Silva Teles）、阿罗多·德坎波斯（Haroldo de Campos）、埃利奥·比库多（Hélio Bicudo）、若泽·阿帕雷西多·德奥利韦拉（José Aparecido de Oliveira）、若泽·戈尔登贝格（José Goldemberg）、若泽·格雷戈里（José Gregori）、若泽·奥诺里奥·罗德里格斯（José Honório Rodrigues）、若泽·德索萨·马丁斯（José de Souza Martins）、茹卡·德奥利韦拉（Juca de Oliveira）、莱利亚·阿布拉莫（Lélia Abramo）、莉莲·莱梅尔茨（Lilian Lemmertz）、路易斯·卡洛斯·布雷塞尔-佩雷拉、玛丽亚·维多利亚·贝内维德斯（Maria Victoria Benevides）、毛里西奥·特拉格滕贝格（Maurício Tragtenberg）、米诺·卡尔塔、保罗·奥特兰（Paulo Autran）、保罗·弗兰奇尼（Paulo Francini）、保罗·弗莱雷（Paulo Freire）、保罗·若泽（Paulo José）、保罗·塞尔吉奥·皮涅伊罗（Paulo Sérgio Pinheiro）、普利尼奥·德阿鲁达·桑帕约（Plínio de Arruda Sampaio）、拉斐尔·德阿尔梅达·马加良斯（Rafael de Almeida Magalhães）、雷蒙多·福罗（Raymundo Faoro）、罗热里奥·塞萨尔·德塞凯拉·莱特（Rogério Cezar de Cerqueira Leite）

和鲁特·埃斯科巴尔（Ruth Escobar）等。

这次大规模行动的失败表明，政府内部对于周六上午的无差别抓捕事件也存在意见分歧。一份海军发送给国家情报局的机密报告明确指出了这一点："抓捕面很广，却没有指明被捕者所犯的罪行，这让公众难以理解行动的真正目的。即使不算鲁莽，这种做法至少也是不明智的，让政府为此事负责，又会在公众舆论面前丧失威信。"报告以不太乐观的评价作结：

> 逮捕某些特定人物，如律师若泽·卡洛斯·迪亚斯和达尔莫·达拉里，造成的影响比平时大得多，引发了舆论、神职人员和异见派政客的负面回应。他们施加巨大的压力，连司法部部长都被迫承认了"操作不当"。

逮捕行动过去六天后，《商业新闻报》（*Gazeta Mercantil*）低调刊登了一篇记者小安东尼奥·戈维亚（Antônio Gouveia Júnior）的独家报道。《商业新闻报》观感严肃，在读者群体中声誉颇佳，是一份专注于经济新闻、偶尔穿插政治新闻的日报。该报由银行家、九次当选联邦议员的埃尔伯特·莱维（Herbert Levy）所有，受众群体是"生产阶层"以及国家的经济和工业精英。莱维是伊塔乌银行的股东之一，曾活跃于1964年政变的民间预备组织——社会调查研究所（IPES）。莱维一直暗中怀疑（并仅向少数朋友透露过）卢拉不是像他哥哥那样的亲苏分子，而是渗透进ABC地区底层工人中的"德国工会特工"。海军情报中心截获的电报也许让他更加坚定自己的猜想，但有一条诱发他怀疑的消息，说1975年9月大多数工人领袖在莫斯科参加一场国际政治集会之时，卢拉正在柏林庆祝德国金属工业工会的周年纪念日，这其实是谣言。卢拉从没去过德国，那时他正在日本参加丰田和日产汽车公司的工人大会，而得知哥哥“修士希科”被捕、在特遣队地牢中遭受酷刑后，他赶忙回到了巴西。

尽管《商业新闻报》老板拥有显赫的精英背景，该报雇用的编辑和记者中却有一群不同倾向的共产主义者，总编辑小罗伯托·米勒（Roberto Müller Filho）自青年时期就是巴西的共产党（即“修士希科”所在的党派）的活跃成员。在一篇不到五百个词的简短专栏文章中，《商业新闻报》揭开了高原宫一直试图掩藏的秘密：

抓捕行动由特遣队执行，事先并未通知
圣保罗政治与社会秩序局

本周二早晨，共和国总统秘书埃托尔·费雷拉到访圣保罗，随后返回巴西利亚提交了报告。州长保罗·马卢夫终于能放宽心，再次与媒体展开对话。昨天，在班德兰特斯宫，自工会干部在圣保罗被捕以来一直保持沉默的州长终于打破了僵局。

抓捕行动开始于上周六凌晨，据州长助手称，州政府内事先无人知情。州长、公安厅秘书小奥塔维奥·贡萨加和圣保罗政治与社会秩序局局长罗梅乌·图马都对此一无所知。圣保罗州安保部门人员称“犯人被直接带到政治与社会秩序局门口”，但他们并不清楚缘由。逮捕行动令罗梅乌·图马、小奥塔维奥·贡萨加和保罗·马卢夫措手不及，面对已经关押在州警察牢房中的犯人，三人都宣称此事与自己无关。所有人都小心翼翼地保持沉默，静观事态发展。

在巴西利亚，情况同样出人意料。司法部部长伊卜拉因·阿比-阿克尔被圣保罗打来的电话吵醒，他也不清楚行动命令出自何处，并表示：“总统并不希望任何人被捕。”

圣保罗政治与社会秩序局的值班员工不知如何处置犯人，但他们很快得知，人是内部防御行动中心-情报行动特遣队的特工带来的，而特遣队归第二陆军司令官米尔顿·塔瓦雷斯将军管辖。军政府曾要求将部分犯人转移到位于图托亚街的特遣队监狱，但在情况明朗之前，政治与社会秩序局决定将他们暂时留在奥索里奥将军广场。

本周一，米尔顿·塔瓦雷斯将军在采访中为抓捕行动辩护，并于同日晚间前往巴西利亚。周二上午，埃托尔·费雷拉抵达圣保罗。他此行的目的是核实情况，并将实际情况与第二陆军提交的报告进行对照，该报告正是政府一周前下令干预工会的关键原因……

四十年过去了，现年八十五岁、仍活跃于英语翻译界的埃托尔·费雷拉是唯一一个仍然在世、知晓当年秘密的小团体成员。

他曾是总统菲格雷多的私人秘书，但他否认自己作为政局分析师参与了抓捕行动的高层决策。“在我看来，这完全是胡说八道，”退役少校称，“和我相关的那部分是捏造的。我从来没去圣保罗做过类似的事情。”或许是向记者戈维亚提供消息的内部人士故意将埃托尔·费雷拉扯了进去，但事实证明，这份报道的剩余内容所言不虚。

第九章

辗转于破屋之间度过悲惨的童年后，卢拉拿到了天堂的钥匙——国家工业技能培训服务中心的文凭

周六早晨共和国总统下令监禁的车床工人、初级领班路易斯·伊纳西奥·达席尔瓦，与成千上万名罢工同伴一样，人生经历大同小异。那年三十五岁的卢拉出生于伯南布哥州半湿润地带的加拉尼温斯市卡埃特斯区，那里距市中心有三里格[①]远。1952年，母亲琳杜夫人——欧里迪塞·费雷拉·德梅洛（Eurídice Ferreira de Melo）带着七岁的卢拉坐卡车移居到南方，他的七个兄弟姐妹最后都去了那里。卢拉是家中倒数第二大的孩子，哥哥姐姐分别是1936年出生的若泽·伊纳西奥（绰号"泽·库亚"）、1937年出生的雅伊梅、1938年出生的玛丽内特、1940年出生的热尼瓦尔（"瓦瓦"）、1942年出生的若泽（"齐扎"）——没错，达席尔瓦家有两个叫若泽的儿子——还有1943年出生的"矮个

① 欧洲和拉丁美洲的旧长度单位，实际指代的长度从2公里到7公里不等。

子”玛丽亚。卢拉生于1945年，他有个妹妹，1951年出生的露丝（“蒂亚娜”）。

齐扎长大后成了秃顶，周围一圈头发酷似修士剪发后的样子，因此得了个沿用一生的绰号——“修士希科”。卢拉对外祖父母的印象很模糊，只隐约记得外婆爱喝酒。而对于祖父母，则完全没有印象：

“我压根不知道我爷爷奶奶是谁，也不记得见过他们。”他多年后回忆道。

在20世纪中叶巴西东北部悲惨的社会状况下，人们的预期寿命仅有三十五岁——能活着看到孙辈长大的确是件幸事——但实际上，卢拉素未谋面的爷爷奶奶，绰号“大若昂”的若昂·伊纳西奥·达席尔瓦（João Inácio da Silva）和吉列尔米纳·达席尔瓦（Guilhermina da Silva）却和统计中的大多数人不同，都活到了八十多岁。

对于父亲阿里斯蒂德斯·伊纳西奥·达席尔瓦（Aristides Inácio da Silva），卢拉的印象却无比深刻，而且是最糟糕的那种。和四分之三的东北人一样，农夫阿里斯蒂德斯是个文盲，用儿子的话说，他“连一二三都不认得”。他从不酗酒，辛勤劳作，但与妻子和其他家人相处时总是冲突不断。更确切地说，是与两个妻子和两家人相处，因为在1945年，他抛下腹中怀着卢拉的琳杜夫人，偷偷带着她年仅十六岁的表妹、“莫西尼亚夫人”瓦尔多米拉·费雷拉·德戈伊斯（Valdomira Ferreira de Góis，“dona Mocinha”）私奔，乘卡车去了圣保罗州海滨城市桑托斯。那时，瓦尔多米拉已经怀上了他们的第一个孩子，之后又养育了另外九个。1950年，阿里斯蒂德斯回到伯南布哥，又让琳杜夫人怀孕，第二年生下了露丝，也就是蒂亚娜。这时，他才第一次和已经五岁的卢拉相见。后来他带着十二岁的儿子雅伊梅又回了南方，不久长子泽·库亚也去了那里。

1952年，琳杜夫人决定做出改变。她以1.3万克鲁塞罗（约合2021年的1.86万雷亚尔）的价格卖掉了十公顷大的农场——包括一座小屋、一头驴、六只鸡和一头为家人供奶的小母牛——然后带着留在卡埃特斯的六个孩子坐上敞篷卡车。在卡车上历经十三个日夜、只靠红糖和木薯粉充饥的旅程后，他们抵达了桑托斯。琳杜夫人用剩下的钱雇了两辆车，将他们送到紧邻桑托斯的沙滩城市瓜鲁雅市市郊伊塔佩马区（不久这里更名为维森特·德卡瓦略区），阿里斯蒂德斯、莫西尼亚夫人和他们的几个孩子已在此定居多年。

新移民抵达后的最初十三个月里，一家人住在两间分开的房子里，阿里斯蒂德斯同时供养着两个妻子和十几个孩子——从当时已经十六岁的泽·库亚，一直到莫西尼亚夫人怀中的婴儿。不过，阿里斯蒂德斯这样的家庭结构并不涉及重婚问题。自从得知丈夫与表妹私通后，琳杜夫人再没让他碰过她一次。

达席尔瓦一家的古怪之处还不止于此，两个同名的儿子也算不上稀奇。小女儿出生时叫作“塞巴斯蒂亚娜”，但一家人来到圣保罗后，琳杜夫人的女友们都说她是个“漂亮的孩子，不该取这么难听的名字”。琳杜夫人觉得没错，于是毫不犹豫地给她改了名。

带孩子登记那天，书记员问到孩子的姓名时，她不假思索地回答："露丝。"是"丝"不是"斯"。因此，露丝的原名仅留下一个绰号，人们后来也叫她"蒂亚娜"。

住在维森特·德卡瓦略区港口附近时，琳杜夫人把卢拉送进了马西里奥·迪亚斯公立小学念初级课程（现称为基础课程），学校距他们的住处只有三个街区。周末时，他与附近的朋友们一起乘渡船穿过河口，然后在桑托斯坐上"冒烟玛丽亚"小火车回到瓜鲁雅。他们的乐趣其实是在火车上逃票，从一节车厢跳到另一节躲避售票员，然后在回家途中偷吃路边的香蕉——那条路数十年后成了皮亚萨格拉-瓜鲁雅高速公路。20世纪70年代后成为全州最豪华的度假胜地的瓜鲁雅市，或许因交通不便，在卢拉玩耍的年代不过是片荒无人烟的沙滩。

这是那段艰难岁月里唯一美好的回忆。相比贫困带来的坎坷，与父亲的相处要糟糕得多，卢拉对父亲的印象向来差到极点。生活与时光流逝冲淡了儿子对父亲的仇恨，让卢拉能理智地面对，但也无法完全抹去他内心的苦涩。阿里斯蒂德斯是个肤色黝黑、高大有力的男人，身材精瘦、骨骼突出，儿子长着和他一样的招风耳和鹰钩鼻。身为搬运咖啡的码头工人，他每天上下班时却虚荣地穿着西装、打着领带。为了掩饰令他羞愧的文盲身份，他总是在胳膊下夹着一份叠好的报纸。他没有加入工会，自己单干，走量赚钱——按照搬运和装船的咖啡袋数计酬。凭着自身体力，他最多能一口气工作十二小时。在所有码头工人中，像他这样一次能搬三袋重六十公斤的咖啡（双肩各一袋，头顶一袋）的人屈指可数。

超乎常人的表现让他成为港口仓库工头们争相雇用的搬运工。

阿里斯蒂德斯最大的乐趣是打猎，并以射术精准出名。周末时，他会带着一群朋友和几条串种猎犬，拿上一杆“福洛贝”，即射击后需要重新装弹的法国福洛拜.22口径步枪，然后消失在马尔山脉的丛林之中。猎获的犰狳、驼鼠和西猯（偶尔甚至能打到鹿）不仅用来给两家人果腹，有时还能讨好仓库主管。月底剩下的一点钱，他都拿去买动物彩票（jogo do bicho）。他相信运气是有原因的：1950年他买彩票赢了钱，这才能回到伯南布哥看望琳杜夫人。尽管是个暴力的丈夫和父亲，但他仍会竭尽所能保证一家人不饿肚子——或者说是两家人，因自己婚姻的缘故，他要同时供养琳杜夫人和莫西尼亚夫人的孩子。无论刮风下雨，蔬菜贩子的马车每周三都会来到相隔数个街区的两家人门前，为他们送去一周的根茎和绿叶蔬菜。钱都由阿里斯蒂德斯来付。

然而，孩子们与他相处时如同身在地狱。无论第一任还是第二任妻子的孩子，都受到他的暴力对待。首先是对两家孩子专制的家规：女儿不许上学、谈恋爱或者跳舞，晚上任何人不许出门，周末不许去看电影，任何人都不准抽烟——连已经十八岁、本就抽烟的泽·库亚也不例外。体罚（如用拖鞋或皮带抽打）在巴西各阶层的家庭教育中都司空见惯，但卢拉和一些兄弟姐妹对阿里斯蒂德斯的记忆几乎无异于家暴和虐待。那不仅是严厉的父亲责罚叛逆的孩子，而是施暴者对受虐者的折磨。没有哪个孩子学坏、走歪路，没有一个会被当成反面教材。他们都是守规矩的好孩子，但即便如此，仍无一例外地遭受父亲的残暴对待。刻印在孩子记忆中的还不仅是体罚。卢拉记得，他多次目睹阿里斯蒂德斯纯粹的恶行：

“我们全家吃的是普通面包，而他给自己买的是一种特别的玉米面包，是甜的。他会把吃剩下的玉米面包放在一个没人敢动的罐子里，晚上回来之后，再从罐子里拿出剩下的面包。我两岁的妹妹蒂亚娜看见他手里的玉米面包，因为饿着肚子大哭起来，求他给一块。但他无动于衷，坐在屋外面，把剩下的玉米面包分给他的几条狗吃，一点也不在乎饥饿哭泣的小女儿。”

卢拉无法理解阿里斯蒂德斯脑袋里的想法。他是个痴迷于为两家人提供早、午、晚餐的工人——尽管饭菜粗陋至极——却又如此残酷地对待自己的孩子。父亲的矛盾行为让卢拉感到困惑：究竟是文化的缘故，是东北腹地艰苦的生存环境使然，还是说阿里斯蒂德斯果真是个有严重人格缺陷的怪物？

他无缘无故就开始动手，有时甚至打到危及孩子生命。有一天，老头和莫西尼亚夫人的第二个孩子鲁本斯发生争执，决定用铁链教训他。父亲用左手按住蹲在地上的少年，右手鞭打他的后背。少年的身体已被打得皮开肉绽，琳杜夫人决定介入这场本与她无关的家庭纷争，从阿里斯蒂德斯手中救下了鲜血淋漓的鲁本斯。目睹这番场景的卢拉惊恐万分，他确信如果母亲没有及时施救，异母弟弟肯定会被父亲活活打死。

六十多年过去了，卢拉仍能详细回忆起阿里斯蒂德斯最后一次打儿子时的情景。他和齐扎奉命看管父亲为捕鱼买的木筏，木筏系在汇入桑托斯河口的阿卡劳河岸边，位于家和巴西空军基地的跑道之间。潮水退去时，小船、独木舟和木筏常常搁浅在沙滩上，给港口区肆虐的偷船贼提供了方便。兄弟俩的任务很简单：盯着木筏，等到潮水涨起，打消偷船贼的念头。尽管心里清楚不听父亲话的后果，两人还是犯了擅离职守的致命错误，跑去踢了场球。回家时，父亲阴沉着脸等着他们：

“木筏怎么样？看好了吗？”

齐扎撒谎道：“看好了。就在您拴着的地方，没出问题。”

父亲起了疑心，走到他平时系船的河口，听见一个渔夫说：

“潮水退了，阿里斯蒂德斯，有人偷了你的木筏。”

老头气急败坏地奔回家，抄起手边最近的物件——一根橡胶水管，像鞭子一样狠狠抽打在齐扎身上。直到孩子尿湿了裤子，痛苦地倒在地上，他才停手。然后他转向卢拉，那是他出于某种未知的原因，从未动手打过的儿子。琳杜夫人听见外面的喊声，跑出来及时拦在前夫和儿子中间，想保护孩子。那用尽力气的第一鞭正中她的脸。尽管阿里斯蒂德斯异常暴力，他却从不敢对琳杜夫人动手。这是第一次，也是最后一次。

第二天，琳杜夫人起了个大早，没到傍晚便租到一间新房子（比棚屋稍微强一点），她自己付的钱。房子位于他们曾和阿里斯蒂德斯一起住过的米纳斯吉拉斯街，她要带着一家人搬过去。搬家时，几人只带了各自的衣服、一只洗衣服的木盆、一把刀和一个空的莫科卡牌奶粉罐，母亲将孩子们打零工赚的钱存在里面。琳杜夫人留下大女儿玛丽内特，让她告诉阿里斯蒂德斯，他们的共同生活结束了。老头不信她的话，想用诱人的条件把他们骗回来：

他去了杂货店，把身上所有钱全拿来买了牛肉干、鳕鱼和甜玉米面包。没用。琳杜夫人找人传话说，她和孩子们绝不会再回那间房子里。尽管未来一片迷茫，但她仍为自己不容忍丈夫的暴行而感到自豪。

1955年，卢拉年满十岁时，家教严格、不知疲倦的琳杜夫人为了过上更好的生活，带着孩子们离开贫困的桑托斯低地，搬到了圣保罗州州府。卢拉还没念完马西里奥·迪亚斯公立小学的初级课程，就因搬家被迫辍学。只有玛丽内特留在了伊塔佩马。母亲和孩子们攒下的微薄积蓄只够在伊皮兰加区的阿尔比诺·德莫赖斯街上，她的一个叔叔开的酒吧后面租间屋子，屋里有厨房和一间卧室。作为圣保罗最老的市区之一，伊皮兰加容纳了各种规模的工业建筑，从跨国巨头到只有一扇门的小作坊。伊皮兰加区的边界一直延伸到后来称为ABC的地区，这片区域包括圣安德烈、圣贝尔纳多、南圣卡埃塔诺，以及后来的迪亚德马。

八个移民要和琳杜夫人的弟弟奥多里科、他的妻子劳拉和两人的孩子莱奥尼、路易斯及“鞋油”若泽一起挤在狭小的房间里，在折叠床、吊床、双层床还有铺在地上的草席和床垫上睡觉。和家人同住的还有塞维里诺，以及两名租住在小隔间中的房客。算上同住的人，达席尔瓦家中有时会超过二十个人，而他们都得和酒吧所有顾客共用一个卫生间。

“我知道住在酒吧后面是什么感觉，”卢拉不会忘记，“必须用一个刚有醉汉在里面吐过的水槽，用旧报纸解决排便。那就是我们的厕所，我和母亲、姐姐妹妹们都用过，这一点我比谁都清楚。”

由于没有淋浴，大家只能用从井底打上来的水简单冲洗。没有卫生纸，取而代之的是一堆旧报纸，放在用作马桶的排污口旁边。已步入老年的卢拉仍能详细回忆起那时的生活：

“我和母亲还有两个姐妹睡在卧室，我是最小的儿子，所以能跟她们一起睡。还有七八个人睡在厨房的折叠床上。卫生间没有马桶，只有蹲坑，像监狱里的那种。周一到周五，酒吧生意不多，我们还能把卫生间弄干净，但一到周五晚上和周六、周日，里面就成了猪圈。”

尽管家庭条件艰苦，琳杜夫人却还是个热心肠。如果有人在门前拍手讨饭，无论衣衫多么破烂，她都会请那人进屋，和家人一起坐下吃饭。所谓“坐下”其实是在木箱或小板凳上将就。有一次齐扎生病，怀疑是肺炎，家里从那时的工人社会保障部门（IAPI）请来一位医生。他想找把椅子坐下看诊，但家里没有椅子，医生只好站着给孩子看病。

恶劣的房屋条件和与醉汉共用卫生间带来的不适，还是让琳杜夫人在来到阿尔比诺·德莫赖斯街一年之后便决定搬走。已是少年的卢拉成功进入伊皮兰加区的伊塔乌纳子爵公立学校学习，打算至少把初级课程念完。保存至今的成绩单显示，他上学那年的写作、口语和通识考试成绩高于班级平均水平，但其余科目较差：

1959年11月19日，在塞尔玛·德坎波斯老师的监考下举行的五年级B班男生考试结果。成绩如下：写作——45

分；算术——25分；阅读与口语——70分；通识——80分；平均分——55分。路易斯·伊纳西奥·达席尔瓦，不及格。

这份成绩没能让卢拉升入当时的初中（现称为基础课程II）。多年后，已成为工会干部的他曾尝试报读成人学校（后更名为补充性课程），但很快发现白天管理工会、晚上伏案学习是不可能的，便打消了这个念头。卢拉少年时穿的是棕色牛仔短裤——那是他仅有的一条裤子，还有用母亲不同颜色的边角布料做成的背带，一条绿色，一条黄色。1959年那个学年，卢拉总共只有三件衣服：棕色短裤、一件白衬衫和一条大裤衩。周一到周五，他早上穿着短裤和衬衫去学校，下午回家后，把衣服在床上叠整齐，然后换上大裤衩。第二天，再把用作睡裤的大裤衩扔在一旁。

卢拉每周的活动变化不大。工作日早晨上课，吃午饭，下午去一家染坊当送衣工，剩下的时间都留给足球——这是卢拉的一大爱好，他有时踢左后卫，有时踢右中场。卢拉在球场上展现了他最初的领导才能。他组织球队、预备足球和场地，安排社区之间比赛，而这些球赛常常以斗殴收场。这时，卢拉总冲在最前面，与对手拳脚相向。他的勇气和别人对他的尊重部分来源于家庭的保障：谁要敢威胁他，就必须面对他的两个哥哥，身材结实的瓦瓦和已经开始练习举重的"修士希科"。斗殴常常演变为弹弓大战，卢拉也免不了挨打。琳杜夫人已经习惯看到儿子们晚上回家时鼻青脸肿，或者被石头砸伤。在二十年后的纠察队和罢工运动中，卢拉身边的很多战友都是青年时期打架斗殴的对手。

周六、周日早上，卢拉带着自己做的木箱子，走街串巷给别人擦鞋。周六他能擦四五双鞋，而周日的顾客数几乎翻倍。与染坊微薄的薪水不同，这份工钱不用交给母亲调配，而是有着明确的用途：看泰山的电影、罗伊·罗杰斯（Roy Rogers）的西部片，还有佐罗（Zorro）和水牛比尔（Búfalo Bill）的连续剧。如果钱不够看电影，他就去家中有留声机的朋友那里，听伊拉基坦三重唱、洛斯潘乔斯三重唱、卡洛斯·阿尔贝托（Carlos Alberto）或者无与伦比的波莱罗[①]大师——古巴歌手别恩维尼多·格兰达（Bienvenido Granda）的歌曲。罗伯托和埃拉斯莫·卡洛斯（Roberto & Erasmo Carlos）、万德莱娅（Wanderléa）和其他“青年卫队”（Jovem Guarda）的长发歌手是后来才出名的。那时，电视机还是有钱人的专属，维拉·卡里奥卡区拥有电视的家庭屈指可数。卢拉直到20世纪70年代结婚后才买了第一台电视机。

那时，卢拉在物质上的欲望远比买电视机小得多，其中之一只是普通的苹果。在放学路上，他每周都会见到一个卖阿根廷苹果的小贩摊位，一个个苹果用蓝色丝绸纸包着，上面印有标明产地的“内乌肯苹果”字样（巴西要等到十年后才开始产出苹果）。卢拉知道，只要伸手就能趁摊主不注意偷走一个，而即使被发现，最多也不过是把苹果放回去。但在伸手那一刻，琳杜夫人的身影在脑海中浮现——他放弃了。另一个让卢拉垂涎的东西比阿根廷苹果更微不足道：基邦（Kibon）冰激凌厂出品的乒乓泡泡糖。他看见

① 波莱罗（Bolero），最早出现在古巴的一种音乐形式，流行于中南美洲多国。

朋友们吹出盖住整张脸的大泡泡，心中满是羡慕。每当奥多里科叔叔让他照管酒吧柜台时，面对装满乒乓泡泡糖的玻璃罐，他心中总是发痒。孩子克制欲望、连一块泡泡糖都没偷的原因不是怕被抓，而是担心有一天母亲知道他拿了不属于自己的东西，而在她面前无地自容。唯一能满足他欲望的方法，是向酷爱这种零食的朋友"波基塔"要来已经嚼过的泡泡糖，他把这些残余物包起来，带回家洗干净，撒上糖，然后嚼到只剩下淡而无味的胶质。严厉的琳杜夫人和她关于诚实做人的教诲始终如影随形。有一回，卢拉走过一辆车窗摇下的卡车，车里没人，但敞开的手套箱里有一张诱人的20克鲁塞罗纸币。他一度想过伸手进去把钱拿走，但只要一想到母亲，几乎成功诱惑他的恶魔便败下阵来，那张20克鲁塞罗纸币仍留在原处。

1960年，不到十五岁的卢拉在科伦比亚仓储物流公司找了第一份正式工作，成为一名办公助理。工作内容包括接听电话、给行政人员传话和递送文件。在此期间，他得知位于维拉·卡里奥卡、在萨科芒和伊皮兰加之间的马尔特螺丝厂正在招聘一名车床工人学徒。他不知道车工学徒具体要做什么，但这份工作附带一个诱人的承诺：工厂将选拔一名工人去国家工业技能培训服务中心(Senai)进修学习。卢拉前去应聘，成功获得了职位，几天后穿上哥哥雅伊梅从前穿过的补丁工装，成为琳杜夫人第一个有固定月薪、能拿到法定最低工资的孩子。在邻居、朋友，特别是女孩们眼中，工装是荣耀的象征。没人看见他口袋里的工作证，但这身工装表明他有工作，也有未来。

然而刚进入马尔特螺丝厂工作，兴致勃勃的卢拉就被泼了盆冷水。虽然不知道冲压机和车床的区别，但他还以为公司会安排自己到装配线上，铸造零件、组装机器。得知自己的工作只是捡拾地上的金属屑和切割后的铁屑，然后扔进垃圾桶，卢拉十分失望。这份工作其实更像清洁工，而不是他想象中的车工学徒。第一天下班时，卢拉沮丧地将手和工装弄得满是油污，好在街上和家里营造一种他在当金属工人，而不是清洁工的假象。尽管失望，卢拉还是准时准点、纪律严明地完成每天八小时的工作任务，午休的一小时时间则几乎全部用在公司院子里的即兴足球赛上。

尽管是行业新手，又只有小学文凭，卢拉日常的勤奋态度还是引起了上司的注意。几个月后，他被选中参加国家工业技能培训服务中心的入学测试。卢拉成功通过测试，用他自己的话来说，他从此拿到了“天堂的钥匙”。对于没有一技之长的工人来说，能到培训服务中心进修简直是天大的梦想。这一机构会从每家工厂发放的工人薪资中抽取2.5%，用来培养全国范围内的工人和技术人员。按照马尔特螺丝厂和培训服务中心的合作协议，卢拉可以进修下列三种职业的课程之一：通用机械工学徒、车床工人，或者机械师助手。卢拉选了第二个，这意味着接下来三年中，他要在工厂工作半天，再到培训服务中心学习半天。前两年的上课地址在伊皮兰加分部，那是一栋巨大的两层楼房，离三十年后建立的卢拉研究所只有几个街区。最后一年在培训服务中心的罗伯托·西蒙森学院授课，也是半天工作、半天学习。多年后，即将当上共和国总统的卢拉深情回忆起那段时光：

“那简直是天堂！进入培训服务中心是我一辈子当中最幸运的事情。为什么？因为在那之后，我成了我妈妈第一个有工作的、第一个月薪超过最低工资的儿子，第一个拥有房子、车子、电视机和冰箱的儿子。这一切都要归功于车床工人这份职业，归功于培训服务中心。那可能是我人生中最重要的时段，不仅因为掌握了一门技术，更因为第一次接触到了公民权。你知道那种能在好学校上课，能体面地吃午餐、喝咖啡的感受吗？我想那是我第一次真正体会到公民权，因为培训服务中心之外的生活非常艰苦，而在那里面，我们有自己的工作服，有准时准点的优质食物，有咖啡，有室内足球，还有篮球。那对我来说简直就是奢华生活。”

三年课程结束时，卢拉满怀骄傲地拿到了梦寐以求的毕业文凭：现在他是一个真正的车工了，有职业资格证的那种。这名瘦弱的移民小伙并没有多高的期望。卢拉不想变得有钱，或者成为大人物。对于一个八岁便开始工作的孩子来说，成为车工已经是梦想成真了。先做工人攒些钱，然后自己做生意：买一辆出租车，或者开家小酒馆。若是幻想得过头，卢拉会想象自己驾驶着一辆巨大的“银色壳牌卡车运送汽油”。总之，谁都不愿意给别人打工。但他选择的职业已经很好了。它改变了卢拉的思想，并成为他一生的骄傲。

“我们不只是普通的车床工人，”多年后已成为共和国总统的卢拉说道，“我们是能将一块铁打造成艺术品的艺术家。”

在马尔特螺丝厂工作期间，卢拉第一次参与了罢工。但那些罢工都很温和，没有冲突。很多年以后卢拉才坦言，对于缺乏政治意识的工人——比如那时候的自己来说，早上醒来看到街区墙上用石灰涂写的“总罢工”几个大字，心中只会感到暗喜。

“毕竟，待在家里无所事事可算不上什么牺牲。”

那时的罢工运动组织得很差，没有指挥中心，也没有统一的口号。每当工会号召罢工，工厂主总是马上遣散工人、关闭工厂，担心纠察队进来破坏和打砸设备。在20世纪60年代初的某次斗争中，卢拉鼓起勇气参加了茹蒂菲西奥·圣弗朗西斯科麻袋工厂的罢工纠察队，他的一个姐姐就在那里工作。纠察队威胁称要闯入工厂，赶走那些不愿参加罢工的工人——其中就有卢拉的姐姐“矮个子”玛丽亚，而保安则锁上了两层高围墙的大门。围墙太高，从外面根本看不到厂内的情况。但工人很多，估计有五百来人。这时，一位罢工者喊道：“推倒围墙！”几分钟后，整个围墙在人群的推挤下轰然倒塌。纠察队冲进工厂，包括他姐姐在内的破坏罢工者不得不穿过长长的“波兰走廊”[①]，被一路殴打着逐出工厂。

卢拉的第二次罢工经历令人触目惊心，但好在他只是目睹了这一切。有一天他在维拉·卡里奥卡区的维马格街上走着，看见一群工人试图闯入一家小织袜厂，目的还是一样：把不愿参加罢工的工人从生产线上揪出来，带进纠察队中。不料，工厂老板拿着手枪出现在大门口。他随意开了一枪，似乎只是想吓唬这群工人，

---

① 除了指代历史上分隔德国与东普鲁士的“波兰走廊”之外，该短语在葡语中还代表一种惩罚方式，即惩罚者排成两列长长的人墙，受罚者须从人墙中间穿过，同时一直挨打。

结果子弹却击中了一名队员的前胸，几分钟后他便在附近医院被宣告死亡。惊恐万分的老板跑进工厂，飞奔上了二楼。事态显然不妙。罢工者将老板缴了械，围困在一个房间里，最终从窗户抛了下去。下面的工人用棍棒和脚踢把老板殴打致死。卢拉吓坏了，没等警察来就迅速逃离了现场。

在马尔特螺丝厂从未发生过类似情况。每当有罢工计划时，为避免和积极分子纠缠，经理“泽先生”会借用公司的送货小卡车，主动把工人送到附近其他工厂门口参加纠察队。卢拉与老板的关系只恶化过一次，然后便没了来往，起因是他要求加薪。在四年多的工作中，他只通过工人集体谈判涨过工资。但他渐渐发现，许多同事做着同样的工作，挣得却比他多。当得知邻近工位的维托里奥产量只有他的一半，工资却是他的三倍时，他鼓起勇气要求同工同酬。老板粗暴地回应：

“加薪？别想了！我们资助了你三年的学业，没理由给你加薪。”

卢拉破口大骂，回击道：

“资助个屁！我的学费是培训服务中心出的。我要和同事们拿一样的工资。要么给我加薪，要么我就辞职。”

加薪没成，卢拉离开了马尔特螺丝厂，换了一份独立冶金公司的夜班工作。这家小工厂由波兰移民在维拉·卡里奥卡开办，主要生产银行保险柜的密码盘。1964年6月的一天凌晨，卢拉在这里工作时失去了左手小指。

“我晚上7点上班，早上6点下班，那时还要加班。晚上工作，白天睡觉。我不吃晚饭，只带些点心。晚上在工厂工作的人很少，大概只有六七个。”

凌晨2点左右，在他工作期间，横压机的一颗螺丝断了，需要换一颗新的。卢拉叫来邻近工位的同事帮忙：

“我不记得他的名字，但当我要装上螺丝的时候，他打盹了。时间大概是凌晨两三点。那个同事明显很疲惫，手一滑松开了压机的把手。我伸手进去换螺丝，结果压机合上了。我想躲，但机器压住了我的指头。当时我几乎感觉不到疼痛了。”

手指压伤后，卢拉只能等到天亮，才能去附近医院的急诊室看医生。

“他们把我带到维拉·卡里奥卡的一家医院。要我说，医生其实可以保留一半指头，从关节处往上截，但他觉得一次性切除比动手术更简单，所以做了截指。我认识不少人经历了一样的事故，但他们都没有截掉整个手指。我觉得这决定有点草率，或许他只是觉得截指比动手术容易吧。我在医院住了两天，做了局部麻醉、截指，然后回家休养了十五天，之后就回去工作了。”

卢拉此前不知道，因工伤失去的每根手指都能拿到不同的赔偿。他利用这十五天的休息时间争取自己的权益：

“有个律师来找我，我赶紧跑去他的办公室，把他让签的所有文件都签了字。赔款大概是300克鲁塞罗，或者是300克鲁扎多[①]，我不记得了，拿到钱的时候他收了我20%的费用。”

卢拉哭了起来：

---

① 巴西旧货币单位。

“我少拿的那部分钱，该怎么和我妈解释？我跑到工会，跟另一个律师讲了这事，然后他跟那个律师说：‘别收他的钱，他只是个孩子，还刚截掉了一根手指。想象一下，你断了根指头，还要为打官司付钱，该是什么感受？’我回到律师那里，挨了顿痛骂，但他还是把钱还给了我。”

头几个月，卢拉感到很羞耻，有种自卑情结，总把手插进口袋里。他害怕坐公交，害怕人们看到他缺了指头的手。但时间一长，他也不再顾虑了。唯一让他不习惯的是，在水龙头下捧水洗脸时，水会从断指处流出来。他抱怨外科医生截掉了整根手指，开玩笑说，“连一个用来挠耳朵的小指节都没留下”。卢拉最终为此得到了35.1万克鲁塞罗的赔偿。六十年后，这笔钱的实际价值已经难以确定，因为按照现有的两个指标，计算结果相差很大：一个是3 500雷亚尔，另一个则是16 300雷亚尔。卢拉或许无法计算出赔偿当前的价值，但他不会忘记这笔钱是怎么花的：

“我拿出一部分在萨科芒附近的维拉·利维埃罗付了一块地的首付，那块地后来又卖掉了。还给我妈全款买了厨房家具：一个橱柜、一张桌子和四把富美家（Formica）人造板椅子，当时很流行这种材质。最后还剩下4万克鲁塞罗。我存了一半，另一半的2万克鲁塞罗借给了我哥哥雅伊梅。”

尽管出了事故，卢拉还是在公司继续干了几个月。最后他离开了独立冶金公司，经历短暂失业后在伊皮兰加一家中型金属厂——弗里斯莫尔杜汽车厂找了份半正式车床工人的工作，这家公司为车企提供金属装饰条和模具。1965年12月，他第一次拿到了十三薪——这项福利于1962年由古拉特政府设立，但直到1965年年中，古拉特已被废黜后才开始实施。为庆祝这笔意外之财，他和工友们一块儿喝了几大瓶四升装的“牛血”——一种很受欢迎的南大河州红酒，往肚子里塞了无数份意大利香肠和橄榄，头一回喝得酩酊大醉。第二天，仍头疼欲裂的卢拉给自己买了人生中第一件礼物，一辆二手自行车。但这辆车太破了，没带来多少便利，反倒三天两头需要修理。

卢拉在新岗位上工作的时间很短。还不到一年，老板便让他在周六、周日加班。一个周五晚上，在哥哥和朋友们的诱惑下，卢拉决定和他们去桑托斯海滩度周末——花的钱还是老板给加班预付的车费和餐费。周一早上，一名经理问他：

“周末为什么没来上班？”

被海边阳光晒得像虾一样浑身通红的卢拉不好意思撒谎，便坦白道：

“我和朋友们去桑托斯了。”

经理当即回应：

“那你走吧。你被解雇了。”

第十章

未婚妻给卢拉下了最后通牒。“工会和结婚，两个你只能选一个。不可能两个都要。”

不出几天卢拉便发现，这时候弄丢工作简直倒了大霉。1964年4月军事政变推翻总统若昂·古拉特之后，独裁政权实施的经济紧缩政策进一步压缩了劳动力市场，工厂门口的招聘广告都消失不见了。军事政变？对于卢拉来说，那时发生的是一场“民主革命”，将国家从政治威胁和贪污腐败中拯救了出来——报纸上都是这样写的，还用了大写字母。军人夺权时，他和他在独立冶金公司的同事们对此深信不疑。与信奉共产主义的哥哥不同，卢拉觉得军队是在努力让巴西变得更好，这令他感到自豪。他对国家现状的理解仅限于一些简单的说辞——实际上，那也是他在工作和喝啤酒时从朋友口中听来的：

“政变发生的时候，我完全不知道那意味着什么。当时我十八九岁，在工厂的半小时午餐时间，听到的全是些乐观的话，他们说‘军队会解决问题的’——尽管没人知道这‘问题’具体指什么。我所知道的就是，工人们对军队无比信任。”

卢拉对于政治话题既没兴趣，也不了解，一翻开《每日晚报》（*Diario da Noite*）便直奔体育版，寻找他最爱的球队——科林蒂安队的新闻。尽管支持军方，但卢拉心中仍对前州长莱昂内尔·布里佐拉（Leonel Brizola）和米格尔·阿赖斯（Miguel Arraes）默默怀着敬仰——作为新政权的死敌，二人那时都已流亡国外。从这一点也能看出卢拉对政治的疏离态度。

很快卢拉便发现，“问题”就是工作岗位稀缺。不论过错在谁，总之，一场裁员风暴席卷了巴西最大的工业区。20世纪60年代的巴西还没开始定期统计失业率，但只要在ABC地区转一圈，便会发现经济在以肉眼可见的速度萎缩。那时，达席尔瓦一家挤在南圣卡埃塔诺维拉·圣若泽区的一栋小房子里，房子是哥哥雅伊梅用宾果游戏赢的钱买的，也是他们离开卡埃特斯后买的属于自己的第一栋房子。周一到周五，卢拉每天早上6点从家出门，步行十几二十公里，挨家工厂找工作。有时走得太久，卢拉会在公园长椅上坐下，脱掉鞋子放松，但很快发现长途跋涉后的双脚已经肿得穿不上鞋了。几个月里，他在失业的钢丝绳上艰难地保持平衡。他没钱付交通费、没钱喝啤酒，甚至连根烟都买不起，在二十岁的年纪，不得不再度忍受从地上捡烟头抽的屈辱。他没有工作，也没人能借他钱，因为哥哥“修士希科”和姐姐“矮个子”玛丽亚也都失业了，而小妹蒂亚娜的男友不让她工作。绝望中的卢拉克服羞耻心，向处境稍好一些的朋友借了点小钱。甚至连读报的习惯也变了：他放下体育报纸，转而读《人民日报》（*Diário Popular*），先逐一浏览越来越少的招聘广告，然后才翻到科林蒂安的新闻。他在ABC地区的街头一次又一次碰壁：杜尔科拉，暂无职位；丰图拉，暂无职位；奔驰，暂无职位；卡尔曼-吉亚，暂无职位。如卢拉自己所言，整个拉丁美洲最大的工业区似乎连一个工作岗位都没有：

“我那时一般下午两三点回家，心情总是很低落，没午饭吃，也没烟抽。有一回，我早上6点到了梅赛德斯-奔驰公司，看见那有条长长的队伍。出来一个人说：‘在这等着，我们今天需要人手。’所以我们就等着。等到下午2点，他们才开始招人。我饿得不行，兜里又是空的，连买药的钱都没有。我很想抽根烟，看到扔在地上的大烟头，我眼睛都在发亮，真想捡起来抽。这时工厂那人拿走我们的工作证，走了进去。半小时后，他出来告诉我们：‘没有岗位了，我们不招人了。’他妈的！我还得走回去。从奔驰公司到维拉·圣若泽，平常我都是走着回去的。我那时穿着一双不知从谁那儿拿来的硬皮鞋，人们过去都说那是鳄鱼皮做的。我的脚肿了。我在奔驰公司门口脱了鞋，后来再也穿不上了。所以我光着脚走回了家。到家时，那个混蛋‘修士希科’骂我是懒汉，说我连个工作都找不到。我筋疲力尽，那时候已经下午4点了。我直接把鞋扔在了他脸上。”

卢拉看不到一点希望。直到1965年初，他翻阅报纸时发现南圣卡埃塔诺的一家大型企业维拉雷斯正在招聘一名车床工人。卢拉去了工厂，重复着被弗里斯莫尔杜汽车厂解雇以来已经走过几十遍的流程：填写个人信息和工作履历表格，留下培训服务中心毕业文凭和工作证复印件，接受测试，两天后来看结果。因为有过在无数家工厂门口碰壁的徒劳经历，卢拉进出测试地点时都一副垂头丧气的样子。毕竟他已经在ABC地区游荡了八个月，一无所获。没有固定的工作，没有零工，也没有任何代班的机会。什么都没有。但那天一早，卢拉在工厂门口听见人事部门员工找他要工作证时，他举起双手感谢上天——他通过了测试，得到了这份工作。而且不是在某个后院的作坊，而是在维拉雷斯的主厂区工作，这里有近一千名金属工人，还有圣保罗市坎布西工厂的工人，他们在那里生产阿特拉斯电梯。维拉雷斯是卢拉在工厂的最后一份工作，而他在这里干了十八年。

从前在小金属工厂，那里的老板自己兼任经理、会计和人事主管，有时还和员工一起干活，设备不仅简陋，还都得手动操作。1966年1月29日第一天上班时，已习惯这种工作模式的卢拉看见那个生产挖掘机、起重机、地铁车厢和出口用巨型柴油发动机的世界，他瞠目结舌。有三层楼那么高的海上发动机进行测试时，连周围房子的窗玻璃都在颤动。这家公司属于有着百年历史的杜蒙特·维拉雷斯家族，家族中最著名的人物便是“航空之父”阿尔贝托·桑托斯·杜蒙特（Alberto Santos Dumont）[①]。几年后，维拉雷斯在距圣保罗二百七十公里的阿拉拉夸拉开设了一间工厂，每年可生产多达三百辆火车头。

在维拉雷斯这样规模庞大、薪资可观且从不拖欠的现代公司

① 阿尔贝托·桑托斯·杜蒙特，巴西籍飞行员，热气球及飞机设计师。他在1906年的公开飞行实验获得权威航空机构认可，有观点认为这是人类历史上的首次飞行。但考虑到同时代的莱特兄弟私下开展试飞实验的时间更早，这一点仍存在争议。

工作，简直像踏入了通往天堂的前厅。卢拉比以往任何时候都更觉得自己像个艺术家：每天将不规则的钢块打造成一个雕塑般的轴承，而这只零件将帮助一艘载重两千吨的远洋轮船航行（多年后参观工厂时，卢拉将看到，电子机器每天能生产的不是一个，而是两百个这样的零件）。

不过，卢拉过了好一段时间才开始享福。他新工作头几个月的工资几乎都用来偿还失业期间欠下的债务，这些欠款额度不大，但一笔又一笔，数量众多。作为琳杜夫人的儿子，他不能在社会上玷污自己的名声。即便还清债务后，他也不能随心所欲地花钱。一直以来，母亲都用自己特有的方式管理一向紧张的家庭财务，甚至在卢拉成为世界知名的政治人物后，这种家庭内部的原始方法依然影响着他。

每月底，母亲会将所有孩子的工资（无论正式工作还是零工）集中到一个账户里。工厂发出的工资信封，谁都不准动里面一分钱。之后，她会重新分配账户里的工资。首先支付全家的开销——杂货店、肉店、面包店、蔬菜店、药店的账单，还有水、电、煤气费。如果还有结余（并不总是如此），才会在孩子们之间分配。琳杜夫人的分配原则常让某些孩子感到不满，因为她的标准并非上交工资的比例，而是每个人的需要。多年后，已成为共和国总统的卢拉坦言，他执政期间意在消除社会不公的收入分配法则，并非来自任何经济学博士或博士后的书籍，而是源于他母亲管理一个贫困家庭收支的手段。尽管有人认为这与马克思提出的“各尽所能，各取所需”的口号近似，但实际上，这一切都源于琳杜夫人简单的家庭算术，而她从未学过读写。

琳杜夫人的分配方法很简单。如果女儿在谈恋爱，那么即使当月没有为家庭基金做贡献，她也能多拿些钱买条新裙子。男孩们如果抽烟（那时家里的女孩通常不抽烟），就能多拿到一点买烟的钱，爱热闹的孩子也能分到些钱，周六去买鸡尾酒或“自由古巴”[①]。工作地点远的孩子会拿到更多交通费。因此，某个孩子将全部工资投入琳杜夫人的基金却没拿到任何回报，或者某个孩子没有交钱却拿到了钱，这些情况都常有发生。谁都不敢抱怨，因为没人敢挑战母亲的威严。

卢拉本就不怎么花钱，所以并不抱怨这种财务安排。他唯一的爱好是踢足球，而踢球不花一分钱。为了在维拉·卡里奥卡的班古队踢一场前锋，他可以放弃一切——甚至是女友。正因为足球，他和初恋女友、日裔巴西人美智子的恋情没能发展下去。

“她是个漂亮的日本女孩，”卢拉微笑着回忆道，“但我太爱足球了，在女友和踢球之间选了踢球，所以恋情没过多久就结束了。”

除了足球，害羞是另一个原因。他和工友或球友在一起时能侃侃而谈，但一接近女孩就会结巴。只有大口喝下帕利尼亚或圣若昂·达巴拉牌的廉价白兰地之后，他才能鼓起勇气邀请女孩跳舞——母亲给的钱不够他喝德雷尔牌白兰地，这酒虽然更贵，品质却同样一般。那时的朋友们证实了卢拉与“日本小女孩”的短暂恋情，还补充了一些八卦：不是和一个女孩，而是两个——美智子

---

① “自由古巴”(cuba-libre)，即朗姆可乐，也是一种鸡尾酒。

和她的表妹澄子。他们发誓称卢拉曾同时与两人约会，而且她们都不知道他与另一人的关系。

卢拉步入成年时，制药业推出的新产品——避孕药不仅改变了节育观念，更影响了全世界的风俗习惯。大多数社会和宗教一直以来视为繁衍手段的性行为被避孕药解放出来，从此成为一种享乐方式。在那之前，十个巴西男青年中就有十个在妓女的怀抱中失去童贞。与女友发生初次性关系（即人们常说的“断奶”）的情况实属罕见，尤其因为那时贞操是女孩嫁到一个好夫家的必要美德之一。避孕药引发的“性爱革命”广为流行，甚至在反越战运动中被编成了著名的口号——“要做爱，不要作战”。多亏美国生物学家格雷戈里·平卡斯（Gregory Pincus）的发明，据说卢拉十六岁那年是与一个邻家女孩，而不是在妓院中失去了童贞，在那之后他仍和女孩保持着关系。然而后来卢拉与朋友聊天时承认，让他“断奶”的不是女友，而是圣保罗博卡多利索的一家妓院：

“我十六岁的时候第一次去那里。经人介绍，我进了安德拉达街一栋名叫‘著名69’的房子。那里淫乱堕落到了极点。我的贞操被两个七十岁的女人夺走了。”

卢拉十八岁时才体验到真正的爱情。他的心上人是玛丽亚·德卢尔德斯（Maria de Lourdes），一个漂亮、娇小、瘦弱的米纳斯吉拉斯姑娘，细眉黑眼，有着棕色皮肤、纤细的鼻子和垂肩的长发。德卢尔德斯出生于米纳斯吉拉斯州北部的蒙特克拉罗斯，她的经历与卢拉有些相似：两人都在1952年与家人坐敞篷卡车移居到了圣保罗。除了是邻居，她还是绰号“兰巴里”的工人雅辛托・里贝罗（Jacinto Ribeiro）的妹妹，而兰巴里是卢拉永远不会忘记的朋友：

“兰巴里不仅是酒桌上的同伴，还是我最好的朋友。在困难的时候，如果有两根烟，他会分给我一根。如果他口袋里有一毛钱，那么有五分是我的，五分是他的。我失业那会儿，兰巴里想尽一切办法帮我。”

德卢尔德斯当时十七岁，在达马泰克斯工厂当纺织工，这家生产地毯和地垫的工厂位于伊皮兰加区的萨科芒，几年后埃利奥波利斯贫民窟将在那里建立。当卢拉意识到自己对朋友妹妹的感情已超出普通友谊时，那狡猾的羞怯感再次袭来。他完全不知道该怎么表白，何时表白。自知无法独自摆脱情感困境，他决定……向朋友兰巴里求助。卢拉找他展开了一场结结巴巴但煞有介事的谈话，并用更正式的名字称呼好友：

“喂，雅辛托……我有点喜欢德卢尔德斯……”

“哦？那挺好啊……”

“但我不知道该怎么办……”

“嗨，当然只有一个办法啊：去找她，然后告诉她，真的是。”

“但我有点害羞……我也搞不懂……你父母会怎么说？”

“没问题的，兄弟。去找她，说出来。下次跳舞的时候，你找德卢尔德斯一起跳，然后跟她表白。”

舞会的日子没过多久就到了，但勇气还没到。喝了一口帕利尼亚白兰地后，他似乎鼓起了勇气。舞曲集第一面的前奏响起时（黑胶唱片每面的舞曲有三十分钟），卢拉穿过舞厅，邀请德卢尔德斯跳舞。他们聊了些琐事，但第一面舞曲结束时，他甚至没能说出“恋爱”这个词。趁着中场休息，卢拉跑去酒吧，又点了一杯白兰地，然后在播放第二面舞曲时再次邀请她跳舞。他们起舞，聊了些好玩的事情，但关于恋爱什么也没说。直到播放到第四面（对应着第四杯白兰地）的时候，他才鼓起勇气表白。他向德卢尔德斯求爱，她答应了。经她父母同意，两人短短几个月后便正式订婚，右手戴上了婚戒。

在与德卢尔德斯订婚后的两年间，命运将卢拉从工厂推向了另一条他将持守一生的道路：工人运动。在这场蜕变中，最重要的推手无疑是他的哥哥——因为秃顶，大家都叫他“修士希科”，而不再用家中的昵称“齐扎”。当时卢拉的绰号还是“巴伊亚人”（这是一些南方人对所有东北人的蔑称）或“塔图拉纳”。一名工厂同事给他起了这个绰号，因为他怀疑卢拉在上班前不仅喝了点小酒，还抽了大麻，他那发红的眼眶便是明证：

“那可不是劣质大麻，”工友说道，“这家伙抽的是好货，抽的是塔图拉纳，市面上最烈的大麻。”

事实并非如此，眼睛发红是由过敏引起的。卢拉从未吸过毒，但这个绰号大家叫了好几年。

在维拉雷斯工作了几个月之后，卢拉建议“修士希科”应聘厂里空出的一个焊工职位。“修士希科”当时失业，他是个实习车床工人，但已经做过发动机修理工、货运助手和焊工。维拉雷斯不允许兄弟在一家企业工作，但由于两人姓氏不同（卢拉是“伊纳西奥·达席尔瓦”，而他哥哥是“费雷拉·德梅洛”），人事部门没能发现,“修士希科”成功入职。卢拉干夜班,他哥哥干白班,所以两人在工厂很少碰面。与瘦弱的弟弟不同,“修士希科”有着发达的肌肉和强烈的政治意识,自1964年军事政变以来一直参与工会活动。

“修士希科”多次尝试说服卢拉加入工会,但始终未果。他们在家中或酒吧小酌甘蔗酒时的对话总是一模一样:

“你应该去了解下工会,参加一次集会看看。”

“我不去,那儿全是贼。”

“至少去看看吧。如果不喜欢就不去了。”

“我不去。我看见警察发的恐怖分子通缉令上,很多人都和工会有牵连。”

“不,卢拉,你搞错了。这些人很好,没有谁是坏人。那些被通缉的都是好人,他们在努力推翻军事独裁。”

在政府经济政策引发的失业浪潮中,“修士希科”被维拉雷斯解雇了。卢拉幸运地逃过了裁员,不过“修士希科”也没有失业太久。他后来在南圣卡埃塔诺的一家中型金属厂卡拉索找了份车工工作,这间工厂为美国威利斯·奥弗兰德公司在巴西组装的吉普车和德国小奇迹汽车公司的轿车制造钢顶。

1968年底,圣贝尔纳多·多坎普金属工人工会开始准备次年年初的干部换届选举。按照行业领袖达成的协议,这次换届实行等额选举,资深工会活动家保罗·维达尔(Paulo Vidal)将接任阿方索·蒙泰罗(Afonso Monteiro)的工会主席一职,同时选拔一些新面孔。虽然大家一致认为“修士希科”适合担任工会干部,但他所在的工厂已有一名工人入选预备名单。对于卡拉索这样一家中型企业来说，从中选取两名干部显然不合适；另一边，拥有上千名工人的维拉雷斯却连一名工会干部都没有。这时，“修士希科”提出了一条将会改变卢拉乃至整个巴西命运的简短提议：

“我弟弟是维拉雷斯的车工，但不知道他愿不愿意加入工会。”

卢拉回忆道：

“‘修士希科’是个积极分子，是天天去工会、一日三餐连咖啡都在工会吃喝的那种人。我们家其他人都讨厌工会，觉得工会里只有贼，干部都是贼，那群人全是混蛋——很多工人今天依然这么觉得。大家都觉得我哥哥傻，才天天往工会跑。家里人总因为这件事吵架……开家庭会议，或者大家去酒吧喝点小酒的时候，他一开口就是‘因为工会’如何如何，我们一听就不乐意，都骂他，因为我们不想知道工会的事情。”

正如“修士希科”担心的那样，卢拉不愿意加入工会。他很坦诚，表示自己害怕参加工会活动，他和大多数同事一样，都将工会与颠覆活动、监禁和酷刑联系在一起。“修士希科”再次强调说，没有任何地下组织在幕后操控工会运动——这的确是事实，最后卢拉请哥哥给他几天时间考虑。

卢拉将工会邀约第一个告诉了未婚妻。虽然不理解也不关心政治，但她说不喜欢这个主意。和卢拉一样，德卢尔德斯也觉得这是在冒险，看看报纸和电视上那些被捕的工会干部就知道了。两人的谈话无果而终。两天后再次见面时，他们又重新提起这个话题。如果说德卢尔德斯之前还有些犹豫，那这次她显然已经坚定了立场：

“卢拉，他们邀请你当工会干部的事情，我跟工厂里的人说了。”

卢拉微笑着，想听听达马泰克斯的同事们怎么说。她直截了当地回答：

“经理叫你不要掺和这些事情。大家都说，当工会干部就成了共产党。那些人会把你抓起来，你就永远找不到工作了！”

没等他喘口气，德卢尔德斯继续说道：

“还有，如果你接受工会的邀请，就别想结婚。你自己选吧：如果选工会，那我就等你干部任期结束，三年之后再结婚。”

然而在与未婚妻的两次见面之间，卢拉已经被“修士希科”拉着去见了工会领导——即将卸任的主席阿方索·蒙泰罗、新一届主席候选人保罗·维达尔和另一位干部马里奥·拉德亚（Mário Ladeia）。卢拉和维达尔、拉德亚聊得投机，但对现任主席“印象不好”。

“有只被车轧伤的小狗是工会里的吉祥物，蒙泰罗对我的关注还不如对那只狗多。”他向朋友们抱怨道。

但这并不妨碍会议圆满结束。最终，四人决定让卢拉以候补身份加入维达尔领衔的候选名单，这个方案化解了德卢尔德斯的担忧，也能够保证婚礼照常举行——毕竟他不是正式干部，只是候补成员。但对卢拉来说，有一点不好。作为非正式工会干部，他没有带薪脱产的权利，也不能按照法律规定，任期结束后在维拉雷斯享受一年的解雇保护期。

再与德卢尔德斯见面时，卢拉用候补的说法糊弄了过去，并当即确定了婚礼日期。他们在日历上选择了5月25日，即“新娘之月”的最后一个星期天。接下来的几个月时间飞速流逝，除了婚礼前所有烦琐的准备工作，如领证、发布公告、布置房子、预定教堂、预备小型宴会之外，卢拉还必须履行工会选举前的程序。虽然等额选举没有败选的风险，但候选人还是要在工厂门口站岗，向选民发传单，与选民握手，做自我介绍。最重要的是，确保大家在选举日那天到场，因为工会选举投票并非强制要求。

订婚意味着承诺，但没有改变周一到周五家和工厂两点一线的日常生活，以及周六、周日在未来的岳母埃尔米尼亚夫人（dona Hermínia）监督下的小舞会。聚会的几乎总是同一帮人：卢拉，朋友托尼尼奥和泽齐尼奥，日裔情侣奥拉沃和基瓦，大舅子兰巴里（他还对卢拉的小妹露丝有意），当然还有卢拉的未婚妻。唱片机的曲目也没有太大变化：不是雷·康尼夫（Ray Conniff）、罗伯托·卡洛斯，就是“波莱罗之王”卡洛斯·阿尔贝托。那只是再普通不过的家庭聚会，有零食、汽水，但没有酒精饮料。

4月19日星期六这天，卢拉每周惯常的活动被迫暂停一次，因为保罗·维达尔领导的干部团队接管了工会。新领导班子在工会现址安顿下来，但由于总部过于简陋，换届仪式和随后的鸡尾酒会只能借用市政府公务员协会的体育馆举行。维达尔当选并不出人意料，也没有新闻价值，因此如《圣保罗州报》《圣保罗页报》《环球报》，还有《巴西日报》（*Jornal do Brasil*）等大型报社根本没有报道此事。它们报道的焦点集中在法国参议院改革公投和巴勒斯坦领袖亚西尔·阿拉法特（Yasser Arafat）身上，后者尝试将巴勒斯坦解放运动（OLP）中的多方势力团结在法塔赫（Al-Fatah）周围，并缓和与黎巴嫩的关系。这是卢拉成为巴西总统漫长征途的起点，但即使在当地报道工会运动的重要报纸《大ABC地区日报》（*Diário do Grande ABC*）上，领导层换届也没受到多少重视。报纸某页角落的三段文字报道了此事，但没有照片。卢拉的名字淹没在文章末段中，他在二十五名正式和候补干部的名单中排在第十九位。

周六晚间祥和欢快的气氛与工会之外的政治压迫及暴行判若云泥。1968年12月，独裁政府颁布了第五制度法案（AI-5）[①]，手握这把尖刀的共和国总统科斯塔-席尔瓦（Costa e Silva）元帅已经撤销了来自不同党派的共九十四名政治家的议会席位，并剥夺其十年政治权利。为确保最高法院无条件支持政府的专断行为，科斯塔-席尔瓦强行辞退了米纳斯吉拉斯州的安东尼奥·卡洛斯·拉法耶特·德安德拉达（Antônio Carlos Lafayette de Andrada）和安东尼奥·贡萨尔维斯·德奥利韦拉（Antônio Gonçalves de Oliveira）法官，并将最高法院法官数从十六人削减至十一人。工人也没能逃过这场大清洗。自1964年以来，政府总共取缔了483个工会、49个联合会和4个联盟。组织瓦解后，核心

① 第五制度法案（Ato Institucional número 5）是巴西军事独裁时期的重要法案，规定解散议会、撤销宪法赋予的公民权、设立审查制度等等。第五制度法案的颁布标志着军队内强硬派占据上风，高压统治进一步强化，20世纪60年代末至70年代初这段时期也因此得名“铅灰时代”（Anos de Chumbo）。直到1974年盖泽尔上台，巴西政府才开始实行缓慢的政治开放措施。

干部或是入狱、流亡，或是转入地下。即便如此，为防止某些大胆的工人继续活动，科斯塔-席尔瓦在圣贝尔纳多的卢拉团队当选三周前又颁布了另一项制度法案，规定所谓的“危害国家安全罪”将交由军事法庭，而非最高法院审判。为保罗·维达尔上任而欢庆的工人或许还不知情，但事实就是，ABC地区即将爆发的罢工正是法案设定的危害国家安全罪之一。

不过，卢拉的心思却在别处。工会生活开始一个月之后，5月23日星期五，他和德卢尔德斯向各自上司请假早退，在圣贝尔纳多的一个公证处举办了民事婚礼。在另外四人的见证下（这是法律规定的最低人数），民事法官为他们主持了简单的仪式。新婚夫妇打扮得很得体：德卢尔德斯扎着环形发髻，身穿黑色开襟长大衣，卢拉则刮了胡子、剪了头发，穿着一件崭新的灰色四扣西装、白色衬衫，打着灰色领带。为了铭记这一天，他们又召集六个朋友到新娘家，就着小吃喝了些啤酒。深夜时分众人道别，卢拉决定留下来——他要和德卢尔德斯共度新婚之夜，开启两人的蜜月，毕竟他们已经结为夫妻了。但埃尔米尼亚夫人立即否决了这一大胆的想法：只有去教堂办完婚礼之后，两人才可以同房。卢拉还想争辩，他拿着结婚证说：“我们已经是合法夫妻了，您看看这个！”但琳杜夫人也和亲家一样表示反对，这样便没了讨论的余地。在举行宗教婚礼前，两人各回各家睡觉。

周日下午，天色渐暗，德卢尔德斯乘坐一辆闪亮的灰色流线威利斯（Aero-Willys）轿车到达圣母怜悯教堂。那是当时巴西生产的最昂贵典雅的汽车，是一名工友给安排的。新娘身穿白色婚纱，头上戴着丝绸小花点缀的头冠，拖着长长的薄纱。卢拉也不逊色：他身穿另一套崭新的藏青色西装，打着银色领带，原本卷曲的头发用发蜡梳得整整齐齐，和在民事婚礼上一样。

在民事和宗教两场婚礼的照片中，新婚夫妇都显得紧张不安。只有在教堂门口，卢拉庄重地伸出手迎接德卢尔德斯的那一刻，镜头才捕捉到了唯一一抹微笑。典礼的最后一幕是卢拉亲吻新娘的额头，随后众人前往位于维拉·保利塞亚雅巴瓜拉街的琳杜夫人家庆祝。卢拉的母亲和岳母负责准备小吃、三明治、炸土豆和蛋糕，新郎则负责准备饮料。卢拉还记得当时家境十分窘迫，他们必须提前算好有多少孩子参加，然后只为每个小孩买上一瓶瓜拉纳①。

婚礼结束后，新婚夫妇乘夜班车前往米纳斯吉拉斯州南部的矿泉疗养胜地波苏斯·德卡尔达斯，共度六天蜜月。新郎坐在长途车上最差的位置，半侧着身，对面就是卫生间。众人离家前往车站送行时泪水涟涟。那是二十三岁的卢拉第一次离开家人过夜。在波苏斯，他们体验了传统的新婚旅行，向“爱之泉”中投掷硬币，乘马车游览城市，坐船用面包糠投喂天鹅——他们从乡村俱乐部租来的船只，造型酷似威尼斯的贡多拉船。一周后，两人回到单身时居住的同一城区，在雅巴瓜拉街的一间一居室小屋开始了新婚生活。房子是用国家住房银行（BNH）的贷款买来的，那是一家发放长期不动产贷款的国有机构。

---

① 瓜拉纳（guaraná），巴西国民汽水饮料，得名自原产于巴西的瓜拉纳果。

第十一章

“大夫，我知道。我们的孩子在她肚子里就死了。”
“坚强点，路易斯先生，情况比这更糟。
您的妻子德卢尔德斯也过世了。”

卢拉的生活正在经历一场蜕变。尽管最初有些不情愿，他最终还是爱上了这场运动和工会里的人来人往。虽然从未考虑过全职投身工会运动，但在那些曾让他无比厌烦的集会中，卢拉渐渐成了常客。随着时间推移，他的啤酒、烤肉派对，甚至周末在班古队踢球的次数都越来越少。他空闲的时间都献给了工会。无须信奉共产主义的哥哥向他灌输教条理论，卢拉留心观察，自己便认识到了工会在工人生活中的重要性。工会不仅是以医疗协议等方式为会员提供社会救济、弥补公共医疗服务缺失的庇护所；它在卢拉眼中慢慢变成了一个家，一座保护工人权利的前哨站，他在其中感到无比安全。

保罗·维达尔既不是左翼人士，也不是内奸工贼，以他为首的新一届领导班子表现突出，带领工会脱离了前几任领导管理下死气沉沉的状态。新团队首先采取的一项措施是切断与圣保罗州金属工人联合会（Federação dos Metalúrgicos do Estado de São Paulo）之间的联系。州工人联合会由阿尔热乌・埃吉迪奥・多斯桑托斯（Argeu Egídio dos Santos）领导，此人是激进工会干部眼中的大工贼。脱离阿尔热乌的控制后，ABC地区的金属工人寻找法律灰色地带，成功绕过了劳动法院的阻碍。从那以后，工人便可以直接与汽车工业的老板展开工资谈判。工会扩大了群众基础，在天主教会的基督徒底层团体（CEBs）[①]的帮助下吸纳了成千上万名会员。基督徒底层团体于1979年1月在墨西哥普埃布拉的第三届拉丁美洲主教会议上正式得到承认，教宗若望・保禄二世也出席了这次会议。在维达尔的首个任期结束之前（他于1972年连任），入会工人比例从20%上升到50%，工会向企业主和政府施压的能力也随之增强。

尽管担任的职务在纸面上无关紧要（财务委员会候补委员），卢拉仍然积极参与工会生活。他密切关注法律援助和解除工作合同的批准程序，并热心支持职业培训项目。在许多这样的课程中，学员入学时还是工厂里等级最低的“基层工人”，毕业后便能直接进入工具制造车间——职业生涯的巅峰和精英聚集地，那里汇集了像卢拉这样的车床工人、初级领班，还有工具制造工、维护技工和修理工。工厂里只有监工的地位在他们之上。在发表于《联合

① 基督徒底层团体（Comunidades eclesiais de base），指由天主教会底层穷人信众组成的、规模约15—25人的小团体，主要活动是阅读《圣经》并借此反思现状、在团体中互帮互助。基督徒底层团体出现于20世纪60年代，1980年前后数量达到巅峰，巴西全国的活跃团体约有八万个。

国教科文组织/圣保罗卫理公会大学传播年鉴》(*Anuário Unesco/Metodista de Comunicação*)的学术论文中，安东尼奥·德安德拉德(Antonio de Andrade)教授总结了维达尔团队接任后发生的变化：

> 新的工会领导努力为工人提供信息和支持，解决了与他们日常生活息息相关的基本问题。因此，工会经由各工厂内的宣传活动加强自身力量，培养了新一代对参与政治和工会组织感兴趣的工人群体。变化带来的直接成果是，工会开始不断开设课程，举行会谈、讲座和集会，目的在于引导工人讨论他们的诉求、工作中的困难，并提出行动建议。

工会面貌很快焕然一新。除了严格的职业培训课程和娱乐活动，领导团体还为会员安排了政治和基础经济学研讨会，甚至还提供成人进修课程。这是政府创建的一种教育模式，后来更名为补充性课程。经过一年集中学习，持有初中文凭的学生可以连跳三级，直接获得报考大学的资格。在与对手的辩论和谈判中，卢拉凭借富有调和力与吸引力的态度在工人干部中脱颖而出，不仅在ABC地区，甚至在整个圣保罗工业区都出了名。卢拉看似脾气不好，但其实面对企业主和对手时彬彬有礼。他在工会初期的演讲才能并不出众——可以说恰恰相反。

多年后的卢拉以吸引无数听众的演讲而著称，但在二十三岁时，那个穿着印花衬衫、留着黑色八字胡的车床工人，一见到麦克风和观众就会发抖。

“我当时太害羞了，集会上只要听到有人提我的名字，我就会脸红。”很多年之后，卢拉还是经常回忆起那时的样子。

在活动或集会上，每当轮到卢拉发言时，他都会紧张得冒汗。为了克服恐惧，他偷偷开创了一套可称为“卢拉演讲法”的窍门。他从旧报纸和杂志上剪下许多陌生人的照片，一一贴在卧室墙上，然后关上门练习演讲。听见他不停对着那些印在泛黄报纸上的幽灵观众高声演说的人，一定会以为他是个彻头彻尾的疯子。2018年，卢拉被关押在库里蒂巴期间曾向德国《明镜周刊》(*Der Spiegel*)透露，他感到非常孤独时也会借用这种方法：把照片贴在牢房的墙上，然后与它们“交谈”。

生活一帆风顺。在与朋友和家人的聊天中，卢拉详细讲解着自己加工远洋轮船零件的手艺。工会活动激动人心，在维拉雷斯的工作令他自豪。蜜月似乎也永无止境。夫妻俩的工资让他们能够实现恋爱之初的梦想：养育一个孩子。1970年10月，他们组建家庭的尝试有了结果，德卢尔德斯告诉丈夫她怀孕了。

每天正常工作，德卢尔德斯在孕期一切正常。夫妻二人享受着工会高效的医疗服务，已经在为预计于1971年7月中旬出生的宝宝置备婴儿用品。然而6月4日周五这天，德卢尔德斯醒来时脸色苍白，说肚子很痛，眼睛也昏黄无神。卢拉预约了工会医生，但德卢尔德斯觉得没什么大不了，所以没去看医生。周六下班回家吃午饭时，卢拉得知她那天又没去看医生，她以需要加班补贴家用为由再次爽约，这让卢拉非常生气。

“她能一天到晚连着干活，就为多挣那一点钱。”卢拉回忆道。

德卢尔德斯被紧急送往ABC地区和圣保罗市交界处的模范医院的急诊室，这家医院与维拉雷斯有合作关系。她被诊断为胎儿肝脏发育不良引起的早期黄疸，而医生和护士表示，这种机能失调将在一周内逐渐好转。这番解释没能让丈夫放心，因为德卢尔德斯的疼痛越发剧烈。卢拉觉得让她住院更加安全妥当。第二天，他接到了妻子流产的消息。卢拉赶到医院时痛哭流涕，和值班医生的对话只有短短几句：

“路易斯先生，您得坚强点。我有个坏消息要告诉您。”

他泪流满面，抽泣着回答说：

“大夫，我知道。德卢尔德斯流产了，我们的孩子在她肚子里就死了。”

医生握住他的胳膊：

“不，路易斯先生，情况比这更糟。您的妻子刚刚也过世了。”

卢拉崩溃了，陪伴他的朋友们连忙上去搀扶。他怀中为宝宝准备的衣服，和胎儿一起被埋进了坟墓。

无可挽回的伤痛让卢拉变成了一具行尸走肉，他躲在角落里，不愿见亲人朋友，任何令他想起德卢尔德斯的画面、场景或者音乐片段，都足以让灵魂堕入深深的抑郁。他曾考虑过独居，但悲伤过于沉重，他最终还是回到了母亲家。足球、电影、啤酒派对，什么都没法将他拉出深渊。新女友？想都别想。一连几个月，当察觉到身边女孩投来有意的目光时，他都会低下头，绕路而行。

随着时间一点点流逝，生活才慢慢重回正轨。卢拉终于重燃了对足球的热情，周末又开始为他和哥哥瓦瓦在维拉·卡里奥卡创建的卡皮巴里贝队效力。对圣保罗人来说，这队名可能有些奇怪，而对他们这样的伯南布哥孩子来说却再熟悉不过：卡皮巴里贝河是一条流经他们家乡的湍急河流，横贯州府累西腓，让这座城市获得了“美洲威尼斯”的美誉。身穿与真正的“卡皮巴里贝水手队”相同的红色球衣，这支队伍绝不会让人失望。达席尔瓦家的三个孩子是球队主力，卢拉踢右中场，“修士希科”踢中后卫。瓦瓦右手部分萎缩，但这并未妨碍他成为球队的金牌守门员。瓦瓦在一家纺织厂工作时，为了救同事，右手三根手指坏死。当时一名女工的头发缠上了电动织机，差点把整个脑袋都卷进齿轮里。瓦瓦本能地伸手逼停机器，救了同事一命，但余生也失去了那三根手指。

足球、工厂、周末闲谈与繁忙的工会事务渐渐将卢拉从丧妻的阴影中拉了出来。对因德卢尔德斯悲惨离世而完全抛之脑后的恋爱，他也重新提起了兴趣。不过从前花在家庭上的时间，他现在全部献给了工会。那里设施简陋，但还是成为他和同事们聚在一起参加课程、展开工资谈判和政治辩论，以及下班后聊天的场所。虽然卢拉只是个位列干部名单末尾、默默无闻的候补委员，但三年的不懈努力让大家在1972年换届选举中理所当然地一致推举他担任秘书长——仅次于工会主席的最高职位。这一届竞选名单中，已经能看到不少日后与他一同展开罢工、对抗企业老板的同事：鲁本斯·“鲁邦”·特奥多罗·达席尔瓦（Rubens “Rubão” Teodoro da Silva）、内尔松·坎帕尼奥洛（Nelson Campanholo）、安特诺尔·比奥尔卡蒂（Antenor Biolcatti）、德瓦尼尔·里贝罗（Devanir Ribeiro）和贾尔马·博姆（Djalma Bom）。留着八字胡的贾尔马不仅是积极勇敢的工会活动家，还是当时公认堪比广播和电视明星的波莱罗歌手。

1971年和1972年之交，福特公司的几名工人来找卢拉——福特在收购了拥有吉普车等生产线的威利斯·奥弗兰德公司巴西分部后，也成为行业巨头之一。几人向卢拉提出一条诱人的建议。2月即将举行工会干部换届选举，而秘书长的位置已经配不上卢拉的声望了。福特工人建议他与谋求连任的保罗·维达尔分道扬镳，代表福特-威利斯公司内部组建的一个反对派团队竞选主席。更有诱惑力的是：这一阵营得到了共产党和所有相关工人的正式支持，他哥哥“修士希科”也是其中一员。“修士希科”当时还在南圣卡埃塔诺工作，但他坚决服从纪律，为蓝色阵营公开宣传，与维达尔领导的绿色阵营竞争。卢拉嗅到了背叛的气息，便拒绝了他们。

“不了，”他说，“我要留在我的团队里。”

他做得没错。投票箱打开后，维达尔-卢拉阵营斩获4 814票，而由福特-威利斯的卢西亚诺·加西亚·加拉切（Luciano Garcia Galache）领导的反对派阵营获得3 389票。

当选正式干部后，卢拉依法豁免了在维拉雷斯的生产工作。除了拥有一间自己的办公室外，还有两位顶级律师担任常驻顾问：后来成为众议员、三次当选圣贝尔纳多市长的毛里西奥·苏亚雷斯（Maurício Soares），还有似乎和共产党有联系的记者、诗人波西多尼奥·桑帕约（Possidônio Sampaio）。后来加入团队的还有劳动法律师阿尔米尔·帕齐亚诺托·平托（Almir Pazzianotto Pinto），巴西再民主化①后，他曾担任劳工部部长和高等劳动法院（TST）院长。在工会中，秘书处的功能类似于市政府。所有社会保障和帮扶基金相关事务，以及与工龄或伤残退休有关的申请都由卢拉处理，向金属工人提供的协议与服务也都归他管理。甚至，当某一会员想给自家房屋修建附间或者加高一层时，如果通过工会向市政府递交申请，审批效率也会更高。此外，新任领导班子的一项重要承诺是新建工会总部，这座巨型建筑将取代之前仅有三间屋子的工会小楼。不同于政客和工贼的做法，他们于竞选期间许下的承诺一定会在下次选举之前兑现。

鉴于主席保罗·维达尔无法兼顾所有事务，卢拉开始代表工会走访巴西各地，并在与其他工人群体的会议和辩论中践行“巴西新工会主义”——这是后来媒体的叫法。但它究竟新在哪里？这一时期工会开始发行的一份仅六页的月刊，或许是ABC地区劳资关系深刻变化的最佳体现。那时的简报都是零星发布的，而且在工厂门口分发简报也不是件容易事。简报一般只会在工资谈判期间、财务报告和资金补充集会上分发，当然还有三年一次的选举期间。

由资深记者安东尼奥·卡洛斯·费利什·努内斯（Antônio

① 再民主化（redemocratização），指巴西军事独裁时期逐渐恢复民主、军人还政于民的过程，一般认为始于1979年菲格雷多总统颁布大赦法案，终于1985年军人总统下台。也有观点认为再民主化的结束时间是1988年宪法的颁布。

Carlos Félix Nunes）编辑的《金属工人论坛》（*Tribuna Metalúrgica*）并不只是一份宣传救济活动的简报。这份大胆而幽默的小报从一开始就打破了“工会是政府合作机构”的法律成规。《金属工人论坛》绕过了许多传统阻碍——工会联盟及其光鲜亮丽的领导人、陈旧的劳动法和独裁政权调整工资的铁腕政策，让工人能直接面对企业主。小报每月都会公开工会覆盖区域内各工厂的平均工资，并将其与定期更新的二十八种基本食品价格变动表做比较。小报还将矛头对准了一家跨国巨头：“奔驰公司给员工涨薪的幅度绝不超过政府规定一分一毫，却给自己的董事会成员增加了50%的薪酬，公司董事的月薪甚至提高了121%。”

这类刺痛企业主的言论往往出自“若昂·费拉多”（João Ferrador）[①]之口，那是由费利什·努内斯构思、年轻插画家拉埃特（Laerte）绘制的漫画角色。拉埃特积极参与工会运动，虽然那时只有二十岁，却已经是共产党内的积极分子，以代号“毛里西奥”活动。几十年后，拉埃特成为巴西最著名的漫画家之一，他以变性身份和女装行为震惊了党内的一些老朋友。他创造的第一个著名角色——小人“若昂·费拉多”，成了未来几年ABC地区罢工运动的象征。“若昂·费拉多”脾气很差，总在早晨工厂门口分发的传单上叫嚷着：“今天我心情不好！”

工会在《金属工人论坛》上公布的数字和百分比数据出自跨工会社会经济统计研究所（Dieese）。卢拉开始引用这些数据时，

① “费拉多”意为“钉马掌匠”。

研究所的领导是军政府的一个死敌，来自桑托斯金属工人工会、担任共产党地区干部的化学家马塞洛·加托（Marcelo Gato）。他代表巴西民主运动（MDB）[①]当选联邦众议员，但在1976年被盖泽尔总统剥夺了职务。

在阴谋论者看来，事实已昭然若揭。如此多的共产主义者（他们都是亲苏联的巴西的共产党成员）围绕工会大胆开展活动，这无疑证明了“大党”已正式且有机地渗入了新的工会领导班子。工会中最引人注目和广受欢迎的人物卢拉，是资深共产党员“修士希科”的弟弟，似乎更加坐实了这种怀疑。

但他们完全错了。

很难说是谁最先发现了卢拉吸引听众的禀赋：独裁政权还是共产党？据说他在警察局最早的记录（当时他还只叫路易斯·伊纳西奥·达席尔瓦）就是在工会时期留下的。他的名字和一众普通人出现在一份档案中，原因是参加了一场没什么影响的罢工。这不是案底，只是一条记录而已。

也是在这一时期，长期通过“修士希科”关注卢拉的巴共决定采取行动。尽管“修士希科”一直积极指导弟弟，但从未劝说他加入那时仍由路易斯·卡洛斯·普雷斯特斯领导的、巴西历史最悠久的政党。为了争取这位前途无量之人，共产党派出了一名入党多年的“黑衣人”（指代高层干部的行话）——代号“伊沃”

---

① 巴西军事独裁时期唯一的反对党，但只是名义上的反对党，没有执政机会。拥护军事独裁的执政党是全国革新联盟（Arena）。

的商船船长兼远航指挥官埃米利奥·邦凡特·德马里亚（Emílio Bonfante Demaria）。这位从十七岁起就活跃在党内、如今已年近六旬的党员因领导全国海员罢工而在1964年政变中被免职。他从里约热内卢前往ABC地区，任务是要争取这位在圣保罗崭露头角、年轻而有魅力的群众领袖。

经“修士希科”牵线，两人在圣贝尔纳多母教堂广场会面。他们像不认识彼此一样，并排坐在公共花园的长椅上，德马里亚假装在看体育报，同时低声劝诱这位金属工人加入共产党。卢拉很不喜欢这种“廉价电影里的场景”，没聊几句便离开了。回家后他责备哥哥：

“希科，以后你要是想让我和别人谈话，让他到工会去找我。我没什么可隐瞒的，也不需要在公共场合做这种可笑的事情。在街上说的话，我在工会里一样会说，我不搞什么秘密谈话。”

几个月后的1975年初，德马里亚与“修士希科”在特遣队地牢里再次相遇，两人都在一次针对共产党的突袭行动中被捕并遭受酷刑。卢拉小心谨慎，避免卷入地下组织，这是经过深思熟虑的决定：唯有保持政治独立，才能有对抗企业主和政府的条件。他从未表达任何反共立场或发表相关言论，也从没有尝试劝说哥哥退出共产党。相反，工会领导班子中至少有两名同事是共产党员，他对此一点也不反对。然而，当他发现一些极左翼小型组织在ABC地区的工厂中安插“工人”意图接近他时，他会以呵斥或讥讽来赶走这些渗透者。

“我只要一握手，就能分辨出对方是真工人还是大学生，”多年后他笑着回忆道，“皮肤太光滑的手会让我起疑心。”

卢拉不愿与任何地下组织有来往。

他关心的主要问题和ABC地区大多数人一样：工资。受部分意大利移民启发，巴西人自20世纪初开始组织工会以来，诉求几乎总集中于同一个目标：维持雇主支付工资的实际购买力。工人俱乐部通宵达旦的讨论指向一个共同的怀疑：物价涨得比工资快，工人的生活水平不断下降。然而只有政府提供的数据算数，工人们对此无从反驳。

对于官方所提供的物价数据的怀疑一直持续到儒塞利诺·库比契克（Juscelino Kubitschek）①政府初期，那时圣保罗的工会联合起来，创建了跨工会社会经济统计研究所。这一机构的主要目的是开展研究，为工人的诉求提供依据，将可疑的官方数据与实际数据进行对比。政府的暗中操纵从未停止，但想要愚弄工会的确越来越困难了。

从前，ABC地区的金属工人是全体工人阶级中公认薪酬最高的群体，如今他们也陷入了困境。这里曾经令人歆羡的工资在逐渐缩水。1973年，阿拉伯国家将石油价格提高400%以制裁“赎罪日战争”中美国对以色列的支持，所谓的“巴西奇迹”顷刻破产，通货膨胀再次高企。研究所跟踪了大众消费量最大的几类食品的价格波动，并在《金属工人论坛》上发布了调查结果。真实的统

---

① 库比契克于1956—1961年担任巴西总统，是发展主义政策的代表人物，任内巴西经济高速发展。新都巴西利亚在库比契克任内落成（1960年）。

计数字显示，某些食品（如面食和蔬菜）的价格上涨幅度竟然达到170%——这意味着通胀率高达37.8%，超过官方所称的15.7%两倍还多。也就是说，政府捏造了通胀数据，以此维持更低的工资水平。

汽车工业大亨坚称《金属工人论坛》发布的数据造假。然而，后来世界银行调查往年数据时证实了工人们长久以来揭露的情况，“研究所的谎言”变成了事实。真实的数据与共产党员马塞洛·加托报告的一致。在研究所所长瓦尔特·巴雷利（Walter Barelli）的领导下，一个由奥克塔维奥·伊安尼（Octavio Ianni）、莱尼娜·波梅兰兹（Lenina Pomeranz）、阿齐斯·西芒（Azis Simão）、若泽·德索萨·罗德里格斯（José de Souza Rodrigues）和阿内兹·安德劳斯·特罗亚诺（Annez Andraus Troyano）等经济学家和学者组建的工作团队发现，那位“经济奇迹之父”德尔芬·内托（Delfim Netto）在巴西地理统计研究所（IBGE）的档案中篡改了官方数据，以此蒙骗工人。

“我们很幸运，在巴西利亚劳动部地下室里找到了IBGE篡改过的数据的出版物，”巴雷利透露，“这份工作很艰难。准确来说不是艰难，而是烦琐。最后，我和阿内兹·安德劳斯·特罗亚诺揭开了整个骗局。是德尔芬的团队篡改了指数。然后争斗就开始了。”

用于隐藏实际通胀数据的魔力配方，不过是简单而纯粹地篡改价格指数而已。具体操作人们不得而知，自第五制度法案颁布以来，这些数据都成了保密信息。政府的欺骗行径为德尔芬增添了一句名言（“当无法解决通胀时，就把计量通胀的指数解决掉”），也让工会成员重新提起了一个已经很少使用的术语——“补偿”（reposição）。这不是复杂的经济学理论，也不是莫斯科策划的阴谋，而只是简单的算术：37.8 － 15.7=22.1。综合历年数据，这22.1%就变成了34.1%——由于政府设下的骗局，老板一共欠了工人这么多工资。卢拉抓住补偿这个话题，直到1980年罢工才不再提起这件事，因为那时工资补偿已被纳入了工人与雇主谈判的正式议题之中。ABC地区金属工人工会1972年初的争取工资运动（campanha salarial）是最后一届诉求清单中没有“补偿”字眼的运动，因为骗局那时还没有曝光。

但关于斗争的形式，大家并没有统一意见，金属工人内部产生了分歧。卢拉和ABC的工人们不相信独裁政府能持守司法公正，所以主张开展罢工和集会，把刀架在企业主脖子上，迫使他们偿还工资。而全国最大的工会——圣保罗和莫吉·达斯克鲁泽斯金属工人工会主席若阿金·多斯桑托斯·安德拉德（Joaquim dos Santos Andrade）持不同意见。“老若阿金”一向被认为是对企业主俯首帖耳的工贼（时间将证明人们错怪了他），他主张采用更体面、平和的方式，即通过司法途径解决问题。拥有标志性的墨西哥式大八字胡的“老若阿金”无论如何都不会轻言放弃——他能连续二十一年担任工会主席也绝非出于偶然。在这场争斗中，他胜过了卢拉。1977年12月，联邦法院判决圣保罗工会胜诉，要求企业向金属工人补偿34.1%的薪资；而与此同时，ABC地区的工人只能通过罢工后一场接一场的工资谈判来要求结清欠款。受研究所调查启发，圣保罗大学经济研究所基金会(Fipe)改进了自身研究和指标编制的方法。

在丧亲的阴影中，卢拉继续为争取薪资补偿和雇主-雇员间自由谈判而努力。在这一时期，他受工会律师毛里西奥·苏亚雷斯(未来的圣贝尔纳多市长)的吸引，加入了当时非常流行的宗教运动——“基督活力运动”(Cursilhos de Cristandade)。这一运动兴起于20世纪40年代的西班牙，最初目的是培养青年基督徒、预备前往圣地亚哥朝圣，后来发展出自身特质，演变为全球性的基督教福音运动。卢拉仿佛抓住了救命稻草：

“我当时整个人很沮丧，于是抓住这个新奇事物寻求安慰，”他回忆道，“早、午、晚餐前后我都会祷告，睡前还会低声唱一首基督教赞美诗。”

“修士希科”从中嗅到了宗教原教旨主义气息，他小心翼翼地将弟弟叫到一旁：“卢拉，再这样下去你会发狂的。你一醒来就祷告，一整天都在感谢上帝。我一进屋就看你跪在床边，再回来你还是跪着。好像你连放个屁都要感谢上帝似的！别这样了，老弟，去放松一下，踢踢足球，谈谈恋爱。”

卢拉也渐渐发觉自己似乎被洗脑了。他发现自己没能变成一个好基督徒，反倒成了虔诚的迷信者，不再关注生活，每天一门心思想着基督活力运动。而且，将那些摆出一副好基督徒模样的布道者在每周课程中宣讲的内容与他们的实际生活对比时，卢拉发现他们“不过是一群骗子”：

“他们总说别人是‘堕落的法利赛人’，但我发现，他们中有一个金属框架厂的老板，那工厂简直是个猪圈，工人的待遇像奴隶一样。另有一个社保局的督察员，专门勒索那些不缴税的商人。所以我退出了。”

“修士希科”说得没错，谈谈恋爱更好。卢拉多次在采访和自述中承认：

“结婚之前，我不懂怎么谈恋爱，甚至害羞得不敢和女人说话。我在妻子过世后才懂得如何谈恋爱。度过那段漫长的哀伤以后，我在这方面才变得精明起来。”

没错，工会生活很重要，周末和朋友踢足球也很棒，但他真正感兴趣的还是女人。不是某个特定的女人，而是很多女人。

对于卢拉这段花花公子时期的描述，完全可以从本书中删去而不影响巴西工会运动的历史回顾。然而，除了孩子和烦恼，亲密关系产生的往往不只是家庭八卦。对于卢拉来说，那时的一段情感经历多年后最终演变成他政治生涯中最大的丑闻之一。

从前那个会因亲密关系感到不安的青年变成了情场上的全职猎手，仿佛在弥补因羞怯和丧妻之痛而姗姗来迟的激情。根据他和记者、学者多次谈论这一话题的记录，保守估计卢拉那时有四位固定女友：奈尔、特蕾莎、米丽娅姆和玛丽萨。米丽娅姆·科尔代罗（Miriam Cordeiro）是卢拉的姐姐“矮个子”玛丽亚的朋友，那年二十四岁，是一家工会合作诊所的护士。但看起来玛丽萨更受青睐，她掉进了卢拉用来搭讪女孩的小陷阱。卢拉半开玩笑半认真地嘱咐工会接待人员，有单身漂亮的女会员出现时记得提醒他一声。

那时他对奈尔和特蕾莎的兴趣已经不大，正与米丽娅姆·科尔代罗热恋，而命运听见了他的请求：另一位女子现身了。那天出现的正是二十三岁的玛丽萨·莱蒂西亚·罗科·卡萨，她在参议员罗伯特·肯尼迪公立学校担任学生督导。玛丽萨娇小美丽、五官精致、金发碧眼，是意大利伦巴第移民的后裔，且与卢拉有一个共同点：都曾经丧偶。玛丽萨怀孕四个月时失去了丈夫，他是一名出租车司机，被劫匪用钢丝绳活活勒死。1971年2月出生的婴儿继承了亡父之名——马科斯·克劳迪奥。而命运往往是残酷的：玛丽萨的公公坎迪多也是职业司机，后来在儿子遇害的同一辆大众汽车上被劫匪枪杀。这种特定类型的犯罪在圣保罗及周边城市并不罕见。曾经有段时间“撞击团伙”（trombadinhas）大行其道，一般由两个壮硕的青年搭伙，专门抢劫老年行人。其中一个猛地撞向受害者使之踉跄，另一个趁机抢走钱包、袋子或项链。还有一段时间，犯罪圈的“时髦”是在交通拥堵中抢劫。很多司机堵车时习惯将左臂伸出窗外，他们便趁机拽走司机腕上的手表。玛丽萨的丈夫和公公都在罪犯专门打劫出租车司机的时期遇害，那时白天出车的租金更贵，很多司机上夜班，而歹徒也往往在夜色掩护下作案。

那时，圣保罗及周边地区抢劫谋杀出租车司机的情形非常严峻，甚至引起了《晚报》（*Jornal da Tarde*）的关注。这份由米诺·卡尔塔为《圣保罗州报》所有者梅斯基塔（Mesquita）家族创办、后交由米纳斯吉拉斯人穆里洛·费利斯贝托（Murilo Felisberto）管理的晚报决定报道此事。受美国新新闻主义（new journalism）的影响，《晚报》积极创新、精雕细琢，将议题、图片和精巧的文字呈现给读者，它并不满足于传统上那种引发市民，尤其是出租车司机群体恐慌的犯罪报道。《晚报》至少两次以自己的方式展开报道：不从犯罪主题，而从人性角度出发，以电影般的视角让记者亲身体验在圣保罗街头驾驶出租车的恐惧。第一次派出的记者是阿曼多·萨莱姆（Armando Salem），他从翁杜拉斯街保利斯塔俱乐部门口的洗车工兼出租车司机保利尼奥手中租了一辆白色大众轿车，车上没有副驾位（当时法律规定“微型出租车”最多搭载两名乘客）。报社与车主约定，事后将支付那天白天的车辆租金，但萨莱姆最后把那天的全部收入都给了车主。报社派了另一辆无标识的轿车跟拍萨莱姆的大众车，万一遇到紧急情况还能迅速支援。曾在《晚报》《请看》等众多刊物工作、现年七十八岁的阿曼多·萨莱姆仍然记得那次新闻工作的细节：

“我写的报道有两部分。一部分描述我的恐惧，担心途中被人抢劫，不过幸好没有发生。另一部分类似于出租车司机的随笔，讲述一天之中的经历。这篇报道刊登在了《晚报》的黄金位置，也就是最后一页上。报社在顶端放了一张卡佩利尼亚牌里程计价器的照片，但上面记录车费的数字被替换成了字母，由字母拼出了‘危险’这个词。”

关于在圣保罗当出租车司机的冒险经历，记者米格尔·若热（Miguel Jorge）撰写了第二篇报道，这位来自米纳斯吉拉斯州庞特诺瓦的瘦高个留着浓密的阿拉伯式八字胡。报社为他租了辆酒红色流线威利斯豪华车（和卢拉与德卢尔德斯的婚车一样），车主是常驻圣保罗顶级豪华酒店——雅拉瓜酒店附近的一名司机，酒店紧邻《晚报》和《圣保罗州报》的办公楼。和萨莱姆一样，“大个子米格尔”（同事给他起的绰号）也没有遭遇抢劫，他后来写出一篇关于大都会生活的精彩行为学报道：

“我没在晚上出车，都在上午和下午，每天大概开六七个小时。那篇报道讲了出租车司机的艰辛生活，他们首先要付给出租车公司日租，然后才能给自己赚钱。生活非常艰难。”

获得众多奖项后，米格尔转到《圣保罗州报》工作，后来当上了主编。几年后，他受邀担任拉丁汽车（Autolatina）副总裁（那是大众和福特公司的一次合资的失败产物），后来又在大众和桑坦德银行任同一职务。他还曾在卢拉第二届总统任期（2007—2011）担任发展、工业和外贸部部长。

当卢拉向“小寡妇”玛丽萨示好时，他已和米丽娅姆·科尔代罗恋爱了一年多。他设下的爱情陷阱奏效了。按照法律规定，玛丽萨需要定期到某个工会开“生活证明”、盖章，才能领取亡夫和儿子的补助金，以及因酗酒被辞退的哥哥若昂·保利诺（João Paulino）的救济金。为了不让她离开自己的视线，卢拉编造各种流程延误和印章丢失的借口，想尽办法拖延时间。像卢拉常说的那样，他似乎真的爱上了她，但与米丽娅姆的关系，他对玛丽萨只字未提——更不用说两人恋情的结晶了。1973年7月，卢拉正考虑离开米丽娅姆，和玛丽萨结婚时（“我们那时是单身，各自住自己家”），他得知护士怀了自己的孩子。但至少在心里，卢拉很快打消了奉子成婚的念头。他仔细考虑，权衡自己对玛丽萨的倾慕之后决定：

“我他妈才不结婚呢。”

多年后的总统竞选期间，米丽娅姆在一家大型电视台的聚光灯下公开指责卢拉曾给钱让她堕胎，并威胁说他不会认这个孩子（DNA亲子鉴定要到十年之后才出现）。但卢拉一直否认这一点。他承认自己在是否要孩子的问题上的确犹豫过，但最后还是同意米丽娅姆把孩子生下来，并且隐瞒了一个月才将这件事告诉玛丽萨。事实就是，1974年5月23日那个温暖的星期四，卢拉与玛丽萨结婚那天，胖乎乎的卢丽安已经两个月大了——她的名字源于父母名字的组合。

失去德卢尔德斯和孩子后，卢拉卖掉了他们于1969年买的房子，回到母亲永远温暖的怀抱。直到和玛丽萨结婚后，他才离开母亲家。两人租房住了几个月，然后做了一桩看起来还不错的交易：在福特工厂当工具工的一位朋友将拉维尼亚花园区的一处房产转让给了卢拉夫妇，而二人需要替他偿还一笔4.8万克鲁塞罗（约合2021年的4.1万雷亚尔）的债务。这座房子总面积33平方米，只有客厅、厨房、卫生间和两个卧室。房子小而精美，前方有块空地，可以布置一片小花园，说不定还停得下卢拉那辆浅蓝色的大众TL轿车。与此同时，卢拉还要继续向房屋的原贷款机构——国家住房银行支付每月按揭款。

繁杂的材料处理完毕，4.8万克鲁塞罗也存入了旧主人账户。然而，当卢拉带着玛丽萨去看他们未来的家时，遇上了一个大麻烦。那间33平方米的小屋里竟住着好几户人家：没错，房子被一群无家可归者占据了，他们为数不多的可怜家当也一同搬了进去。屋内挤满了大人、小孩和老人。卢拉尝试用对话解决问题。他叫来一个看起来像头头的年轻人，解释说自己是房主，房子需要腾空。那家伙却毫不畏缩：

“这房子没人要，一直空着，现在是我们的了。”

“不，这房子我已经买下了。证明材料都在这里。”

那人不理会这些说辞，说房子里有老人，甚至还有他怀孕的妻子：

“随便你拿什么材料，反正我们不走。”

卢拉又试图解释，称自己不是房地产投机商或城市地主：

“你占了我唯一一间房子，我需要马上搬进来住。你占的这间房不是国家住房、联邦储蓄或者布拉德斯科那些大银行的，我只是个工人，我也只有这一间房。”

谈话无济于事，那人就是赖着不走。房子被占的消息在城区传开，很快卢拉的一群亲朋好友，包括他健壮的兄弟瓦瓦和“修士希科”，都自告奋勇要用拳头解决问题，把那群无家可归的人轰出去。玛丽萨表示反对，觉得最好向塞萨尔求助——塞萨尔是名军警，也是她养妹若阿娜的男友。请来的救兵也无能为力，新住户还是不愿离开。军警只好从部队找来一名硬汉士官，军士全副武装，来到位于玛丽亚・阿泽维多・弗洛伦塞街的房子，表示自己不会和侵占者废话：

“我十五分钟之后回来。那时候，房子里所有的东西我都会扔到街上，然后放火烧掉。一件不留！人也一样。”

威胁果然奏效。侵占者中的一人找了辆车，不一会儿便满载人和家当离开了拉维尼亚花园。为报复军士将他们强行赶走，无家可归者在每间屋内都留下排泄物，污秽遍布地板和墙壁。卢拉和玛丽萨不得不重新粉刷房子，更换所有沾上粪便痕迹和气味的家具物件，才能住进新房。

第十二章

第一次出国旅行的卢拉匆匆离开东京，返回巴西：他哥哥正在特遣队监狱中遭受酷刑

尽管面临经济危机、肆虐ABC地区的失业潮和日益残酷的政治迫害，1975年对于卢拉来说似乎开了个好头。玛丽萨怀上了他们的第一个孩子，卢拉在维拉雷斯的工作安稳且有保障，2月还将举行工会领导班子的换届选举。对于由谁领导竞选团队的问题，工会主要干部之间尚无定论。新大楼的落成、尝试与政府脱钩的斗争以及1972年至1975年间实施的改革让这届领导班子声名大噪，以至于没有任何政治团体敢在选举中另立山头与他们竞争。一种可能是让维达尔继续担任主席，但除此之外，还有三人能胜任这一职位：绰号"大鲁本"的鲁本斯·特奥多罗·德阿鲁达（Rubens Teodoro de Arruda）[①]、内尔松·坎帕尼奥洛和安特诺尔·比奥尔卡蒂。不过，维达尔如果连任可能带来法律上的麻烦，因为工会的根据地只有圣贝尔纳多和迪亚德马两市，而维达尔目

---

① 与前文提到的工会活动家鲁本斯·"鲁邦"·特奥多罗·达席尔瓦不是同一人。

前所在的莫林斯包装厂位于毛阿市，不在工会覆盖范围内。大鲁本、坎帕尼奥洛和比奥尔卡蒂都婉拒了任职邀请，提名第四人卢拉接任主席，并建议将维达尔调任秘书长。没人会觉得这番变动是在排挤维达尔，因为秘书长一职相当于“工会市长”，他本人对此也心知肚明。

卢拉觉得，维达尔开始走下坡路其实源于数月前一件看似偶然的事情，那时甚至还没人考虑让他接任主席。当时工会引入的一项新活动是“心理剧”课程，由瓦尔特·巴雷利的妻子、绰号“卢尔迪尼亚”的玛丽亚·德卢尔德斯（Maria de Lourdes）[①]主持。她鼓励工会干部通过戏剧表演的形式，向他人展现情感以及家庭和职业关系。多年后，在一份提交给工会历史记忆中心的自述中，卢拉回忆了那节显露维达尔真实面貌的心理疗愈课：

“那天老师提的问题是：‘你认为工会主席该扮演什么角色？你如何看待工会主席的职位？它的重要性在哪里？’维达尔第一个组织表演，他让其他工会干部把手放在膝盖上，正襟危坐，然后自己走到讲台上，像这样张开双手，仿佛在众人之上。之后马上轮到我表演。或许也是不知道该怎么办，我让大家彼此手拉着手，相互拥抱。对我来说，工会就是将工人团结在一起，而主席只是工人中的一员。自以为高高在上的人，终究会被他人抛弃。保罗·维达尔就是从那时开始走下坡路的。”

那段日子，卢拉正与玛丽萨共同享受大儿子法比奥·路易斯

---

① 与卢拉第一任妻子德卢尔德斯同名。

诞生的喜悦，孩子的生日是3月3日，长大后人们叫他“小卢拉”。得知工会干部提名自己担任主席后，卢拉出于谨慎，先问了问“修士希科”的意见，他哥哥在工会事务中经验丰富。卢拉觉得哥哥没理由反对，因为与1972年的换届选举不同，这次ABC工会换届又是等额选举，并且候选人也得到了共产党的支持。当上主席的想法让卢拉激动不已，但出乎意料，哥哥竟反对他任职。“修士希科”提醒他，多达十万的工人数量势必招来政府、劳动法院和企业主警惕的目光：

“别插手这事，老弟。留在领导班子里，但是找个次要职位，秘书长之类的。主席的位置实在太显眼了。你得被迫面对企业主、媒体……有罢工法，还有这个那个法。保住你原来的位置吧。如果当上主席，你会倒霉的。”

这番话被当成了耳旁风。晚间，候选名单已经确定，卢拉担任主席，维达尔担任秘书长，大鲁本、坎帕尼奥洛和比奥尔卡蒂担任执行主任——和维达尔、卢拉一样，三人也都是上一届领导班子成员。这看似是卢拉的胜利，但在工会运动幕后流传着另一种说法：维达尔会继续在金属工人中掌权，而那位“新工会主义”新星将扮演类似英国女王的象征性角色。可卢拉一点也不傻，他已经嗅到了其中的异样。

“维达尔以为我当上主席之后，他还能继续领导工会。”卢拉多年后回忆道。

就职典礼上人头攒动，连工会新楼宽敞的大厅都容纳不下，活动被迫转移到维拉·克鲁斯的旧电影制片厂举行。作为重要嘉宾的州长保罗·埃吉迪奥（Paulo Egídio）估计，有超过三万人出席，更现实一点的估计是最多一万人——但对于平平无奇的工会领导换届来说，这已经是天文数字。然而，新领导班子的上任照片确实让前任主席盟友们编造的阴谋论有了些可信度：维达尔坐在典礼中心位置，主持仪式的州长保罗·埃吉迪奥·马丁斯在他身边。新主席卢拉虽然是当晚的明星，却被推到桌子边缘，坐在社会经济统计研究所的共产党员马塞洛·加托旁边。登上工会生涯巅峰的卢拉依然没能驱散旧日的羞怯，加托最后不得不替双手发抖的卢拉握住麦克风，他这才完成了就职演讲。

“那是我工会生涯中唯一一次念稿的演讲，”他说，“其他所有演讲都是即兴发挥的。”

多年后，保罗·埃吉迪奥在热图利奥·瓦加斯基金会历史记忆中心（CPDOC）的一次长篇采访中透露，之所以去参加卢拉的就职典礼，是因为他看出卢拉“反对热图利奥·瓦加斯的工贼主义（peleguismo）”。话虽这么说，但在报纸上看到自己任命的州长去圣贝尔纳多参加工会就职典礼时，总统盖泽尔并不高兴，他给州长打了个电话。据埃吉迪奥称，两人简单聊了几句：

“保罗，你是怎么想的，跑到金属工会去参加一个工人的就职典礼？”

州长回答说，ABC地区的这项变动意义特殊，因为卢拉当选是对那里的共产主义者的沉重打击：

“我的政治姿态就是这样，我想把它展现出来。”

总统似乎很惊讶：

“卢拉打败了共产主义者？我怎么从没听说过。”

埃吉迪奥继续为自己辩护，还借机讽刺了政府的情报部门：

“那样的话，是该让管情报的那些人稍微更新一下提交给您的信息了。”

对卢拉来说，刚当上主席那会儿并不容易。他慢慢意识到，维达尔利用各种手段把他推到边缘地位。金属工人大会开得越来越频繁，按照惯例，大会应由秘书长宣布开幕，主席负责宣读上一届大会记录。而维达尔不仅宣读记录，还滔滔不绝地继续发言，把所有重要主题都讨论了个遍：

“他宣布大会开幕，用两小时把所有和工人相关的事情都谈完了，然后才说‘现在我把话筒交给我们的主席’，”卢拉回忆道，“我已经没什么可说的了，只好宣布‘本次大会闭幕’，什么都没讲就回了办公室。那只是个平庸的角色。”

显然，新旧主席之间的关系开始紧张起来。

但耐心的卢拉默默忍受挫折，想办法从主席职位中获益。他渐渐发现，工会运动之所以不能成为一股强大的政治力量，不仅是因为劳动法的束缚，或某些工贼领导人一心只想着调解老板和工人间的冲突。他做了一个出乎所有人意料的决定：走出有空调和地毯的办公室，到街头行使主席职权。

“我们过去看到的场景是，工人离开生产线，当上工会领导，然后摇身一变成了小老板，自己成了雇主，”卢拉反复强调，“有漂亮女秘书，有底下带轮子、转过来转过去的椅子，但要他去工厂门口和工人面对面交流，那根本不可能。我们搞了太多没有工人的工会活动。我的办公室变成了讨论室……其实那里头什么都讨论，从足球到女人，话题有的是。没有秘密可言。桌上总会摆一瓶酒，我们喝酒，聊天，讨论问题。”

这些反思当然没错，但工人最关心的还是工作上的保障，尤其是工资增长能否抵消通货膨胀。卢拉用来重燃工人群体热情的手段并不新鲜，也不是哪个煽动家的发明，而是研究所著名经济学家瓦尔特·巴雷利的贡献：他曾揭露德尔芬·内托伪造1973年的通胀数据，导致工人工资缩水。

“我们不会提起诉讼，”新任工会主席重申，“我们要在争取工资运动中一点一点把那34.1%拿回来。”

借助薪资补偿这项此前从未获得保罗·维达尔认可的策略，卢拉跨越了ABC地区的边界，带领全国工人要求赔偿，并将圣贝尔纳多及周边地区践行的“新工会主义”提案推广开来。

9月24日，卢拉启程前往日本。那是他第一次出国旅行，却潜伏着不祥的预兆。他要去参加丰田和日产工厂在东京组织的国际工会代表大会，这项由两大汽车制造商赞助的活动没有明确目标，也不是课程或培训之类，只是一场来自几十个国家的金属工人工会代表之间的意见交流会——这类活动通常被戏称为“免费饭局”。除卢拉之外，受邀的巴西嘉宾只有另外两名工会领导人，分别是圣保罗、米纳斯吉拉斯两州金属工人联合会主席阿尔热乌·埃吉迪奥·多斯桑托斯和若热·诺曼·内托（Jorge Noman Neto）。在年轻一代的工会活动家看来，两人都是听命于政府的工贼。

卢拉在孔戈尼亚斯机场登机时（瓜鲁柳斯的孔比卡机场要到十年后才建成），他脚下的巴西正面临独裁政府安全机构的新一轮清洗。在消灭所有游击队和武装组织后，军人将行动目标转向了历史悠久的“大党”，即反对一切形式的农村和城市武装斗争的巴西的共产党。政府运用中世纪般的酷刑手段，像之前镇压武装组织那样迫害巴共党员，大清洗随着10月25日记者弗拉基米尔·埃尔佐格（Vladimir Herzog）遇害而达到高潮。次年1月，谋杀埃尔佐格的特遣队又杀害了工人小马诺埃尔·菲尔（Manoel Fiel Filho），在军队内部引发了一场重大危机。

卢拉的日本之行尚未开始便遭遇麻烦。飞机在墨西哥城加油时，三名巴西代表被迫下机：卢拉在飞行途中感染重症咽喉炎，以至于完全失声。躺在酒店床上接受了四天治疗后，他与两名同伴继续旅程，几人抵达东京时，工会代表大会已经在如火如荼地进行。卢拉喉咙仍有些不适，他一句话都没说，只是旁听。

巴西代表刚抵达会场一周，卢拉就接到了圣保罗打来的电话。地球另一端的州金属工人联合会律师、1979年到1982年曾在保罗·马卢夫州政府中担任劳工办事处秘书的塞巴斯蒂昂·德保拉·科埃略（Sebastião de Paula Coelho）建议卢拉会后留在日本：

“军队逮捕了你哥哥‘修士希科’，还有好几十名记者和工会人士也被抓了，说他们是共产党。安全起见，你还是留在那边比较好。巴西这边情况不妙。”

实际上，“修士希科”不是被捕，而是被绑架了。10月1日星期三，卢拉正准备离开墨西哥飞往日本时，他的共产党员哥哥就任南圣卡埃塔诺金属工人工会副主席。10月4日星期六，他在工会旁酒吧的柜台边上和一名同事“开会”，回家途中遇见妻子伊韦尼(Ivene)，她正要去附近的奶奶家接孩子：

“希科，有几个人来家里找一个叫安东尼奥·贝尔纳迪诺的人。”

经验丰富、深知政治迫害严峻的“修士希科”意识到：他要被抓了。几分钟后，他刚走进家门，一辆维拉尼欧旅行车便停在门口，几名武装男子下来强行按住他。其中一人把牛仔布头罩套在他头上，将他扔进那辆无标识的旅行车。车辆飞速驶向地狱——位于帕拉伊索区图托亚街921号的第三十六警察局旧址，那里现在是内部防御行动中心-情报行动特遣队的所在地，也是军政府建立的最残忍的酷刑室。

身在东京的卢拉毫不犹豫地回绝了科埃略电话中提出的建议：

“妈的，我留在日本干什么？我不会说英语，不会说日语，不爱吃日本菜，我他妈在这边一窍不通！我要回巴西找我哥哥。要是有人抓我，随他们去吧！”

卢拉中途离开了丰田-日产大会，赶上一趟经停华盛顿和纽约的航班，回到了巴西。10月17日星期五，波音707飞机降落在孔戈尼亚斯机场，一些记者和律师朋友前来迎接。看起来并没有警察在那里蹲守。二十五小时的飞行和十二小时时差让卢拉疲惫不堪，他下飞机便回家休息了。一整个周末，他过得像没事人一样，周六还赶赴了教堂的一场社交活动，在玛丽萨养妹若阿娜的婚礼上当了伴郎。在寻找失踪的哥哥之前，卢拉维持原有生活习惯不变，以此试探政府安全机构是否盯上了自己。

周一一早，卢拉也加入亲朋好友的行列，他们从4日那天便踏上了苦路（via-crúcis），四处打听"修士希科"的下落。"失踪政治犯"的名单已扩充至一百多人，担心丈夫已经遇害的伊韦尼走遍了圣保罗及ABC各市的医院和停尸房。独裁政府常把拷打致死的犯人当成流浪汉埋在一些墓地的乱葬坑里（如北区的佩鲁斯公墓），但在那些地方，也没有任何丈夫被秘密掩埋的记录或迹象。伊韦尼不知疲倦地四处奔波，还抽空在市中心的政治与社会秩序局门前守候。她在那座令人恐惧的红砖大楼前站了许久，在人行道上向进进出出的警官、侦探和官员打听丈夫的消息。一无所获。

卢拉鼓起勇气，开始自上而下地寻找"修士希科"。他敲开了第二陆军司令部（后更名为东南军区司令部）的大门，那是一栋位于圣保罗伊比拉普埃拉公园对面的丑陋的现代混凝土建筑。他与哥哥瓦瓦一起，幻想着能得到司令官埃德纳多·达维拉·梅洛（Ednardo D'Ávila Melo）将军的接见。这名六十四岁的里约人是军队中的极右翼强硬派，在科斯塔-席尔瓦执政时期曾任巴西驻美国华盛顿武官和联邦情报与反情报局（Sfici）局长。军事独裁时期的巴士底狱——圣保罗特遣队监狱的指挥官直接向他负责。经过数小时的喝茶等待，一个身份不明的军官接见了卢拉和瓦瓦。此人表示不认识"修士希科"，却抓住机会对兄弟俩一通盘问，试图套出"修士希科"及两人与"颠覆行动和恐怖主义"之间可能存在的联系。随后军官将两人打发走，没提供关于囚犯的任何信息。

卢拉和瓦瓦离开第二陆军军区时，"修士希科"已在特遣队监狱中被连续拷打了十五天。进入这间军事机构后，立刻有人拍照、核实身份并让他脱光衣服，换上一件没有腰带的军用连身衣——这是监狱为防止犯人自杀采用的惯例。据他回忆，那是一件“发臭的连身衣，肯定有其他囚犯之前穿过，很久没沾过水和肥皂”。他被关押的牢房里挤满了被控与巴共有联络的记者、工人和自由职业者。“修士希科”回想起曾进过那里的犯人的描述，知道自己来到了巴西最残忍的酷刑中心，离苦难只有一步之遥。

在特遣队监狱的两周里，他没有被吊上独裁政府地牢中最知名的刑具“鹦鹉架”，而是日夜被绑在一台更加残忍的处刑机器上，即人们所称的“龙椅”。他全身赤裸，手脚被绑在座椅上，坐垫、靠背和扶手上都覆盖着金属片。电线从座椅某处伸出，另一端连着“马里科塔”，一种手摇式发电机。电压大小会根据行刑者转动手柄的速度变化。“修士希科”的身体剧烈颤抖，下颌像癫痫发作那样止不住地打战，舌头也被牙齿咬伤。为增加电击的强度和痛苦，他们向他身上泼水，强行往嘴里塞盐，让舌头变得惨不忍睹。

“修士希科”只有接受审讯时才能离开“龙椅”，而在此期间，行刑者不断重复着一个荒谬的论调。他们想让他承认，卢拉去日本其实是个幌子，真实目的是为巴共总书记路易斯·卡洛斯·普雷斯特斯递送秘密信件。“修士希科”向军人反复强调，他根本不知道弟弟出国了——这的确是事实。他一再辩称卢拉与共产党没有任何联系，正相反，弟弟在采访和公开辩论中多次表明了与巴共及其领导人的政治分歧。如果这些政治理由还不够，还有地理上的缘由：既然卢拉去了东京，那么他距离苏联首都莫斯科足足有七千五百公里远，那里是巴共最高领导人、“希望的骑士”普雷斯特斯流亡后的居住地。然而所有这些申辩都无济于事，已成为一具残躯的“修士希科”又被送上了“龙椅”。为了不让他的叫喊声传出牢房，行刑者把收音机音量调到最大，几乎从头到尾都在听记录电台。“修士希科”因猛烈电击而失去意识之后，通常会被乡村音乐节目《泽·贝蒂奥》(*Zé Bettio*) 唤醒，那是20世纪70年代收听率最高的节目。每隔两三天就有人进牢房给他做检查，测量血压和心率——似乎是医生在评估囚犯能否继续承受酷刑，是否该将节奏放缓一些。

历经十五天的折磨，他又穿回被绑架时的衣服，被转到政治与社会秩序局继续关押。对于进过特遣队监狱的犯人来说，转移到秩序局的确是一种解脱。虽说酷刑在那座位于奥索里奥将军广场的大楼里也是常见手段，但在军事独裁时期起起伏伏的迫害中，整个左翼群体都知道特遣队才是真正的地狱。准确来说，是复数的“特遣队”，因为圣保罗的那座地牢建立之后，军队在全国重要城市（如巴西利亚、里约热内卢和累西腓）都设立了分支机构。

在第二陆军司令部寻人无果后，卢拉决定前往秩序局。他后来回忆说：“那时候去秩序局找政治犯的人，要么是律师，要么是疯子。”卢拉既非前者也非后者，但这份胆量让值班警官多明戈斯·坎帕内拉 (Domingos Campanella) 接见了他，然后便发生了以下荒诞剧般的对话：

“长官，我听说我哥哥被抓了。请问他是关在这里吗？”

“你哥叫什么名字？”

“若泽·费雷拉·达席尔瓦。”

警官拿起电话——据卢拉称——他假装在和狱警通话:“啊,这个狗娘养的共产党在那儿吗?他去苏联培训过?好的,谢谢。”他挂断电话,转身对卢拉说:

“路易斯先生,您看我们国家多民主啊。你哥哥,一个想推翻军人政权的共产党被关起来了,而你却能站在这里,如此民主地询问他的状况。试想一下,在苏联谁能享受这种自由?”

“坎帕内拉长官,非常感谢,但请允许我再问一句,工会的经济学家奥斯瓦尔多·卡维尼亚托(Osvaldo Cavignato)也关在这里吗?”

卢拉临去日本前,特遣队绑架了“奥斯瓦尔迪尼奥”·卡维尼亚托。他当时正和卢拉在工会主席办公室谈话,两个陌生人捎来一条奇怪的消息:“奥斯瓦尔多先生,你父亲身体出了状况,病得很重,我们来接你去看他。”他下楼,坐进那辆维拉尼欧旅行车,就再也没回来。卢拉在秩序局问到卡维尼亚托时,坎帕内拉警官瞪大了眼睛:

“这个奥斯瓦尔多也在这儿。路易斯先生,您认识的所有的经济学家都是共产党,一帮狗娘养的!告诉您吧:您找的这个奥斯瓦尔多在莫斯科待了两年!他去接受培训,想回巴西搞共产主义。您和这个人还是朋友?必须和他断绝关系!您可是个正人君子!”

在特遣队监狱遭受的暴行让“修士希科”意识恍惚,他也不确定自己在秩序局被关了多久。他在那里遇见了更多巴共党员和被控与该党有联络的犯人。10月23日上午,伊韦尼像往常一样守在秩序局门口，想确认丈夫是否关在里面。她不停向进出大楼的人询问："您知道有个叫若泽·费雷拉·达席尔瓦，外号'修士希科'的人关在里面吗？"十八天以来，头一次有人主动走到她面前：

"伊韦尼，你在秩序局门口做什么？"

那不是上帝派来的"好撒玛利亚人"[①]，而是一名警察，伊韦尼母亲的表弟，那时在秩序局当狱警。她见到亲戚十分惊讶，随即重复起已说过无数遍的话：

"我在找我丈夫'修士希科'，但没人愿意搭理我。"

警察低声说："你先找个角落躲起来，我去牢房看看，马上回来。"

他很快带来了好消息："'修士希科'确实关在里面，但他马上要转移到赛马场监狱了。快走吧，回去找个律师。"

几小时后，"修士希科"站在同一条人行道上，和一个金发碧眼、头发凌乱的大汉铐在一起，此人是律师若泽·罗伯托·凡加涅洛·梅列姆（José Roberto Fanganiello Melhem），巴共圣保罗支部的领导成员。两人正等待"鸟笼"就位——那辆囚车将把他们送到赛马场监狱。这座小型监狱位于布拉斯区的赛马场街，用于关押待审的一般嫌疑人，与主楼连通的一侧区域专门接收政治犯。

"修士希科"、梅列姆和其他十几名进过特遣队监狱的犯人获得了更宽松的服刑环境，但这并不意味着对共产党的抓捕已经结束。两人被转移到赛马场监狱是在周四。周五下午，两名特遣队特工走进保利斯塔大街的一栋大楼内，寻找在此工作的一名

① 《圣经》典故，意为好心人、见义勇为者。

年轻记者。公司的三位老板——萨穆埃尔·瓦伊内尔（Samuel Wainer）、多明戈·阿尔苏加赖（Domingo Alzugaray）和记者米诺·卡尔塔的弟弟路易斯·卡尔塔（Luís Carta）给军官倒上咖啡，礼貌地和他们交谈，为年轻记者争取逃跑时间。记者迅速收拾好东西，飞速跑下十五层楼，随后不见踪影。当天晚上，特工敲开了这名记者，即文化电视台新闻总监弗拉基米尔·埃尔佐格的家门。周六上午，"弗拉多"（朋友们对他的昵称）被酷刑折磨致死。为伪造自杀场面，特遣队的军官拍了一张照片，照片中死者颈部系着一条牛仔布腰带，尸体吊在高度仅有一米出头的窗户格栅上。此时，独裁政府内部右翼与极右翼军人间的派系之争拉开了帷幕。

"修士希科"被关进赛马场监狱的消息传来，大家都松了一口气。他在那里不会遭受酷刑，甚至可以和家属会面。比起特遣队地牢中的经历，赛马场监狱的氛围十分轻松，政治犯们因此决定在11月15日那个周六集体举办一场年终庆祝活动，那天囚犯可以和几个家人朋友会面。14日周五，伊韦尼在厨房里准备小吃，用托盘装好，准备带到丈夫和其他囚犯的庆祝活动上分享。这时，记者米诺·卡尔塔和工会律师阿尔米尔·帕齐亚诺托来到她家打听"修士希科"的情况。三人在客厅交谈时，听见了外面的脚步声。家门打开，丈夫走了进来——他刚刚获释了。伊韦尼激动得几乎晕了过去。

针对左翼的残酷打击向社会传递的印象是，由陆军部部长西尔维奥·弗罗塔（Sílvio Frota）将军幕后指挥的强硬派军人在内部斗争中压倒了总统盖泽尔及其助手戈尔贝里·多科托-席尔瓦领导的温和集团，后者曾向国民承诺实行“缓慢、渐进而安全”的政治开放，最终还政于民。然而，弗拉基米尔·埃尔佐格遇害引发的反响迫使盖泽尔出手叫停强硬派的迫害行动。因为这次被杀的不是有屡次炸弹袭击前科的游击队员，而是一名温和的记者。他为人严肃、受同事和上司敬重，在圣保罗政府控股的国营文化电视台担任新闻总监。提名弗拉多担任这一职务的人是圣保罗州文化事务处秘书，正派而富足的实业家、藏书家若泽·明德林（José Mindlin）。

一种混合了恐惧、惊慌和被害妄想的情绪笼罩着军政权的所有反对者。左翼和社会进步派人士担心，西尔维奥·弗罗塔部长的强硬派集团正在谋划推翻盖泽尔，开启新一次“雅加达行动”——一场十年前发生在印尼的大屠杀，当时独裁者苏加诺（Sukarno）下令杀害了五十万名共产党员、异见派、知识分子、宗教人士与和平主义者。由于弗拉多和明德林都是犹太人，针对记者的罪行也在拥有数万名成员、在圣保罗颇具影响力的犹太社群中唤醒了由来已久的恐惧。弗拉多遇害当天，明德林本人正在美国，他后来承认自己的确面临危险：

“和埃尔佐格一起被捕的记者后来告诉我，审讯他们的重点是要套出我和共产党的关系，但实际上我们没有任何联系。”

埃尔佐格遇害整整一周后的星期五，由圣保罗记者工会主席奥达利奥·丹塔斯（Audálio Dantas）等人号召的一场联合宗教活动在圣保罗主教座堂举行。活动由保罗·埃瓦里斯托·阿恩斯枢机、圣保罗犹太教团拉比会议（Rabinato da Congregação Israelita

Paulista）主席亨利·索贝尔（Henry Sobel）拉比和长老会牧师雅伊梅·赖特（Jaime Wright）共同主持。为阻止民众拥入主教座堂广场，交通部门封锁了通向大教堂的街道，暂停公交运营，禁止车辆在附近停泊。但他们没能如愿。尽管全城都陷入恐慌，仍有八千至一万人出席了活动，人们挤满了教堂，拥上街道，主教座堂广场变得水泄不通。

当人们开始挤进教堂时，保罗枢机、赖特牧师、索贝尔拉比和奥达利奥在圣器室内商讨活动形式和每个人的发言顺序。四人都担心最后民众会在城内开展反独裁游行，进而与警方发生冲突。与此同时，距离闷热的主教座堂十公里之处，总统埃内斯托·盖泽尔正在毫不留情地斥责第二陆军司令官埃德纳多·达维拉·梅洛将军，让一旁的州长保罗·埃吉迪奥·马丁斯目瞪口呆。

盖泽尔于前一天早晨抵达圣保罗，随行人员包括妻子露西，两人的女儿、历史学家阿马利娅·露西（Amália Lucy），以及总统府军事办公室主任乌戈·阿布雷乌（Hugo Abreu）将军。圣保罗州州长和以埃德纳多为首的州内军队高官在孔戈尼亚斯机场官员区迎接盖泽尔。总统随后前往比林斯水库，参加社会商业服务中心（Sesc）新办事处的揭幕仪式（10月30日是工商业者纪念日），在那里吃了午餐，然后去州政府大楼班德兰特斯宫，与州长共进“私人晚宴”，并在位于莫伦比区的政府大楼住宅区过夜。在这期间，乌戈·阿布雷乌将军持续向总统汇报城市动态——没人能预料阿恩斯枢机主持的活动将带来什么结果。周五早上8点，他访问了联邦直属教育机构圣保罗医学院的一间研究中心，9点正式参观了第十三届圣保罗双年展，由策展人西西洛·马塔拉佐（Ciccillo Matarazzo）陪同。按照总统府的规划，这次参观的时长原定七十分钟，但在乡土学者奥兰多·维拉斯-博阿斯（Orlando Villas-Bôas）和亚瓦拉皮提（yawalapiti）印第安人阿里塔纳的陪同下，盖泽尔最后在印第安人国家基金会（Funai）与欣古印第安保留地（Parque do Xingu）各部落共同组织的活动中逗留了两个小时。

下午1点，总统和保罗·埃吉迪奥走进班德兰特斯宫的豪华大厅，一张巨大桌子的两侧分别是穿着橄榄绿军装的军人和穿着英式热带藏青色西装的企业家，他们将共同参加州长组织的会议。会后众人退场时，总统叫埃德纳多将军留下。盖泽尔向其他人道别，陪同保罗·埃吉迪奥走到大楼住宅区图书馆，在那里交谈了几分钟。两人杯中的咖啡还温热时，一名副官进来告知埃德纳多将军在走廊等待召见。盖泽尔让他进来。埃德纳多在图书馆中立正，军帽夹在腋下。保罗·埃吉迪奥礼貌地起身，想留两人单独谈话。但总统也站起来，伸出右手示意州长留下。

“没事，保罗，”盖泽尔说，“坐下吧，有你在这里更好。”

总统似乎希望有人见证这场对话。他一脸愤怒地伸手指向第二陆军司令官，没有以军衔相称，反而直呼其名，开门见山：

“埃德纳多，你我相识很多年了。圣保罗是你负责的区域，但我不允许，也不接受现在这里发生的情况。你要当心，因为我会出手的！我现在下达命令，你听好了：在第二陆军军区内，以后任何逮捕行动必须事先告知国家情报局的戈尔贝里或者菲格雷多，要么就直接向我汇报。抓捕任何政治犯之前，我们必须知情。只有这样，你们才能把政治犯带到军营里去。你听明白了没有？”

将军低着头，只重复着同样的回答：

“明白，总统先生。明白，总统先生。”

盖泽尔冷冷地说：

“你可以回去了。”

训斥完埃德纳多后，盖泽尔和保罗·埃吉迪奥离开大楼，赶赴官方行程的最后一项活动，仿佛什么都没发生。他在州长、乌戈·阿布雷乌和妻女的陪同下参观了圣保罗大学公共卫生学院，然后前往孔戈尼亚斯机场，于下午5点10分登上波音专机返回巴西利亚。不出几个小时，总统在州长面前训斥埃德纳多的消息就在圣保罗军营中传开了。据说特遣队的一名警官离开单独关押囚犯的房间时，特意提醒道：

“小心点，听到了吗？要是再多一具尸体，我们这儿就要被查封了。”

在那之后，特遣队监狱仍正常运转了八十三天。盖泽尔的咆哮似乎没有把受训的将军吓倒。1月16日，特遣队总部派出一组特工，闯入位于圣保罗城东莫卡区的“金属艺术”工厂再次执行抓捕。这回的受害者是来自阿拉戈斯州的四十九岁的冲压工人小马诺埃尔·菲尔，军方怀疑他是巴共底层积极分子，负责分发该党秘密出版的小报《工人之声》。次日周六晚上10点，一辆道奇飞镖私家车缓缓驶过位于城东维拉·瓜拉尼区的小马诺埃尔·菲尔的家门口。一个身份不明的人从豪车内扔出一只浅蓝色塑料垃圾袋，朝屋内喊道：

“马诺埃尔自杀了。他的衣服在这儿。”

特遣队的官方声明称，与埃尔佐格用腰带上吊不同，菲尔用自己的袜子上吊自杀了。除了有人能用袜子上吊这件事本身的荒唐之外，看见菲尔被抓进特遣队监狱的其他囚犯表示，他那时只穿了一双哈唯纳（Havaianas）人字拖。

18日星期天，圣保罗州州长没有收到任何相关消息。当天晚上，戈尔贝里将军从巴西利亚打来电话，告知他菲尔被杀害了。周一，盖泽尔签署总统令，撤销了埃德纳多·达维拉·梅洛将军的职务，由迪莱曼多·戈梅斯·蒙泰罗（Dilermando Gomes Monteiro）将军接替。盖泽尔本打算让迪莱曼多担任军政府的陆军部部长。发布这份不留情面的撤职令后，为防止军队极右翼势力利用迪莱曼多就职前的指挥真空期展开反扑，盖泽尔委任自己的心腹阿里埃尔·帕卡·达丰塞卡（Ariel Pacca da Fonseca）将军代理司令官一职。

圣保罗军方反应平淡，几人在职位交接仪式上走了个过场，仅此而已。军队交接职位的惯例是，卸任军官必须说一句套话：“本人在此将某指挥权移交某某军官。”埃德纳多沉默不语，但帕卡不甘示弱。他转向被解职的同僚说：

“我接替埃德纳多·达维拉·梅洛将军担任第二陆军司令官。埃德纳多将军，请允许我送您上车。”

在里约热内卢马拉卡纳体育场边的拉古纳宫，即军队极右翼势力（盖泽尔派称之为“老虎队”）的巢穴，西尔维奥·弗罗塔将军和他的办公室主任、身材矮小的奥古斯托·埃莱诺（Augusto

Heleno）少将感到背脊发凉——埃莱诺后来于21世纪在博索纳罗政府中出任国家安全局（GSI）局长。得知盖泽尔将自己调任巴西利亚陆军教育研究部部长后，埃德纳多明白，他被调进“狗窝”了。从最重要、最强大的陆军军区的司令官沦落到橡皮图章和墨水保管员，埃德纳多宁愿直接申请退伍——他的申请立刻得到批准。

图托亚街再没有人用腰带或者袜子上吊自杀，但那间死亡之屋直到1976年12月16日的“拉帕屠杀”行动后才终于淡出人们的视野。这次行动仍发生在盖泽尔执政期间，军方对巴西共产党中央委员会发动突袭，当时党内干部正在圣保罗拉帕区庇护十一世街的一间房屋内秘密开会。巴西共产党是之前从巴西的共产党分裂出来的一支派系。行动造成三名党内领袖遇害：佩德罗·波马尔（Pedro Pomar）和安热洛·阿罗约（Ângelo Arroyo）当场身亡；第三名领导人若昂·巴蒂斯塔·弗兰科·德鲁蒙德（João Batista Franco Drummond）在行动前数小时被捕，并在特遣队监狱遭受酷刑致死。

1977年10月12日，盖泽尔总统解除了弗罗塔将军的陆军部部长职务，两人之间的斗争至此才彻底结束。弗拉基米尔·埃尔佐格和小马诺埃尔·菲尔遇害后的许多年里，盖泽尔一直享有“温和派军人”的美誉，他面对弗拉多和马诺埃尔之死而做出的反制手段，以及撤销埃德纳多和弗罗塔职务的举动美化了他在历史上的形象，使其成为巴西军队“铅灰时代”中对抗野蛮的文明代表。然而，盖泽尔的“好人”形象并未维持多久便崩塌了。2018年5月，热图利奥·瓦加斯基金会研究员马蒂亚斯·斯佩克托

(Matias Spektor)发掘出一份1974年美国中情局的资料，其中内容写得清楚明白："4月1日，盖泽尔总统对菲格雷多将军说，必须维持军队的旧有政策，但要小心谨慎，确保只有危险的颠覆分子被处决。"盖泽尔离世二十年后，他留给人们的记忆也被抛进了万人坑，和那些曾与他争斗的"老虎队"杀人凶手一同被埋葬。

第十三章
咒骂政客多年后，卢拉准备自己建立劳工党

盖泽尔清扫第二陆军门户之后，对于卢拉和ABC地区其他非共产主义工会活动家来说，监禁和镇压的风险似乎已经远去。不过，卢拉还需要摆脱一个自担任工会主席以来一直困扰他的麻烦——保罗·维达尔，那位以绝对掌权者自居、仿佛自己还坐在主席位置上的工会秘书长。

用卢拉的话说，维达尔早在去年9月就让他“气得要命”，当时福特工厂宣布给马维里克汽车装配线的235名工人集体放假，理由是将下调该车型的产量，将发动机从原来的六缸减少为四缸。卢拉不同意福特工厂的做法，但在未征求他意见的情况下，维达尔擅自与福特管理层沟通，一声不吭地接受了决定。名义上的工会主席在一次大会上明确表示反对，但他按兵不动，等待时机成熟再和维达尔算账。

1976年9月，两年一度的金属工人代表大会召开后，卢拉发起了争取工资运动，并向“工贼”阿尔热乌领导的圣保罗州金属工人联合会宣战——阿尔热乌是卢拉那场倒霉的日本之行中的同伴。

经过一番激烈较量，卢拉和同事们成功说服高等劳动法院承认，工人联合会不能代表工会，而仅代表未加入工会的工人——这在巴西历史上还没有先例。高等劳动法院的决定赋予工会充分的自主权，工会可以自行决定路线，而不再受到工人联合会的束缚。在那之前，工会被迫将代理权上交联合会，由后者代表它们处理各类事务，最重要的工资纠纷也包括在内。卢拉借此机会乘胜追击：他在ABC金属工人工会内为孕妇和处于兵役登记年龄的青年工人设立了岗位保障制度，并要求企业给因参加学业考试而缺勤的工人支付相应工资。这算不上一场革命，却满足了工人们长久以来的切实诉求。长远来看，最重要的成就是让工会摆脱了联合会的控制。

这年年初，卢拉找准时机将了保罗·维达尔一军，成功摆脱了后者的控制。争斗又是因福特公司而起：当时公司以“巴西奇迹”后的经济危机为由，提议给工人集体放假。公司已经习惯了同保罗·维达尔的友好谈判，双方商定了细节，维达尔不仅乖乖接受，还在一次新闻发布会上公开了这项决定。卢拉提出异议，表示决定必须在工会大会上通过后才具有效力。狡猾的福特管理层假装答应下来，但提了一项附加条件：工会大会要在福特公司内举行。维达尔在一次采访中认可了这套方案，而卢拉却通过报纸宣布，工会大会只有在工会内部举行方为有效，福特也必须遵守这项原则。于是第二天，两份报纸上出现了彼此矛盾的工会声明。由于卢拉在工会执行委员会的九名委员中获得了七至八人的支持，他召集领导班子开会，向所有人宣布了对前任的致命一击：

“从今天起，仅工会主席有权就工会相关事务接受采访或发表公开声明。如果主席不在，则由副主席大鲁本，即鲁本斯·特奥多罗·德阿鲁达代为发言。如果主席、副主席都不在，再由秘书长代言。不能让每个人都去接受采访，然后围绕同一件事发表不同的言论。这样会显得我们内部不和。”

围绕工会行动的共产党员说，卢拉最终实行了“民主集中制”，一种强硬路线。在卢拉的记忆中，那次会议标志着他真正意义上的政治独立。但维达尔工会生涯的最后一根棺材钉，是几个月后众人说服他竞选贝尔纳多市议员时钉下的。他将代表巴西民主运动参选，那是当时全国仅有的两个合法政党之一，另一个是支持军事独裁的全国革新联盟。维达尔明白这么做是为了把自己打发走，但他觉得其中或许有利可图，似乎不只是一场“厚葬”。1974年的上一次全国选举中，巴西民主运动给独裁政权造成了历史性的打击，在二十二个参议员席位中赢得了十六席，并斩获联邦众议院44%的席位。政治分析师认为，那年选举成了军人政权的“转折点”。参选的维达尔最后的确获利匪浅，他在选举中位列第三，得票数仅次于未来的市长、同样来自巴西民主运动的阿龙·加兰特（Aron Galante）和全国革新联盟的政治家瓦尔特·德马奇（Walter Demarchi），后者出身于ABC地区的名门望族，圣贝尔纳多有一片城区以他的家族姓氏命名。

摆脱维达尔的阴影后，卢拉终于能将媒体所称的“新工会主义”付诸实践。他先从改变劳动节的活动内容着手。卢拉没有像过去那样，在五一当天举办义卖会和娱乐活动庆祝劳动节，而是将时间提前了一个月，定期安排电影放映和戏剧演出，之后围绕表演主题展开讨论和辩论。所有涉及工人和工人权利的话题都能成为讨论主题，而且总会邀请外来嘉宾。卢拉三年前设立的成人进修课程有九百名注册学员，他们每天都参加讨论会，这样活动人数也得到了保证。全国各地有成百上千类似的进修课程，学员大多只为了拿结课证，获得考大学的资格——这些是所谓“交钱就过”的课程；但工会的课程与之不同，还有一项额外要求。想要获得出勤证书，学员必须每天参加四十五分钟的政治讲座和工会活动。

6月1日，总统盖泽尔抵达圣保罗，为福特公司在圣贝尔纳多设立的新拖拉机厂揭幕。一位以民族主义著称的总统出席跨国公司工厂的揭幕仪式，此举足以说明这一项目的重要性。拖拉机厂占地7万平方米，建筑面积1.65万平方米，投资4 100万美元(约合2021年的10亿雷亚尔)，每年能生产2万台拖拉机。通常不苟言笑的埃内斯托·盖泽尔看起来心情不错，工业和贸易部部长塞韦罗·戈梅斯(Severo Gomes)、农业部部长阿利松·保利内利(Alysson Paulinelli)、州长保罗·埃吉迪奥、迪莱曼多·戈梅斯·蒙泰罗将军、美国大使约翰·休·克里明斯(John Hugh Crimmins)和几位企业家围在他身边，此外还有一大群保镖在旁边保证大人物的安全。

盖泽尔的追随者后来透露了总统当天心情愉悦的原因，现场可能很少有人知道这一点。离开巴西利亚前，他已委托民事办公室主任戈尔贝里将军通知运营四月出版社的奇维塔家族，宣布从第二天，即6月2日起，解除对《请看》杂志的预先审查，至此全国所有大型媒体的常驻审查员已全部召回。而那些大胆且难以驯服的小型独立媒体，如《运动报》(*Movimento*)、《帕斯金》(*Pasquim*)和《观点报》(*Opinião*)等小报，仍受到军方的严格管控。

在众多嘉宾中显得格格不入的卢拉挤开人群，想靠近总统。他离开工会时向干部们承诺，要亲自向盖泽尔递交一封写有ABC地区金属工人诉求和投诉的正式信件。卢拉靠自己无法突破保安的阻拦，于是向保罗·埃吉迪奥求助：

“州长先生，我来向盖泽尔总统递交一份文件，但我现在连过都过不去。外面一堆人用胳膊肘顶我，挤不进去。”

保罗·埃吉迪奥回答道：

“跟我来。”

他拉着卢拉的胳膊在前面开路，然后走近盖泽尔说：

“总统先生，这位是全国最重要的工会领袖。我出席过他的就职典礼，有三万人参加。他带了一封信给您。”

据卢拉说，盖泽尔根本没打开信封，只是将它和另一封也未打开的信件一起交给了助手。另一封是福特跨国公司1945年以来的老总亨利·福特二世(Henry Ford II)写给总统的私人信件，由美国大使代为送达。回到工会后，卢拉向同事们汇报：

“我不知道他会不会打开看，反正我交给他了。我现在一身轻松。”

即使盖泽尔不看，卢拉也认为这份努力是值得的：

“至少我能上明天的《巴西日报》头条了。”

他想多了。没有头条，连他的名字都没提到。在总统访问圣贝尔纳多相关报道的最后一段结尾，有句话记录了他和盖泽尔的短暂会面，但没有具体人名："圣保罗州金属工人向盖泽尔总统提交了一份备忘录，提出了调整最低工资以及重新评估职业技术工人和有组织工会工人工资的诉求。除此之外，还提到了集体合同和《统一劳工法》(CLT) 改革等问题。"这是6月2日《巴西日报》上的内容。

盖泽尔对于拖拉机厂揭幕仪式的热情，就像给一具垂死的躯体注射樟脑酒精后的反应。连那些富裕国家也不能免受石油危机影响，在巴西这样脆弱的经济体中，危机造成的破坏自然更大。每桶石油价格从1973年的略高于10美元激增至1979年的110美元。巴西石油公司在"经济奇迹"期间压低汽油和柴油价格以人为抑制通货膨胀，现在又迫使政府以高昂的代价做出回调。政府出台了一系列结构性措施，如创建国家乙醇计划 (Proálcool) 以提高生物燃料产量，以及重金投资与巴拉圭合建的世界第二大水电站——伊泰普水电站。以84亿美元的预算在安格拉多斯雷斯建造核电站的计划，引发了美国西屋电气公司和德国西门子-KWU之间的一场生死战，最终由西门子赢下国际招标。

独裁政府的本意是让民众相信巴西正在克服能源领域的对外依赖，但铺天盖地的官方宣传没能说服任何人。电视、报纸和杂志上无休止的奢华广告是一回事，巴西民众日益困难的生活和高企的物价却是另一回事。除了价格高昂之外，人们在加油站购买燃料还受到严格限制。周末汽油禁售，高速公路最高时速也从120公里降低到80公里。燃料价格上涨的传言导致全国各地加油站频频排起长队。

经济状况恶化的另一个因素是典型的巴西式自大妄想症。最好的例证发生于盖泽尔参观福特拖拉机厂一年之前。1975年年中，总统曾与卢拉所在公司的老板保罗·维拉雷斯（Paulo Villares）会面。这家超级企业的工厂遍布圣保罗州各地：除了制造让ABC地区房屋地基都为之颤动的巨型船舶发动机以外，维拉雷斯金属公司还是拉丁美洲高合金特种钢市场的领头羊，是该地区最大的各种工具钢、高速钢、不锈钢棒、特种合金和大型锻件供应商，也是世界两大阀门钢供应商之一。公司还为国内外市场生产地铁车厢。维拉雷斯是一家完全的内资企业，这项特质让盖泽尔这位末代民族主义军人眼前一亮。

盖泽尔与保罗·维拉雷斯在圣保罗雅巴夸拉地铁站的揭幕仪式上相遇。总统走近这位工业家，如惯常那样简短而直接地询问道：

“除了地铁车厢，你们公司能生产火车头吗？”

“不能，总统先生。我们生产的东西很多，甚至连工厂都能生产，但产不了火车头。”

“为什么？”

“因为市场不足，国际竞争又很激烈。比方说，巴西用的大多是进口火车头，几乎都是从美国通用汽车公司买的。要和这些跨国巨头竞争，除了市场，我们还需要资金。我并不是在抱怨，只是维拉雷斯未来还需要大量投资，以后说不定……”

“等等……你说的这个‘大量’，是多少？”

“比方说……大概……1 000万美元？”

“什么？”

维拉雷斯以为总统的惊讶会终结这番对话，没想到盖泽尔继续说：

“才1 000万？这么少？”

维拉雷斯在1999年出版的庆祝公司成立八十周年的纪念册中记下了这次会面，总统的惊诧让他自己也吃了一惊，随后他以“理性且符合逻辑的方式”解释道：

“这么说吧，总统先生，在资本品工业这样涉及高金额和高风险的行业里，如果无法保证稳定的市场，是不能轻易投资的。基本上只有接到订单以后才会投资。”

盖泽尔不假思索地问道：

“那要是我来保证你们会接到订单呢？这样你们愿意加大投资吗？”

维拉雷斯同样迅速回应：

“那是自然，总统先生。”

盖泽尔叫来了国家经济发展银行（BNDE，后更名为BNDES，即“国家经济社会发展银行”）行长马科斯·佩雷拉·维亚纳（Marcos Pereira Viana），让他尽快安排一场和维拉雷斯公司的会议，计划投资金额1亿美元，两人握手成交——那是工业家最初设想的企业扩张投资额的十倍。发放这笔贷款的同时，联邦政府承诺每年从即将建立的工厂购买至少一百辆火车头。投资额从盖泽尔承诺的1亿美元又增加到4亿5 000万美元，最后竟高达6亿

5 000万美元——对于那位开口只要区区1 000万美元的工业家来说，这没什么不好。预先承诺的订单数也翻了三倍：在圣保罗州内陆城市阿拉拉夸拉的工厂建成后，政府保证每年购买的火车头不是一百辆，而是三百辆。

然而，时间、资本主义的易变性和巴西政府的不稳定性这三重因素共同揭示了一个事实：火车头工厂不是靠一次简单的握手就能建立起来的。想完成这样一个大项目，首先应该建一座世界排名前五的特种钢铁冶炼厂。而且，国家经济发展银行承诺投入的巨额资金并非全部来自国内，还依赖于巴西政府担保的外国贷款，这让保罗·维拉雷斯与时任世界银行行长、曾在林登·约翰逊(Lyndon Johnson)政府中担任国防部部长并下令轰炸越南的美国政治大腕罗伯特·麦克纳马拉(Robert McNamara)发生冲突。维拉雷斯、巴西国家经济发展银行和世界银行三方对抗的故事值得写一本书，但简而言之，结局并不光彩。随着巴西政府更替，盖泽尔为刺激基本生产要素、资本品、食品和能源生产而创建的第二个国家发展计划(II PND)被束之高阁。维拉雷斯做足准备，一年生产了三百辆火车头，结果政府只购买了七十辆。在三十年的成功事业中，保罗·维拉雷斯头一次遭遇了重大挫折。他放弃火车头业务，关停阿拉拉夸拉的工厂，然后卖了出去。

盖泽尔这个好心办坏事的项目给企业造成的打击并未影响卢拉的生活。企业仍然维持正常生产，工厂工会人士的薪资也没有缩水。躲过一劫的卢拉将精力投入两个项目中：一是继续争取工资补偿，填补德尔芬·内托留下的缺口；二是进一步巩固工会与基层群众的关系。没有什么宏大理论，办法就是磨破鞋底，在工厂门口来回奔波。有一次，卢拉和其他工会干部一起在美国家电巨头惠而浦的巴西子公司布拉斯滕普工厂门口派发传单，一名二十岁左右、长着亚洲面孔的年轻工人发现了他。那时是清晨5点半，磨工保罗·奥卡莫托来到工厂准备上班，正和装配线上的同事闲聊，他看见一个胡子拉碴的人在发传单，一眼便认出了那个经常上报纸和电视接受采访的身影：

“哎呀，那人不是工会主席卢拉吗？”

“好像是他，我觉得真是。”

“我的天，这么个大人物，怎么会大清早跑来工厂门口发传单？我去看看他给工人发了些什么。”

令他惊讶的不仅是发传单的人，还有传单的内容。卢拉认为那是工会宣传的巨大飞跃。工会印发的传单不再是工人看一眼就扔掉的那些统计企业如何靠员工盈利的让人看不懂的图表，而是包含两页漫画故事的每日简报。这些小故事由工会干部创作，并得到了经验丰富的工会活动家安东尼奥·卡洛斯·费利什·努内斯的协助。插画师则是创造“若昂·费拉多”的拉埃特，以及享誉全国的米纳斯吉拉斯画手、绰号“恩菲尔”的小恩里克·德索萨(Henrique de Souza Filho)，甚至连《纽约时报》的漫画版面上都有他的作品。

在布拉斯滕普工厂门口吸引“日本人”奥卡莫托的注意力的不仅是那些漫画故事——恩菲尔口中的“卡通小人”。奥卡莫托的父亲是日裔巴西人。自十四岁成为孤儿以来，奥卡莫托一直独自生活。他遵规守纪、勤奋好学，梦想是成为工程师，先在国家工业技能培训服务中心进修了磨工和工具工课程，后来进入ABC的五角大楼学校修习工业技术，毕业后在大众公司上班，白天工作，晚上学习。他那时还未成年，只能拿到最低工资的一半，但他每天凌晨4点起床，6点进厂工作。年满十八岁后，他可以上夜班了，于是大众公司安排他轮班——每个月十五天白班，十五天夜班。但是这样，他晚上就没法学习了。工会替他想了个办法：凭借他的职业履历，他完全不必屈从于大众公司的强制轮班制度，而可以找一份更好的工作。比原来工资更高的新工作就在布拉斯滕普，也正是在这里的大门口，他遇见了那个发传单的大胡子先生。那次偶然相遇促成了两人一生的友谊。保罗·奥卡莫托一直追随卢拉，后来加入了劳工党（成为圣保罗支部主席）、劳动者统一中心、卢拉研究所，甚至联邦政府。他为人低调，不喜欢聚光灯和新闻报道，在卢拉当选总统后担任的唯一职务是巴西小微企业联合会（Sebrae）主席——政府中某个三线领导岗位，这还是朋友几乎逼着他接受的。

从物质收益角度看，1977年的成绩平平无奇。卢拉直到那年8月还在为34.1%的工资补偿奋斗，但最终失败了。而从政治上看，它为1978年到1979年波涛汹涌的工会运动打下了基础。金属工人已经决定与政府和劳动法院这样的中间机构脱钩，各工厂中的工会组织也日渐巩固。除了大众、斯堪尼亚、福特这些大厂，在一些工人数量不多、向雇主施压能力较弱的小厂中同样如此。卢拉不与瓦加斯时代延续下来的工会官僚打交道，转而和贡献巴西

GDP的重量级人物私下会晤，例如克劳迪奥·巴尔德拉（Claudio Bardella）、保罗·弗兰奇尼、埃纳尔·科克（Einar Kok），还有若泽·明德林，特遣队曾在酷刑中威逼弗拉基米尔·埃尔佐格揭发其与共产党的关系。用当时流行的话说，卢拉正在变成“潮流”人物。

盖泽尔在推进“缓慢、渐进而安全”的政治开放计划的同时，一方面面临极右翼军人的阻挠，另一方面，社会各界也开始组织反独裁的民众运动，提出直接选举及“广泛、普遍和无条件大赦”等诉求。参议院主席、皮奥伊州的佩特罗尼奥·波特拉（Petrônio Portela）深得盖泽尔及其继任者若昂·菲格雷多这两位“开放派”将军的信任，他小心翼翼地晃动着民主的摇篮。如果说盖泽尔犹豫不决的再民主化方案遭遇了阻碍，卢拉这边也有自己的硬骨头要啃。当精明圆滑、号称“军事独裁中的文人之星”的参议员波特拉邀请反对派举行非正式会晤（但并不事先承诺任何开放举措）时，卢拉自然也收到了邀请。在保证自己能提出一系列诉求后，卢拉接受了邀请，但身边的同事让他左右为难。他们有着各种各样的政治倾向，每个人的立场都不一样。卢拉也明白自己身边有着怎样的政治生态：

“有些同事和教会有联系，有些和人民行动有来往，还有些组织我根本不认识。‘小德国佬’是这个组织的，小奥斯马尔又是那个组织的，瓦格纳·利诺（Wagner Lino）是共产党的。每场大大小小的会议上都有反对派。”

大量记者聚集在国会大楼附近，等待着卢拉和参议员波特拉的会面。最引人注目的一点是，工会领袖全程把一件牛仔布外套搭在胳膊上，下身配一条黑色长裤。闭门会议结束后，《请看》杂志记者埃利奥·多伊莱（Hélio Doyle）和陪同卢拉的工会干部一起去“温馨小屋”餐馆吃腌肉，雅科·比塔尔（Jacó Bittar）、奥利维奥·杜特拉（Olívio Dutra）、若昂·保罗·瓦斯康塞洛斯（João Paulo Vasconcellos）和阿纳尔多·贡萨维斯（Arnaldo Gonçalves）等人都在场。除贡萨维斯是巴共党员外，另外几人都是后来于1980年成立的劳工党中的核心成员。埃利奥·多伊莱虽然是反独裁秘密组织“红翼”的领导人，但与波特拉私交甚好，他最好奇的问题不是参议院中的钩心斗角（他后来也找波特拉聊了这件事），而是为何卢拉在整个会面过程中一直把那件不雅的牛仔布外套搭在胳膊上，到最后也没穿。在旁人看来，仿佛是衣衫不整的工人在对抗衣冠楚楚的政府代言人，但卢拉解释说，那不是他的本意：

“我们在巴西利亚下飞机的时候，他们告诉我，进国会大楼必须穿西装、打领带。有人借给我一件外套，但到了之后发现不合身，那外套又短又紧。为了不丢脸，我只好拿在手上。”

与盖泽尔政治“减压”（distensão）策略的文人执行者会面过后的几个月里，卢拉多次往返巴西利亚，每到最后都因一个令他吃惊的发现而闷闷不乐：在当时的430名国会议员（364名联邦众议员和66名参议员）中，只有两名是工人出身，且都代表圣保罗州出任联邦众议员。一位是卡洛伊自行车厂的工具工奥雷利奥·佩雷斯（Aurélio Peres），他拥有哲学学位，是工人牧灵运动的活跃成员，与天主教会的基督徒底层团体往来密切。1974年，他被特遣队逮捕并受到刑讯，出狱后担任圣保罗市“生活成本运动”（Movimento do Custo de Vida）的协调员。另一位议员是圣安德烈金属工人贝内迪托·马尔西利奥（Benedito Marcílio）。两人都是巴西民主运动党员。

工人阶级在议员中的占比极低，可以说几乎没有代表，这一点令卢拉十分震惊，也给他的政治生涯造成了深远的影响。在那之前，他常在采访和集会上宣称自己不喜欢政治，“也不喜欢那些搞政治的人”。这话适用于所有人，但工人除外。自那以后，ABC地区的政治运动中流传着一句简明扼要的宣传语，据说出自卢拉之口：“学生该待的地方是学校，神父该待的地方是教堂。谁要想创建工人党，他自己得先穿上工作服。”卢拉有意涉足传统政界的消息在圣保罗大学、圣保罗天主教大学和各联邦大学校园中口口相传，左翼群体纷纷陷入狂热——尤其是那些似乎总让卢拉感到不安的学生：

“有个家伙来到工会，想要找点事干，”卢拉又讲起那个故事，哈哈大笑，“在询问他的职业之前，我先看了看他的手。错不了：手掌光滑，没有一块茧，这人肯定是托洛茨基主义者。”他总将“托洛茨基”念成“托洛提基”。

在由卢拉带领的、即将创立劳工党的小团体中，他总告诫大家要警惕托派“渗透”，这并非由于托派分子在政治上占据重要地位，而是因为他们煽动群众的能力无人能敌。在骚动不安的巴西学生运动中，托洛茨基，即列夫·达维多维奇·勃朗施坦

(Liev Davidovich Bronstein)的追随者无处不在。1940年托洛茨基流亡墨西哥期间，被西班牙共产党员拉蒙·麦卡德·德里奥(Ramón Mercader del Río)用冰镐击中头部身亡。巴西政治舞台上的托洛茨基主义者也分许多派别，其中较受学生和知识分子推崇的至少有三派：朗贝尔派，追随法国政治家皮埃尔·朗贝尔(Pierre Lambert)；波萨达斯派，追随阿根廷的胡安·波萨达斯(Juan Posadas)；曼德尔派，追随比利时的埃内斯特·曼德尔(Ernest Mandel)。还有很多其他派别，但这三派最受欢迎。费尔南多·恩里克·卡多佐后来透露，他在墨西哥城机场"出于礼貌帮埃内斯特·曼德尔的夫人提了行李"，这一举动被人拍了下来，自己竟因此被贴上托派分子的标签。

几十年后，卢拉回忆起大型媒体几乎一致追捧自己的那几年时，总是忍俊不禁：

"我说'我不喜欢政治，也不喜欢那些搞政治的人'的时候，报纸和电视台高兴得不得了。媒体就喜欢这个。总算见到一位纯粹的工人！总算来了个不贪图权力的人！总算不是共产党了！那简直是偶像崇拜。"

报社或许还没意识到，与佩特罗尼奥·波特拉的会面，以及惊讶地发现国会中几乎没有工人代表这件事，一直在卢拉脑中挥之不去。成立一个纯粹由工人组成、没有雇主和职业政客的党派，一想到这儿他就会心痒。20世纪70年代末，巴西正值群众运动高潮期，卢拉几乎没时间干别的事：他一场接一场地组织罢工，暂时搁置了组建政党的想法。卢拉在向阿尔蒂诺·丹塔斯(Altino

Dantas）口述时提到，那时每周都有罢工，无一例外：

“我们每周都搞两三次罢工。任何事都可能引发罢工，大家像疯了一样。工会干部觉得这主意不错。老板喊个不停，工人甩手不干。于是1978年，工会也加入了罢工的斗争。你看，问题的关键其实就在这儿：工会干部不需要从事生产工作，我们每天就在工厂里走来走去，搞工会活动。因为这事，梅赛德斯-奔驰打算解雇两名干部。我们发布了一份简报，告诉工人公司要解雇两名代表工人利益的同事。今天炒他们鱿鱼，明天所有人罢工。最后奔驰妥协了。”

多年来，尤其是第五制度法案发布以后，每个人头上都悬着把刀，讨论罢工就是自寻死路。卢拉回忆说，1974年，他还是工会秘书长的时候，一群福特工人找到他，想号召工具生产线罢工。卢拉心里没底，于是找来一位经验更丰富的干部同事商议。同事的回答令人不寒而栗：

“罢工是国家严令禁止的。谁搞罢工，就会被抓起来拷打。他们会把你绑在椅子上，肛门暴露在外面，用瓶子的瓶口插进去，然后打破瓶底，烧烂你的肠子。他们还会放小老鼠进去。”

面对赤裸裸的恐怖主义行径，只有疯子才敢在工厂里闹罢工。即使最乐观的人也认为，罢工的后果至少是蹲监狱。而据卢拉所言，1978年之后，“势头完全变了”：

“你看，没有哪座监狱能关得下所有人。要是一个人搞罢工，他会被打垮。但要是所有人一起罢工，他们就拿我们没办法。”

这话听起来像是候选人拉选票时的演讲，但“新工会主义”的确驱散了压制工人多年的恐惧。那并不是一句空话，1978年4

月至5月发生的事件便是最好的证明：当时两名工人——没错，只有两名——吉尔松·科雷亚·德梅内塞斯（Gilson Correia de Menezes）和塞韦里诺·阿尔维斯·达席尔瓦（Severino Alves da Silva）决定挑战拥有百年历史的瑞典公司萨博-斯堪尼亚，这家公司是全球重型卡车、公交车、工业和海运发动机生产的领军企业。当年官方公布的通胀率为39.9%，公司上调工资的幅度也正好是39.9%，分毫不差。吉尔松和塞韦里诺是两位上任仅十八天的新工会干部，从来没参加过罢工，两人花了几天时间，在工厂每台机器前停下，向工友们重复着同一句话：

“我们的诉求是在官方39.9%的基础上再涨3%的实际工资。如果不给这3%，我们就罢工。听明白了吗？要么涨3%，要么全都停工！”

他们的宣传不仅传到工人耳中，也传到了斯堪尼亚公司的瑞典籍经理英厄·伦纳达尔（Inge Lunnerdal）那里。伦纳达尔私下找两人会面，经过数轮谈判，最终答应了他们的诉求，前提是ABC工会不得将这项让步作为工厂的败绩到处宣传。

5月10日发薪那天，工人领到了工资——但工资并未像两位干部和斯堪尼亚管理层协商的那样上涨3%。厂里的传言是，伦纳达尔收到了劳工部区域代表的严词警告：如果工资涨幅超过官方规定的39.9%，斯堪尼亚将受到政府的严厉处罚和制裁。第二天，吉尔松和塞韦里诺来到工会，向卢拉通报决定：

“老兄，明天让斯堪尼亚停工吧。”

这话听起来太疯狂了，卢拉甚至没当真。两人又重复了一遍：

“我们已经谈好了，要在通胀率之外给大家再涨3%。今天工资单出来了，只有那39.9%的通胀率调整。我们已经警告过很多次了：要么涨3%，要么停工。明天我们就罢工。”

结果他们真的罢工了。吉尔松和塞韦里诺几乎凭着一己之力让斯堪尼亚三千名工人停工，这令卢拉、其他工会成员、公司管理层和劳工部区域代表维尼修斯·费拉斯·托雷斯（Vinicius Ferraz Torres）个个惊讶不已。劳工部代表用威胁的口气说：

“你们最好回去工作。国家可是需要很多生产力的。”

一名工人的回应让代表打起了退堂鼓：

“我们不回去。谁惹了麻烦，谁就得挨打。”

尽管媒体称之为“新工会主义”，但这场运动不是在工会内部，而是在工厂车间里诞生的。早9点到11点，会有一两名干部留守工会总部以应对紧急情况，还有一些文职人员负责福利事务。真正的活动都发生在工厂门口或工厂内。工人在午餐时间（通常为六十到九十分钟，因工厂而异）举行小型集会，如果能聚集一大群人，干部就会站到桌子上发表演讲。这样的战术不断扩散、号召力越来越强，最后连工厂经理也没法控制动乱的人群。如果经理不许工会干部在自己的部门演讲，他们就会硬闯进去。

“事情越闹越大，”卢拉回忆道，“如果继续那样发展下去，不出一年，我们就能控制所有工厂。我们的力量不断壮大，大家都在工厂内争取活动自由。”

不仅是小工厂，在像奔驰和斯堪尼亚这样的行业巨头中也是如此。装配线突然停止运转，工会干部爬上工作台发表演讲。部门的工人停工十到十五分钟，大家听工会干部讲话，拿到恩菲尔或者拉埃特绘制的两页小漫画，机器再重新开始运转。这不是罢工，也没有中断班次，而只是一场有关工资、工作条件和企业拒绝承认工人权利的简短宣讲。“干部该待的地方是工厂不是工会”成了流行的宣传口号。

自从1968年米纳斯吉拉斯州康塔任和圣保罗州奥萨斯库的两起著名罢工后，工厂门口人头攒动的局面几乎完全消失了。奥萨斯库的那场罢工由二十岁的金属工人若泽·伊卜拉因（José Ibrahim）领导，他是地下武装组织革命人民先锋队（VPR）成员，有超过四百名工人在罢工中被捕。

卢拉还记得，1978年他第一次带领纠察队占领了迪亚德马市的雷西尔汽车零件厂，那里只雇用女工，数量大约有五百人。许多女工仅十六岁出头，工厂主觉得这些年轻女孩缺乏经验、不敢反抗，于是肆无忌惮地压低工资，拒不履行劳动法规定的义务。罢工发起后，为鼓励更多工人参加，工会花光所有资金，买来成箱的盒饭在会议大厅发放——女工们的一大抱怨便是工厂没有食堂，附近也没有好的餐馆。

趁着失业危机蔓延于ABC地区之时，雷西尔金属工厂采取了一个自认为高妙的计划：他们在整片地区发布招聘广告，以更低的工资招聘普通妇女，来代替闹罢工的几百号女工。意识到雷西尔的阴谋后，卢拉召开了一次集会，提议带人占领工厂入口，阻止新招聘的妇女以低廉工资顶替岗位。卢拉没有用“纠察队”的字眼，因为这意味着和老板发生冲突，他提议罢工者组成一道“前进链条”，谋求体面的工作和公正的薪资。行动前一天，工会小组勘察了工厂地形，确定了人员进出的各个点位。第二天凌晨5点，数百名女工占据了工厂的所有入口——她们不是站着，也没有采取进攻态势，而是手挽手坐在地上，形成一道人链。早上6点半，黑白相间的秩序局警车来到现场。一名持枪警察上前警告说：

“你们起来，把通道让开，否则我们就叫军警的防暴部队来了。”

让所有人，尤其是警察感到震惊的是，女工们没有被吓倒。一个女孩坐在原地回答说：

“你可以叫防暴部队，叫什么部队来都行，我们反正不走。”

有些女孩对警察撒娇，说着“你人这么好，真的忍心打我们吗”之类的话，卢拉在她们当中认出了一位“社会主义融合运动”（Convergência Socialista）的积极分子，那是活跃于ABC地区的众多托派组织之一。卢拉叫她离开人链：

“走吧，你在这只会捣乱。警察要是抓住你，他们会说是融合运动在搞罢工。”

早上7点，一辆私家车想要穿过人链。女孩们没有让步，车上的人说道：

“我是工厂主，我必须得进去。”

一名女工回击道：

“今天工厂主也别想进去。要么满足我们的诉求，要么工厂主也别进去。”

经过一番混乱和争吵，人们对着汽车拳打脚踢后，工厂主这才意识到谈判是最好的解决方式。卢拉和贾尔马·博姆进入工厂，在里面待了几个小时，拿到一份谈判纪要后离开。在这之后，工厂向全体女工支付了已经拖欠几周的工资。

1978年，除了日益高涨的罢工运动外，还有其他事情让独裁政权苦不堪言。从1975年起，全国各地涌现出大量呼吁大赦的群体，这一运动的力量在1976年市政选举期间发展壮大。大赦运动的发起人是社会工作者特雷西尼亚·泽尔比尼（Teresinha Zerbini），她的丈夫欧里阿莱·德热苏斯·泽尔比尼（Euriale de Jesus Zerbini）将军曾在1964年政变中被革职。1978年，由专为政治犯辩护的年轻律师路易斯·爱德华多·格林哈尔希领导的巴西大赦委员会（CBA）在工会和学生运动中开展活动，该组织在全国几十个州府和受政府迫害的流亡人士定居的重要海外城市设有分支机构。后来，时任美国第一夫人、民主党总统吉米·卡特（Jimmy Carter）的妻子罗莎琳·卡特（Rosalynn Carter）成了大赦委员会的非官方赞助人，这项运动也由此步入了高潮，但独裁政府，尤其是盖泽尔将军怒不可遏。政府中少数愿意谈及此事的发言人明确表示：即使有极微小的可能实行大赦，也只会释放正在服刑的“颠覆分子”，允许海外流亡者回到巴西，至于惩办政府特工、施刑者和被控对政治犯施暴的官员，那是不可能的事情。

军官皮靴中另一块隐隐作痛的鸡眼是定于1978年11月举行的州长、参议员、联邦众议员和州议员选举。州长由州议会间接选举（大多数州议会成员属于亲政府一派）。参议员每三名中有一名不通过选举产生，而由总统直接任命。为防止政府再像1974年和1976年选举时那样蒙羞，1977年盖泽尔将军特意颁布了“四月一揽子法令”(Pacote de Abril)并以修正案形式将其纳入1967年宪法，其中一项便是设立所谓的“傀儡参议员”(senadores biônicos)。

1978年11月选举的最终结果并不能证明军事独裁已经终结——当时还没有电子投票机，一张张选票都要用笔填写，再进行统计——但毫无疑问，它已行将就木。圣保罗州是最突出的例证：在国家最重要、人口最多的州，官方政党全国革新联盟的议员在州议会中占绝对多数，远超弱小的反对党巴西民主运动，但军政府还是在州长间接选举中败下阵来。独裁政府推出的候选人是曾任州长和副州长的银行家劳多·纳特尔(Laudo Natel)，而当选者却是圣保罗联邦储蓄银行前行长、圣保罗前市长、富豪保罗·马卢夫，他过去获得那些职位从未依赖任何民众支持。

角逐唯一一个参议员席位的热门选手是为人严肃的安德烈·弗兰科·蒙托罗(André Franco Montoro)，他最终成功连任。蒙托罗的政治生涯始于1950年，他当时和雅尼奥·夸德罗斯(Jânio Quadros)当选了同一届圣保罗市议员。作为知名的基督教民主人士，他于1954年当选州议员，并在1958年、1962年和1966年三次当选联邦众议员。在巴西短暂的议会制政体期间[①]，他曾在

① 1961年，巴西时任总统雅尼奥·夸德罗斯辞职，副总统若昂·古拉特接任总统。由于古拉特立场偏左，保守的军方不愿让他上台执政，威胁要出手干预。双方最终达成妥协，于1961年9月将巴西政体由总统制改为议会制，削弱了总统的权力。然而心怀改革计划的古拉特不甘受制于议会，遂于1963年1月发动全民公投，以压倒性优势恢复了总统制。

首相坦克雷多·内维斯(Tancredo Neves)的内阁中担任劳动和社会保障部部长(1961.9.8—1962.7.12)。1964年军事政变后不久,他加入了巴西民主运动。他在1978年参议员选举中的主要对手是著名律师、麦肯齐大学校长克劳迪奥·伦博教授。伦博加入了支持可憎的军事独裁的全国革新联盟,担任圣保罗州党主席,这与他本人的职业生涯和正直性格颇为矛盾。

然而,舆论领袖将目光集中在第三位议员候选人的身上。独裁政府发明了一项名为"候补名单"的法律机制,允许同一个政党中最多三位候选人竞争同一个参议员席位。得票最多者将当选参议员,而第二名将自动成为候补。这一怪胎政策创造出了"次级参议员"或"副参议员"的奇怪角色。为了迎合左翼选民,巴西民主运动利用候补名单机制,在候选人蒙托罗后面加上了另一个名字——备受尊敬的社会学家费尔南多·恩里克·卡多佐,独裁政府将他从圣保罗大学解雇,他后来流亡法国,曾在索邦大学任教。卡多佐在竞选中和伦博一样初出茅庐,但这位可亲可敬的学者曾与其他受军政权迫害的知识分子一起创建了巴西分析规划中心(Cebrap),一个汇集了各路进步学者的智库,其中许多人曾是20世纪50年代末卡尔·马克思《资本论》青年读书会的成员。由于曾受极右翼组织袭击——1976年9月,巴西反共联盟(AAB)向分析规划中心投掷了一颗炸弹——为避免惹上新麻烦,卡多佐谨慎地选择与游击队相关人员保持距离。他曾向《圣保罗页报》透露,一位刚刚出狱、正在找工作的年轻经济学家维尼修斯·卡尔代拉·布兰特(Vinicius Caldeira Brant)找到自己,而他只问了一个问题：

“我说，我可以给你找点事做，但我要问一个问题：‘你与任何武装组织有联系吗？’因为如果有，那我也没办法了，他们会炸掉分析规划中心的。”

卡多佐作为候补加入巴西民主运动的候选人名单，这件事在党内引发了不满。首先是因为他完全缺乏竞选经验，他自己在回忆录中也承认了这一点：

> 最初，我的竞选活动像一场错误百出的闹剧。我的第一次演讲让一些观众睡着了，是真的睡着了，因为听我讲话像在上社会学课。我曾经在欧洲生活过，不少人觉得我是脱离巴西现实的学术精英。我在演讲中引用法国和英国作者的话，这对于竞选毫无帮助。在一场堪称灾难的竞选活动上，有人问我如何看待巴西无地农民运动，我回答时给听众上了一堂关于16世纪英国土地分配问题的讲座课。

卡多佐与蒙托罗之间的矛盾也很明显。蒙托罗有意在独裁统治结束后竞选州长甚至总统，他自然希望独自成为候选人来谋求连任，这样他获得的选票将会堆积成山，那或许是州级选举中前所未有的场面。但巴西民主运动的左派固执己见，最终确定由蒙托罗领衔参选，卡多佐候补。卡多佐竞选活动的成功之处在于，音乐家希科·布阿尔克戏仿了《起床了，美人玛丽亚》（“Acorda, Maria Bonita”）这首由前悍匪沃尔塔·塞卡（Volta Seca）创作、阿里·科尔多维尔（Ari Cordovil）重制的歌曲，经过重新填词的歌曲颇具挑衅意味且十分流行，费尔南多·恩里克·卡多佐的竞选集会和游行活动总以这段歌谣开场和作结：

我们不要再选权贵
我们不要再选监工
我们现在干劲充沛
费尔南多·恩里克议员必中

而当民意调查表明卡多佐没有任何胜算时（他最终位列第二，领先于全国革新联盟的克劳迪奥·伦博），蒙托罗的支持者又以幽默的方式回击，创作了这首歌的另一个版本：

我们已经花光家当
我们已经告别校长
我们现在一落千丈
费尔南多·恩里克只是教书匠

不过，卡多佐竞选活动中的政治亮点并非希科·布阿尔克创作的歌曲，也不是由布鲁纳·隆巴尔迪、埃娃·维尔马（Eva Wilma）、卡洛斯·扎拉（Carlos Zara）和詹弗朗切斯科·瓜尔涅里等一众明星组成的，在台上和演出中弄脏了鞋子、缤纷喧闹的助阵队伍。亮点在于，卡多佐亲自来到ABC地区的工厂门口开展竞选宣传，而引领他的正是几个月前公开排斥政治与政客的大胡子先生（“我不喜欢政治，不喜欢政客，也不喜欢那些搞政治的人”）。没错，正是曾在工厂门口和纠察活动中驱赶政客、不让他们拉取工人选票的那个卢拉。关于这次“1978年历史性联盟”的叙述有无数版本，它们全都出现在选举结果公布之后，而且几乎都自相矛盾。卢拉和卡多佐两人由伯南布哥社会学家弗朗西斯科·“希科”·德奥利韦拉介绍相识，此人是卡多佐在巴西分析规划中心的同事。

结果不出所料。除了“傀儡参议员”、寂寂无闻的律师安东尼奥·奥斯瓦尔多·多阿马拉尔·富兰（Antônio Osvaldo do Amaral Furlan）获得任命之外，投票结果表明军方遭受了“当头一棒”。蒙托罗以64%的得票率连任参议员，费尔南多·恩里克·卡多佐和克劳迪奥·伦博分别获得18%和17%的选票。来自圣保罗右翼势力、只求追名逐利的保罗·马卢夫击败军方候选人劳多·纳特尔，当选州长。众议员选举的情况也是一样。圣保罗州在联邦众议院共拥有五十五个议席，其中全国革新联盟只获得十八席，而巴西民主运动获得三十七席。州议会的席位分布情况对政府来说更是耻辱——执政党仅有二十六名议员当选，不及巴西民主运动五十三名当选议员数量的一半。

第十四章

卢拉在ABC面对警察和雇主群体时，布里佐拉试图重振巴西工党，却受到戈尔贝里阻挠

在巴西，1979年的起点并非公历规定的1月1日，而是两个半月之后的3月15日。这一天，面色红润的埃内斯托·盖泽尔将军卸任共和国总统，携妻女搬到了特雷索波利斯的苦楝树度假村。对有些总统而言，优美典雅、屡获殊荣的黎明宫并非梦想中的官邸。盖泽尔抱怨称整栋房子里都弥漫着厨房的油烟味。近四十年后，短暂接任总统的米歇尔·特梅尔只和家人住了七天便搬了出去：

“从住进黎明宫的第一晚开始，我就睡不着觉，”迪尔玛·罗塞芙的继任者特梅尔透露，“里面的气氛不对。”

3月15日当晚，新任总统若昂·巴蒂斯塔·德奥利韦拉·菲格雷多将军和活泼好动的妻子杜尔塞夫人决定在巴西利亚的托尔图乡间别墅下榻。保罗·马卢夫将沮丧的劳多·纳特尔赶回了位于奥萨斯库的布拉德斯科银行办公室。在联邦众议院，巴西民主运动还差5%才能占据多数议席，尽管如此，议会中还是挤满了所

谓的“正统派”(autênticos),即媒体口中那些不满于军政府所设立的形式上的反对党的议员。

3月10日星期六傍晚,距巴西利亚九百公里的圣贝尔纳多下着小雨。卢拉领导的金属工人无心关注共和国首都各酒店大堂中沸沸扬扬的政治活动,他们聚集在工会院子里,经举手表决一致通过罢工决定,要让这片产出巴西10% GDP的工业园区停止运转。在如此重大的决定背后,工人和老板之间约20%的薪资分歧似乎显得微不足道:企业计划加薪57%,而工会要求加薪78%。乍一看,似乎不值得为了这点钱大动干戈,但想要对这些数字有个基本的概念,我们必须知道,巴西应用经济研究所(IPEA)的数据显示巴西当年的基尼系数(衡量社会阶层间收入不平等的指标)高达0.593。既然卢拉宣布金属工人即将“进入战斗状态”,最明智的做法就是将工会决定传达给更多会员。为此他在深夜召集了另一次集会,并将下一次集会定在周日早晨。

周日参加集会的人数多得惊人,工会不得不向圣贝尔纳多市长,性情平和的律师、巴西民主运动进步派人士蒂托·科斯塔(Tito Costa)借用科斯塔-席尔瓦元帅市立体育场(民众惯常称之为维拉·欧克利德斯体育场),这里的看台和草坪上能容纳大约六万人。在1979年3月征用能容纳六万人的空间开展罢工集会,在旁人看来,做出这档事的要么是疯子,要么是极度自负的工会活动家。

当蓬头垢面、因失眠而双眼通红的卢拉来到维拉·欧克利德斯体育场的集会上时,他回想起了1978年11月19日星期六的下午，那时他和朋友德瓦尼尔、“德国佬”等几人前往莫伦比球场，观看他最爱的科林蒂安队对阵坎皮纳斯瓜拉尼队的比赛。那是幸运的一天：卢拉支持的球队以3比2战胜了瓜拉尼队，开场进球的是俱乐部头号明星——绰号“博士”、身材瘦高的医学生苏格拉底·布拉济莱罗·桑帕约·德索萨·维埃拉·德奥利韦拉，军政府的坚定反对者。莫伦比球场能容纳超过六万名观众，当看到那片人海时，卢拉对身边的米纳斯吉拉斯州友人，一个和他一样的工会成员说道：

“妈的，‘德国佬’，你看！假如哪天工会集会能有这儿的一半人参加，我们就能把巴西翻个底朝天。”

而在3月那个星期天的清晨，车床工人卢拉踏进维拉·欧克利德斯体育场时，看到的正是他曾经遥想的景象：草坪、看台、树木、路灯柱、围墙和四周街道上都挤满了来听他演讲的人。大概有三四万？每个人的估计都不一样。卢拉和工会同事都没料到会有这么多人。现场没有讲台、遮阳篷、保安队，甚至没有最基本的扩音器或音箱，来将他沙哑的嗓音传达到如此庞大的听众耳中。一切都需要临时准备。搭建讲台并不难：工会成员把四张塑料桌拖到草坪中央，这种普通桌子在巴西各地的小酒馆随处可见。但在没有音响设备的情况下，为了让众人听到卢拉的声音，只能采用最原始的方式：最近的一圈听众复述他喊出的每句话，然后依次向外圈传，直到他的话重复了两遍、三遍、四遍，才传到体育场的边缘：

“朋友们，同伴们……”

"'朋友们，同伴们……'"

"我们今天要在这里决定是否和老板对抗……"

"'我们今天要在这里决定是否和老板对抗……'"

"他们又想吞掉我们的一部分工资，但这次我们要挺住！老板撑不过十五天的罢工！"

"'他们又想吞掉我们的一部分工资，但这次我们要挺住！老板撑不过十五天的罢工！'"

演讲继续进行，直到成千上万的男女高举起白色的、黑色的、棕色的、黄色的双手，一致通过决定：ABC地区将于下周二0点，即新总统就职前两天停工。真的会停工吗？卢拉回忆说，那晚11点半，罢工倒计时开始时，工会总部的众人如坐针毡，"像孩子在圣诞夜期盼圣诞老人"，又像是在等待火箭发射。午夜时分，第一个消息传来：

"舒勒停工了！"

接着又来一个：

"珀金斯停工了！"

随后传来重磅消息：

"大众也停工了！"

连大众这家历史上从未全面停工过的企业，也被迫关停了机器。

"梅赛德斯-奔驰停工了！"

"福特停工了！"

"梅塔加尔停工了！"

"布拉斯滕普停工了！"

卢拉回忆说，每支加入罢工的团队都会关停机器，然后来到工会：

“一整晚都有人源源不断地进来。我们的集会从半夜一直开到第二天中午。工人拥进来，挤满工会大厅，然后就开会。一拨人走了，又进来另一拨。工会一整晚都挤满了人。”

随后，罢工迅速扩展到圣保罗州多个工业城市，并得到艺术家、知识分子以及行事低调但强而有力的基督徒底层团体的支持。圣贝尔纳多的工人行动逐渐影响到其他工业中心，如帕拉伊巴河谷和从坎皮纳斯到阿拉拉夸拉以北的整个地区。据说全州已有数十万工人参与罢工。

之所以决定在那年年初举行罢工，背后有很多原因。即将卸任和即将上任的政府都在大谈开放而非压制。1978年的小规模罢工或“闪电罢工”的成功激励着运动继续推进。推翻伊朗沙阿礼萨·巴列维（Reza Pahlevi）的政治动荡引发第二次石油危机，再次撼动了国际经济；1978年至1979年间，巴西的通胀率从40.8%飙升至77.2%，外债也从1977年的略高于320亿美元跃升至1978年的435亿美元，1979年底已接近500亿美元。国内政治方面，全国革新联盟的接连选举失利无疑让独裁政权在对抗工会前三思而行，因为如今工会动员的已不再是数百，而是成千上万名工人。这一年对于工人来说似乎充满了希望——但那只是表象。

为了保障金属工人的政治和人身安全，一小群政治家、知识分子和宗教人士在圣贝尔纳多和周边工会中不定期轮流值班。他们觉得，议员坐镇现场能阻止过激的镇压手段，至少也能亲眼见证针对卢拉及其同事的暴力行为。除了穿西装、打领带（并非所有人都这样做），他们还将印有圣保罗市议会徽章的黑色公务车停在附近，以示某种权威。3月22日周四的轮值人员包括蒙托罗议员的候补——费尔南多·恩里克·卡多佐教授，共产党阵营的安东尼奥·雷兹克（Antônio Rezk）和巴西民主运动的热拉尔多·西凯拉（热拉尔迪尼奥）两位议员，以及本书作者。

几人在“鸡肉一条街”上吃了晚饭，那是位于玛丽亚·塞维德伊·德马克大街上的一排紧挨着的餐馆，它们都提供一道特色菜——鸡肉配波伦塔薯条，这道菜常吸引成百上千的游客来到ABC地区。晚餐的话题自然是政治。每个人都发表了自己的看法，多数人担心后续几天的事态发展，只有费尔南多·恩里克·卡多佐教授并未表现出悲观情绪。他总是风度翩翩，穿着肘部覆盖皮革的粗花呢外套，尽管在巴西政治事务中的经验有限，但1978年的选举联盟让他与金属工人，尤其是与卢拉关系密切，卢拉也很尊敬他。

在回忆录《意料之外的巴西总统》[①]中，卡多佐讲述这顿晚餐时混淆了1979年和1980年发生的两件事情。除了漏掉当晚的两位同伴（西凯拉和雷兹克），前总统将自己发表的见解也一并略过了。而据卢拉等人的回忆，卡多佐安抚了其他同伴，他分析政治局势，认为正在享受总统蜜月期、延续政治开放策略的菲格雷多不敢

① 原书名为*O improvável presidente do Brasil*，中译本书名为《巴西崛起：传奇总统卡多佐回忆录》。

冒险与ABC的金属工人对抗。他建议大家放宽心，吃完晚餐各回各家——他也的确是最先告辞的。而在回忆录的同一段落中，卡多佐的自述又显得矛盾：

我们通过收音机得知，军方已经动用权力干预工会，撤销了卢拉的领导职务。没过多久，他便被关进监狱。军方应该并不打算长期关押卢拉。当局只想吓唬吓唬他，然后再放他出去。但悲剧的发生不顾这些笨拙的意图：卢拉仍在狱中时，他的母亲去世了。他获准在警察监管下参加葬礼，我和许多朋友同事也都去了。卢拉被警察围住，离我们远远地站着，显得颓丧至极。那场悲剧好像超出了个人所能承受的限度，让卢拉比以往更加悲痛。他甚至连哭都哭不出来。

费尔南多·恩里克·卡多佐回到圣保罗，卢拉则与剩下三位一起分享鸡肉配波伦塔薯条的议员同行，回到工会值班。他们玩了几局纸牌游戏，用一大瓶坎布西[①]甘蔗酒润润嗓子。午夜时分，骚乱突然爆发：与卡多佐的政治预判相反，军警的防暴部队用警棍开路闯入工会，宣布由劳工部部长穆里洛·马塞多任命的联邦督察员将接管工会领导工作。各地的督察员分别是：圣贝尔纳多的瓜拉西·奥尔塔（Guaraci Horta）、圣安德烈的阿尔弗雷多·加

① 坎布西（cambuci），一种原产于巴西的桃金娘科水果，外形酷似飞碟，可以用来泡酒。

尔塞斯（Alfredo Garcez）和南圣卡埃塔诺的安东尼奥·多纳托（Antônio Donato），几人都是劳工部官员。面对工会成员的抵抗，经过一番激烈冲突，督察员第二天中午11点才正式就任。与卡多佐回忆录中所写的不同，卢拉那次并没有被捕，他的母亲琳杜夫人是1980年5月过世的。

作为娴熟的谈判者，卢拉组织罢工的同时也尝试与老板谈判，坚持己方的诉求——并且阻止劳工部地区代表插足这些会面。他在召开集会的同时也与老板沟通，寻求一种无须劳动法院介入的解决办法。卢拉向前政治犯阿尔蒂诺·丹塔斯透露：

“我们拒绝的第一个提议，60%的工资涨幅，是他们在穆里洛·马塞多位于阿蒂拜亚的农场里提出的。我们没有马上拍板，只回答说工人集会也许会同意。”

达成协议的可能性令穆里洛·马塞多兴奋不已，他召集了圣保罗州工业联合会主席特奥巴尔多·德尼格里斯（Teobaldo de Nigris）、卢拉的老板之一阿尔贝托·维拉雷斯（Alberto Villares）以及“十四小队”的一些成员，其中包括温和派保罗·弗兰奇尼。卢拉与丹塔斯的对话表明，这位工人领袖清楚地知道，达成协议前必须先得到工人的认可：

“我当时想：逃脱这个局面的唯一办法就是说我要先去召开集会，然后溜掉。我让律师留下负责签署协定，老板们开香槟庆祝，彼此道喜。穆里洛·马塞多甚至打电话给西蒙森和菲格雷多报喜。结果穆里洛回到巴西利亚，却听到广播里说：‘圣贝尔纳多的集会刚刚否决了提议，协定最终没有签署。’”

虽然政府决定干预工会，撤销了原有干部的职务，但罢工仍在继续。卢拉开玩笑说，他是唯一一位被撤职后仍照常上班的工会活动家。应卢拉请求，克劳迪奥·乌梅斯主教准许罢工者在圣贝尔纳多母教堂的教区大厅会面。卢拉再度号召工人在维拉·欧克利德斯体育场举行集会，最终有六万到七万名工人出席。那时工会刚被接管几天，没有谈判的余地，因为双方都不肯让步。人群的嘘声盖过了罢工运动明星“小德国佬”和贾尔马的发言。受人尊敬的工会律师毛里西奥·苏亚雷斯甚至没有发声的机会。这时，卢拉灵机一动，出了一条缓兵之计：他提议工人给他四十五天的“信任期”，在此之后如果抗议活动还未结束，工人们可以回到工作岗位上：

“我们不希望以后还有任何人敢质疑工人的斗争力量。”

人们接受了“信任期”的提议，在此期间，被撤职的工会干部继续在教堂、社区和工厂门口动员金属工人。劳动节当天，许多人参加了在维拉·欧克利德斯体育场举行的劳动节活动。即便在人数统计上通常十分吝啬的军事警察也估计，大约有十五万人出席活动，将市立体育场团团围住。5月7日星期一，五千人挤满了维拉·克鲁斯馆，观看由艺术家工会的马里奥·马塞蒂（Mário Masetti）执导的音乐演出，演出人员包括埃利斯·雷吉纳（Elis Regina）、若昂·博斯科、贝尔肖尔（Belchior）、贡萨吉尼亚、雅尔兹·马卡莱（Jards Macalé）、贝特·卡瓦略（Beth Carvalho）、多明吉尼奥斯和法格纳等人。共计50万克鲁塞罗（约合2021年的5.5万雷亚尔）的演出收入全部用于资助罢工基金。压轴节目由工会干部贾尔马·博姆呈现，在卢拉致辞后，他清唱了皮欣吉尼亚（Pixinguinha）的浪漫流行曲《玫瑰》（“Rosa”）：

你是神圣而优雅
庄严的爱情塑像
由上帝所雕刻
满怀热情打造

罢工于5月12日结束，那天是圣贝尔纳多和迪亚德马工会成立二十周年的纪念日。第二天，六万名工人在维拉·欧克利德斯体育场、三千人在圣安德烈、五百人在圣卡埃塔诺分别集会，投票批准了三家工会的撤职干部与圣保罗州工业联合会“十四小队”签署的协定。得到工人批准的协议规定，收入为最低工资的1—3倍的工人将获得63%的工资涨幅。因此，对于1978年未获加薪的工人来说，如果收入低于最低工资的3倍，则工资涨幅为63%；收入在最低工资的3—6倍之间的，涨幅为57%。政府中止对工会的干预，5月18日，原领导班子重新接管工会。卢拉的对手在工厂里散布谣言，说他为3%的工资差距出卖了工人阶级。的确，63%的涨幅远不及激进派所梦想的78%，但3月的罢工运动有力地巩固了工会的组织和独立性。这不是一场辉煌的胜利，但工人也绝没有以失败者的姿态结束罢工。

在既没有赢家，也没有输家的情况下，政治动荡仍然持续不断。不仅ABC地区，全国各地的工会成员都在继续集会和暗中谋划。表面上，工资问题、“新工会主义”或“纯正工会主义”以及工人的结社和言论自由是会议讨论的核心内容，但与此同时，大家也讨论了将在后续数月中主导巴西和工会运动的三个议题：独裁政府宣布大赦，建立工人中央，还有那个在全国各地已经掀起广泛讨论的政党改革问题——这是独裁统治结束后必然面临的决定，人们要在此背景下创建一个工人政党。

军政府的严苛法律只允许有两个政党注册备案——形式上的反对党巴西民主运动和支持独裁的全国革新联盟，但在现实生活中，情况有所不同。巴西民主运动逐渐成为一顶巨大的政治帐篷，其下庇护着至少三个共产主义组织。首先是创建于1922年的巴西的共产党，该党由路易斯·卡洛斯·普雷斯特斯领导，忠于苏联的政治指导。其次是从巴西的共产党分裂出来的巴西共产党。得到巴西民主运动庇护的另一股马克思主义力量是“十月八日革命运动”(MR-8)——以切·格瓦拉(Che Guevara)遇害的日期命名，这一武装组织最初名为DI-GB，于1964年与巴西的共产党决裂。

除了极个别情况，即使这些共产主义者全部联合起来，也无法影响巴西民主运动的整体决策。这锅政治大杂烩中汇集了自由职业者、企业家、工业家、各种学术流派的学者和仅受利益驱使的职业政客，面对独裁政府，经常能看到彼此厌恶、不相往来的活动家并肩作战。里约人不乏幽默地说，巴西民主运动成功地将“全国民主联盟的鲸鱼”和“社会民主党的巨象”聚集在同一阵营中——这两个政党曾在热图利奥·瓦加斯执政期间不断争斗。[①]

卢拉和同伴们梦想中的政党，理念与巴西民主运动庇护的任何派别、分支和势力都不相同。无数名称从各工会人士的脑海中闪过，卢拉可能早已忘记了其中一项提议——“工人阶级党”，但他永远不会忘记那个日子——1978年7月15日，他在参加会议时接到一通来自圣贝尔纳多的电话，得知他和玛丽萨的第二个儿子桑德罗·路易斯刚刚出生了。十年后，卢拉在交给修士贝托的一份独家长篇自述中提到了那场会议：

“正是在萨尔瓦多巴伊亚酒店的那场石油工人会议上，产生了组建联合阵线来对抗军事独裁的想法。”

与会的重要人物中有两位国家政治明星，他们都希望建立一条卢拉提到的联合阵线。两人分别是若昂·古拉特执政时期的部长、1964年被免职的阿尔米诺·阿方索（Almino Afonso）和候补参议员费尔南多·恩里克·卡多佐。但显然，卢拉想建立的政党与他们所希望的并不相同。

“我在一次采访中说过，这条所谓的阵线太宽泛了，我们没有这么大的胃口，”卢拉解释道，“我主张建立的不是一条阵线，而是一个工人阶级的政党。这个想法最初也是在1978年7月15日那

① 此处似为作者笔误。全国民主联盟（UDN）和社会民主党（PSD）是1945年瓦加斯下台前夕才成立的政党，二者在民粹共和国的四届总统选举（1945、1950、1955、1960）中都是竞争关系。虽然瓦加斯于1951年至1954年再度执政，但考虑到其掌权时间主要集中于1930年至1945年（即所谓的“瓦加斯时代”），原文的表述并不妥当。

场会议上产生的。”

同样在这一天，卢拉意识到，创建新政党的想法已经激起了某些政治团体的兴趣——当然，必须等到两党制法律修订后才能付诸实践。如他本人所说：

“我们打算办一份小报，讨论如何建立一个只属于工人的政党，之后融合运动的人也来了，想抢先一步出版这份报纸。”

不仅是社会主义融合运动的托派分子，许多其他群体也在围绕这场脱胎于ABC罢工的运动开展活动。菲格雷多总统到1979年6月27日才签署大赦法案（法案并未惩处任何施暴者或服务于独裁机构的罪犯），但许多流亡者在此之前就已经偷偷回国，没有声张。也有一些人公开回国，毫不掩藏自己的行程。比如，阿尔米诺·阿方索早在1976年8月便抵达孔戈尼亚斯机场，比正式宣布大赦提前了三年。尽管他的名字曾出现在1964年的首批免职名单中——这意味着他是个大人物，阿尔米诺还是受到了律师、朋友和支持者的欢迎。被扣留在机场数小时后，他受到政治与社会秩序局局长罗梅乌·图马亲自讯问，随即获释。但还有一些反对派，即使秘密回国也可能被视为公然的挑衅。

其中一个便是记者富兰克林·马丁斯（Franklin Martins），他是1969年9月绑架美国驻巴西大使查尔斯·伯克·埃尔布里克（Charles Burke Elbrick）的主谋之一。富兰克林于1976年秘密入境，作为干部之一参加了“十月八日革命运动”大会，之后在国内待了三个月。尽管两米零五的身高非常显眼，但在此期间他并未受到警方的骚扰。富兰克林在大会结束后前往欧洲，心有不甘的他于1977年3月再次回国，并安然无恙地等来了两年后颁布的大赦法案。另一个大赦前回国的知名流亡人士是人类学家达西·里贝罗（Darcy Ribeiro），巴西公认最有才华的知识分子之一。1974年12月，在美洲最古老的大学——秘鲁圣马尔科斯大学执教时，达西得知自己患上了无法治愈的肺癌。他在巴西颇有影响力的好友向总统埃内斯托·盖泽尔求情，希望能让达西实现他最后的愿望——死在巴西。他在里约热内卢接受手术切除了肿瘤，六个月后竟然痊愈了。他怀着讽刺的幽默感笑称：

"因为我不愿意去死，独裁政府又把我送回了利马。"

1976年，达西最终回到巴西，在里约热内卢定居，1997年在巴西利亚逝世。

事实上，大赦法案仍具有专制性质，但它毕竟终结了无数巴西人在世界各地的大流散——据模糊统计，包括成人和儿童在内的流亡国民有近万人。归国的前景让许多人重燃梦想，意图重建曾被军人专制割裂的生活。工人、雇主、平民、军人、工会人士、演员、音乐家、知识分子、记者、宗教人士、科学家和有着各种意识形态背景的政治活动家，每个人的眼中和心底都承载着重新成为巴西人的梦想，渴望再次生活在一个民主文明的国家。

当总统若昂·古拉特被罢黜，三名将军取而代之时，十八岁的卢拉几乎对政治一无所知。自称"革命最高指挥部"的三人分别是陆军将军科斯塔-席尔瓦、海军中将奥古斯托·阿曼·拉德马克·格鲁内瓦尔德（Augusto Hammann Rademaker Grünewald）和被同僚称为"疯子梅洛"的空军少将弗朗西斯科·德阿西斯·科雷亚·德梅洛(Francisco de Assis Correia de Melo)。三人签署的第一份官方文件罗列了新政权最危险的一百名敌人——民众称之为“大清单”。这份名单于1964年4月10日在《联邦政府日报》(*Diário Oficial da União*)上发布，此时距离政变仅过去九天。榜单上的头号人物是巴共总书记、曾被誉为“希望的骑士”的路易斯·卡洛斯·普雷斯特斯。名单中的第一百名是伪造的“敌人”，他的政治履历也是假的。此人实为军方安插进名单的一个间谍，负责收集和传递情报，帮助政府搜寻和抓捕反对派。其真实身份是前海军下士若泽·安塞尔莫·多斯桑托斯(José Anselmo dos Santos)，或简称“安塞尔莫下士”(Cabo Anselmo)。这个潜藏在左派中的毒瘤如今又伪装成“获赦者”，继续出卖同伴。

1964年政变发生十五年后，获赦的海外人士全部返回巴西，打算继续开展流亡前的政治活动。阿尔米诺·阿方索、富兰克林·马丁斯和达西·里贝罗等人没有等待菲格雷多的正式许可便自行回国，而另一批1964年以前的政治明星和活动家重返巴西前也在海外成立了政治组织。除了像富兰克林这样武装反抗政权的活动家外，民主时期最耀眼的政治明星散落世界各地。普雷斯特斯在莫斯科定居，米格尔·阿赖斯居住在巴黎和北非的阿尔及尔两地，农民领袖弗朗西斯科·茹利昂(Francisco Julião)移居墨西哥，阿尔米诺·阿方索在南斯拉夫短暂停留后携家人辗转拉美多国，达西·里贝罗也总以教育家和人类学家的身份往返于这些国家之间。

深受巴西军方憎恨的莱昂内尔·布里佐拉在乌拉圭生活了

十三年，直到1977年被阿帕里西奥·门德斯（Aparicio Méndez）的文官独裁政府以“违反庇护法规定”为由驱逐出境。在旅美巴西人的推动和美国参议员爱德华·肯尼迪（Edward Kennedy）的支持下，布里佐拉获得美国签证和居留许可，在那里生活了四个月。由于担心布里佐拉遭遇暗杀，在从布宜诺斯艾利斯飞往纽约的阿根廷航空航班上，卡特总统派出两名中情局特工秘密陪同。爱德华·肯尼迪和卡特都知道，布里佐拉担任南大河州州长期间没收了美国两大巨头ITT和电力债券与股份公司（Electric Bond and Share）的资产，而且身为若昂·古拉特政府的核心成员（他还是古拉特的妹夫），被追随者誉为“潘帕斯半人马”的布里佐拉是1964年推翻古拉特政变中主张武装抵抗的少数几人之一。尽管如此，美国总统还是批准了保镖行动。

1970年9月4日，智利社会党候选人萨尔瓦多·阿连德（Salvador Allende）当选总统。年底，许多流亡在外的巴西政治领袖搬到智利居住。其中许多人打算在此永久定居——一些巴西人甚至进入阿连德政府供职，但三年后，奥古斯托·皮诺切特将军发动的血腥军事政变再次将流亡的巴西人打散到世界各地。

一个意料之外的事件打破了巴西人散居五大洲的局面：20世纪欧洲最长的专制政权，统治葡萄牙近五十年的安东尼奥·德奥利韦拉·萨拉查独裁政府瓦解了。1974年4月25日凌晨，伴随着若泽·阿方索富有诗意的歌曲《格兰多拉，褐色的城镇》的旋律，康乃馨革命爆发。这场主要由年轻上尉发起的部队运动将萨拉查政权彻底埋葬。很快，来自四面八方的巴西人齐聚葡萄牙，只有极少数例外。

1978年1月，布里佐拉离开了古典而优雅的纽约罗斯福酒店，飞往里斯本，与妻子内乌萨入住了现代风格的四星级佛罗里达酒店，一大群巴西人已经在那里等待。站在前排迎接他的东道主正是葡萄牙知名总理马里奥·苏亚雷斯（Mário Soares），社会党国际（Internacional Socialista）中社会民主主义的重要代表人物。布里佐拉在佛罗里达酒店建立了他的指挥部，意图重振巴西工党（PTB），这一党派的历史可追溯到1945年5月，由热图利奥·瓦加斯本人在新国家（Estado Novo）政权末期创立。

6月15日至17日的那个周末，布里佐拉在葡萄牙社会党的大厅中举办了一场盛会，在葡萄牙总理的陪同下庆祝巴西工党成员与工党流亡人士的团聚，活动标志着奉行瓦加斯主义、古拉特主义和布里佐拉主义的新巴西工党的诞生。在千余名与会者中，有前游击队员卡洛斯·明克（Carlos Minc）、希佐·奥萨瓦（Chizuo Osava）和阿尔弗雷多·西尔基斯（Alfredo Sirkis）——此人曾参与绑架德国驻巴西大使埃伦费里德·冯·霍勒本（Ehrenfried von Holleben）——还有农民领袖弗朗西斯科·茹利昂，恩菲尔的哥哥、绰号“贝蒂尼奥”的埃尔伯特·德索萨（Herbert de Souza），以及学者特奥托尼奥·多斯桑托斯（Teotônio dos Santos）、达西·里贝罗和米格尔·阿赖斯之子若泽·阿尔米诺·德阿伦卡尔（José Almino de Alencar）。

这场葡萄牙盛会结束后，布里佐拉在欧洲各地长途游历，最终在德国汉堡的一次社会党国际会议上被提名为“当今巴西劳工主义无可争议的代表”。会末，他与社会民主主义最知名、最受尊敬的几位领导人比肩而立，如西德总理、时任社会党国际主席威利·勃兰特（Willy Brandt），法国的弗朗索瓦·密特朗（François Mitterrand），瑞典的奥洛夫·帕尔梅（Olof Palme），以及年轻的西班牙人费利佩·冈萨雷斯（Felipe González），他几年前还在大元帅弗朗西斯科·佛朗哥（Francisco Franco）的独裁统治下遭受折磨。

迁居葡萄牙的巴西人数量太多，以至于布里佐拉经常要用一些小把戏摆脱好奇和搬弄是非的记者，还要躲避驻扎在巴西大使馆和领事馆的军政府情报人员不轨的目光。对策之一是在西班牙马德里安排秘密会议，由巴西记者埃里克·内波穆塞诺（Eric Nepomuceno）协助组织会面，此人是布里佐拉低调的支持者，担任《请看》杂志驻伊比利亚半岛通讯记者。内波穆塞诺回忆称，他曾为布里佐拉安排的会面对象包括当时西班牙工人社会党（PSOE）的温和派领导人费利佩·冈萨雷斯，以及家住圣保罗的两位巴西人阿尔米诺·阿方索和未来的圣保罗州州长弗兰科·蒙托罗，两人都是巴西民主运动成员。

然而，无论大赦还是六个月后，即1979年11月两党制的撤销，都不足以抹去独裁政府对布里佐拉的怨恨。军方确信这个南大河人的梦想是重建巴西工党，而巴西工党又会让人们想起它的创始人热图利奥·瓦加斯，于是他们采取了行动。这回，阴谋的策划者是戈尔贝里·多科托-席尔瓦将军，他亲自挑选了实施计划的得力帮手——瓦加斯的侄孙女、前众议员伊维特·瓦加斯（Ivete

Vargas)，布里佐拉的公开政敌。尽管第五制度法案剥夺了她的议员资格，但伊维特毫不犹豫地协助军方，成功让高等选举法院以她的名义抢先注册了“巴西工党”的名号。前州长布里佐拉只能退而求其次，他创立了民主工党，意图重建瓦加斯的劳工主义。

第十五章

卢拉联合工人、政治家、知识分子和左翼人士创立了劳工党，两个月后进了监狱

当不知疲倦的莱昂内尔·布里佐拉往返于欧洲和巴西利亚力图重建巴西工党时，卢拉身处距欧洲数千公里、距巴西利亚六百八十公里的米纳斯吉拉斯州，在南部平静的波苏斯·德卡尔达斯市召开会议，为他梦想中的政治殿堂——劳工党奠定基石。巴西高等选举法院直到1982年2月11日才正式承认劳工党的存在，但劳工党向大众揭幕的时间是1980年2月10日，地点在圣保罗伊吉埃诺波利斯区锡安学院的礼堂。现场拍下的著名照片显示，塞尔吉奥·布阿尔克·德奥兰达（Sérgio Buarque de Holanda）、马里奥·佩德罗萨（Mário Pedrosa）、安东尼奥·坎迪多这几位知识分子以及女演员莱利亚·阿布拉莫和革命家阿波罗尼奥·德卡瓦略（Apolônio de Carvalho）都在卢拉身边。然而，劳工党真正诞生的时间比这更早。1979年6月7日，波苏斯·德卡尔达斯宫廷酒店新古典主义风格的宏伟大厅中只有工人在场——这座典雅的酒店于20世纪30年代中期建成。在从波苏斯·德卡

尔达斯会议到锡安学院揭幕式的七个月时间里，巴西最出众的左翼人士之间展开了一场久违的争斗。最让激进派感到不安的是劳工党创始人之一，绰号“老若阿金”的若阿金·多斯桑托斯·安德拉德，他在许多激进派眼中是个彻头彻尾的工贼。

大家几乎都不知道，卢拉和ABC的同事们来到波苏斯·德卡尔达斯之前已经有个酝酿数月的计划——创建一个真正扎根于工人阶级的政党。建立劳工党的起因是震惊于议会中工人代表的缺失：在近五百名参议员和联邦众议员中只有两人是工人出身。这令卢拉如芒在背，也成为他参加所有辩论、会谈和集会的必谈话题。无论受邀去哪里讨论工人工资、通货膨胀和失业问题，卢拉总会兜兜转转，最后点明他的中心思想：巴西穷人陷入困境的很大一部分原因在于，他们，也就是工人们，在全国性立法机构中几乎没有代表。

卢拉最初讨厌政治和搞政治的人，此后却历经了蜕变，这在1978年年中的巴伊亚石油工人大会上已经为人所知，并在1979年1月于圣保罗州内陆林斯市举行的第九届州金属工人、机械工人和电器材料工人大会上再度显现。林斯市并非工业重镇，但由于该市市长、工程师瓦尔德马·卡萨代（Waldemar Casadei）是巴西民主运动的正统派成员，所以大会选在这里召开。除了再次讨论成立工人政党的问题，林斯会议还让新闻界和公众了解到一些工会内部消息：与人们预想的不同，留着波莱罗歌手般的大八字胡和络腮胡、被斥为“工贼”的老若阿金站在卢拉这一边；而从桑托斯金属工人工会主席、巴共知名领导人阿纳尔多·贡萨维斯的发言来看,“大党”对卢拉的提议毫无兴趣。最后,卡萨代的热情接待表明,巴西民主运动中的正统派是劳工党未来可以倚仗的一股力量。国会中仅有的两名金属工人议员也都来自巴西民主运动:奥雷利奥·佩雷斯与巴共有来往,贝内迪托·马尔西利奥担任圣安德烈金属工人工会主席。

正因与巴西民主运动的正统派理念相合,卢拉组织波苏斯·德卡尔达斯会议之前就已经预先向传统左派政治力量透露了创建新党的想法。波苏斯·德卡尔达斯会议前的周末,他和几十名金属工人在圣贝尔纳多市郊的潘帕斯宫酒店召开了“潘帕斯会议”,吸引了全国各地的政治家和工会人士参与。

6月2日至3日,这座现代风格的圆柱形混凝土建筑中热闹非凡。如卢拉后来所说,是时候行动起来了。工人们在此前的巴伊亚和林斯会议中为新党奠定了坚实的基础(并将在随后的波苏斯·德卡尔达斯会议上进一步巩固),潘帕斯会议的目的在于了解左派议员对于劳工党的兴趣程度。

会议原本计划闭门召开,以免内部分裂公之于众。而等到周六早上会议开始时,卢拉和一心创建新党的工会人士才意识到,礼堂中已经有近两百人入座,四大全国性报社——圣保罗的《圣保罗页报》和《圣保罗州报》、里约热内卢的《巴西日报》和《环球报》都派了记者出席。可以毫不夸张地讲,未来组成劳工党的所有势力、派别的代表在会上齐聚一堂:有工会人员、知识分子、天主教会代表和曾经的流亡人士,他们中的许多人来自巴西民主运动,因参与武装斗争而获罪。这实际上体现了劳工党在政治上的一大创新：党员有权加入不同政治理念的团体，且这些团体在党的领导集团和执行委员会中都按比例拥有正式代表权。此前，这种做法无论在巴西还是在国外的左翼政党中都是难以想象的。

困难首先来自这个“被允许的反对党”的大杂烩特质，众所周知，巴西民主运动中至少包含三类人群：代表党内左翼的“正统派”，反对独裁但规避任何激进行为的“温和派”，以及被视为政权的“第五纵队”、潜伏在反对党内部的“附和派”。从布里佐拉的早期支持者、反对创建新党的南大河州正统派成员阿尔塞乌·科拉雷斯（Alceu Collares），到伯南布哥州的温和派雅尔巴斯·瓦斯康塞洛斯（Jarbas Vasconcelos），来自全国各地、不同派别的人士在那个周末齐聚圣贝尔纳多。艾尔顿·苏亚雷斯和贝特·门德斯等圣保罗政治家已经决定加入劳工党，另一位圣保罗正统派、巴共地下成员阿尔贝托·戈尔德曼（Alberto Goldman）却强烈反对创建新党，虽然收到了邀请，但根本没有出席。让这支队伍乱上加乱的是，一些正统派认为新党会分裂巴西民主运动内部形成的广泛联盟，有利于军方继续执政，因此反对创建劳工党。费尔南多·恩里克·卡多佐和阿尔米诺·阿方索等一批政治明星主张新党应具有社会主义联盟的性质，故而毫不掩饰对于会议议题的不满。

而在他们之外，已经有数十名工会活动家将劳工党的创立看作既定事实，例如保利尼亚石油工人雅科·比塔尔，奥萨斯库工会主席、金属工人埃诺斯·“萨乌瓦”·阿莫里纳（Henos “Saúva” Amorina）和工会副主席、锅炉工人若泽·佩德罗·“萨拉福”·达席尔瓦(José Pedro“Sarrafo”da Silva),后者既是工人,也是天主教会基督徒底层团体的“工人牧师”小组成员;此外还有阿莱格雷港银行工会主席、南大河州人奥利维奥·杜特拉和圣保罗皮革工人工会主席保罗·德马托斯·斯克罗莫夫(Paulo de Mattos Skromov)。

在艺术家和学者中,创建劳工党的想法几乎得到了一致认同。据记载,塞尔吉奥·布阿尔克·德奥兰达教授是首位协助创立劳工党的知识分子,但事实上,最先拥护卢拉党派的学界人物是艺术批评家马里奥·佩德罗萨。1926年,佩德罗萨加入了仍在起步阶段的巴西的共产党(当时称巴西共产党),但在党内活动的时间不长。1931年,由于犯下加入托派这一不可饶恕的罪行,佩德罗萨被逐出巴西的共产党,随后他带着另外三位巴西马克思主义的杰出人物——利维奥·沙维尔(Lívio Xavier)、富尔维奥·阿布拉莫(Fúlvio Abramo)和阿里斯蒂德斯·洛博(Aristides Lobo),投奔后来成立的第四国际。

半个世纪后,佩德罗萨已经是全国公认的杰出知识分子,他不仅支持创建劳工党,还积极倡导“工人们创建属于自己的政党这件巴西前所未有之事”。佩德罗萨深受新党派的革命前景吸引,于是走向知识界寻求更多支持。他的一号目标是20世纪40年代左翼民主运动(Esquerda Democrática)和巴西社会党(PSB)[①]中的

① 左翼民主运动成立于1945年6月,即瓦加斯新国家政权倒台前夕。1947年,左翼民主运动更名为“巴西社会党”。

旧友——安东尼奥·坎迪多·德梅洛-索萨教授。坎迪多以其丰富的批评作品而闻名，代表作有《巴西文学的形成》（*Formação da literatura brasileira*）和《里奥博尼托的佃农们》（*Os parceiros do Rio Bonito*）。

坎迪多拒绝了，称不想再与任何政党扯上关系。之后他又提到了一些传闻，说卢拉公开表示知识分子和学生入党要受到限制，还抱怨“这群人只会打搅和操纵工人”。佩德罗萨却没有放弃：

“坎迪多，自从列宁以来，构建政党的工作总是由知识分子来完成。现在，头一次有人想把工人和知识分子联合起来，这个人就是卢拉。他的政党需要我们这样的人，即便只是作为同情者。”

虽然佩德罗萨还没说服安东尼奥·坎迪多提交入党申请书，但他的一番话至少让年过六旬的坎迪多重新接受了他所认为的“政党生活中的麻烦事”。几周后，坎迪多和妻子吉尔达决定拜访一位老朋友，波兰裔医生费布斯·吉科瓦特（Febus Gikovate）。和佩德罗萨一样，吉科瓦特也是左翼民主运动的成员。吉科瓦特曾是社会革命党（Partido Socialista Revolucionário）的积极分子，这是一个由记者埃尔米尼奥·萨凯塔（Hermínio Sacchetta）领导的托洛茨基派政党，成员包括社会学家弗洛雷斯坦·费尔南德斯和现代主义者帕特丽西亚·“帕古”·加尔旺。吉科瓦特因癌症在仁慈堂医院（Santa Casa de Misericórdia）住院，他以前也曾在这里执教。进入病房前，坎迪多和吉尔达同费布斯的妻子简短交谈了几句，丈夫的痛苦让她揪心：

“让费布斯振作起来吧，得病之后他很抑郁。”

安东尼奥·坎迪多不知如何是好，便悄悄对吉尔达说：

“我知道这不太对，但我要编个故事，看能不能让费布斯振作起来。”

夫妻俩微笑着走进房间，安东尼奥·坎迪多一开口便撒了谎：

“老领导！我来这儿可不只是看望你，还带来一项政治任务。一项敏感的任务。”

“什么任务？”

“ABC的工人们想成立一个政党，还邀请我们参加会议。我不知道要不要去，因为我不想再加入任何政党了。”

吉科瓦特神情严肃地回答：

“这些工人正在做的，就是我们在他们那个年纪想做但从未成功的事情。他们要创建政党，我们当然有责任支持。”

老托洛茨基主义者躺在床上，他的话让朋友的笑容凝固了：

“我去不了，我的身体状况不允许。但请你代替我去，代表我参加。你告诉他们，我不能入党，也没法参加会议，因为我马上要去另一个地方了。”

安东尼奥·坎迪多很受触动：

“费布斯，别说这种话……”

“没事，坎迪多。我快要死了，我已经走到了人生尽头。我希望自己还能撑一段时间，有你的陪伴我很欣慰。但请你务必参加那个会议，以我的名义签署你的入党申请书。”

三十年后，回忆起这件事的安东尼奥·坎迪多说：

“费布斯第二天就过世了。当时我跟自己说：我必须入党。这就是我加入劳工党的原因。我从入党时就知道，劳工党不是一个社会主义政党，而我却是社会主义者。但我觉得，劳工党凝聚了工人阶级的力量，与人民的利益紧密相连。”

极具象征意义的是，劳工党正式成立后迎来的第一位入党申请人并非知识分子，而是历史性的老革命家——阿波罗尼奥·德卡瓦略，他是法国抵抗运动和西班牙内战中反佛朗哥国际纵队的英雄人物。在这之后，安东尼奥·坎迪多、塞尔吉奥·布阿尔克和马里奥·佩德罗萨等知名人物的加入仿佛磁铁一样，不断吸引着知识分子和艺术家，如埃利奥·佩莱格里诺（Hélio Pellegrino）、希科·德奥利韦拉、贝特·门德斯、弗洛雷斯坦·费尔南德斯、弗朗西斯科·韦福尔特、若泽·阿尔瓦罗·莫伊塞斯（José Álvaro Moisés）、莱利亚·阿布拉莫、玛丽亚·维多利亚·贝内维德斯、保罗·辛格（Paul Singer）、保罗·弗莱雷、玛丽莱纳·绍伊（Marilena Chaui）、佩尔塞乌·阿布拉莫（Perseu Abramo）和维尼修斯·卡尔代拉·布兰特等等。

周日晚间，卢拉最终宣布潘帕斯宫酒店会议闭幕时，劳工党漫长而曲折的孕育过程也宣告完结。工会领袖将圣贝尔纳多的政治家、艺术家和活动家抛在一边，踏上通往米纳斯吉拉斯的三百公里道路，在波苏斯·德卡尔达斯举行了一场只有工人参与的会议，见证了劳工党的诞生。

直到1980年2月10日，在圣保罗锡安学院的礼堂里，劳工党才正式向全体巴西人揭幕。卢拉一面筹建政党，一面为ABC地区新的罢工做准备，两只眼睛仿佛同时盯着两件事情。从年初开始，就有政府特工远远地监视他。4月19日清晨，罢工正值高潮，卢拉在家中突然被叫醒，并和其他工会干部一同被关进了政治与社会秩序局。

第十六章

凌晨时分，一名打领带的绅士在政治与社会秩序局的小屋里审问卢拉：他是代号为“酋长”的将军派来的特工

菲格雷多、戈尔贝里和“小骷髅”将军以为，那天凌晨在圣贝尔纳多逮捕卢拉能够“打断ABC运动的脊梁”或至少终结1980年的罢工，但那完全是在火上浇油。自年初以来，卢拉已经料到自己可能被捕，而随着劳工党在锡安学院揭幕和罢工运动继续发展，他入狱的风险进一步增加——这也是修士贝托和热拉尔多·西凯拉议员在他家守夜的原因，他们目睹了警察的到来。早在卢拉被捕之前，饱经忧患的工会干部就曾彼此发问：

“要是卢拉被捕了，谁来指挥罢工？贾尔马·博姆吗？要是贾尔马也被捕了呢？德瓦尼尔会接手吗？如果德瓦尼尔也被捕了，‘小德国佬’来指挥吗？还是小奥斯马尔？如果他们都被捕了呢？”

工会领导层的担忧果然应验了。19日早上6点以及后续几天中，除了卢拉，警察还将贾尔马·德索萨·博姆、德瓦尼尔·里

贝罗、吉尔松·德梅内塞斯、“小德国佬”埃尼尔松·西蒙斯·德莫拉（Enilson Simões de Moura）、若泽·马里亚·德阿尔梅达（José Maria de Almeida）、塞韦里诺·阿尔维斯·达席尔瓦、鲁本斯·特奥多罗·德阿鲁达（大鲁本）、埃斯佩迪托·苏亚雷斯·巴蒂斯塔（Expedito Soares Batista）、若泽·韦南西奥·德索萨（José Venâncio de Souza）和若昂·巴蒂斯塔·多斯桑托斯（João Batista dos Santos）抓进了政治与社会秩序局。只有小奥斯马尔，即奥斯马尔·桑托斯·德门多萨（Osmar Santos de Mendonça），以及茹拉西·巴蒂斯塔·马加良斯（Juraci Batista Magalhães）侥幸逃脱，他们被列为“逃犯”，在初次搜捕的三周后也被政府人员抓获。卢拉和同事们早已料到，政府除了干预工会，还可能将干部全部逮捕，因此他们提前组建了一个由数百名金属工人组成的罢工大指挥部，成员都是警方密探不认识的普通工人，按十至十五人分成小组。因此，尽管警方大肆实施抓捕，罢工却没有结束，集会也在照常举行，有时在维拉·欧克利德斯体育场，有时在圣贝尔纳多母教堂。

下午，大规模逮捕后笼罩在众人心头数小时的恐惧感有所缓解，因为他们得知两名“著名”囚犯——律师达尔莫·达拉里、若泽·卡洛斯·迪亚斯，以及与罢工无关的工人（如卢拉的哥哥“修士希科”）已经获释。此外，还有天主教会作为罢工的保护伞：除了保罗·埃瓦里斯托·阿恩斯枢机、圣安德烈主教克劳迪奥·乌梅斯以及数百名投身基督徒底层团体的神父，罢工者还得到了许多教会高层主教的同情和保护，例如埃尔德·卡马拉（Hélder

Câmara)、瓦尔迪尔·卡列罗斯(Waldir Calheiros)、人称“堂·贝利”的黑人主教若泽·马里亚·皮雷斯(José Maria Pires)、莫阿西尔·格雷基(Moacir Grechi)、西塞罗·帕丁(Cícero Padim)、马塞洛·卡瓦列拉(Marcelo Carvalheira)、佩德罗·卡萨尔达利加(Pedro Casaldáliga)和毛罗·莫雷利(Mauro Morelli)。

然而,有一个看似微妙的细节仍然让被关押者心存疑虑。政治与社会秩序局包含两个部门:由西尔维奥·佩雷拉·马沙多(Sílvio Pereira Machado)警官领导的政治秩序部负责处理所谓的“颠覆罪”,这些程度较轻的罪行(如参加游行和反政权示威)在多数情况下只会让人被短暂拘留并留下案底;而令所有人恐惧的是由凶神恶煞、臭名昭著的埃德塞尔·马尼奥蒂(Edsel Magnotti)警官领导的社会秩序部,该部门负责处理独裁政府认定的“恐怖主义”重罪。据国家真相委员会(Comissão Nacional da Verdade)的官方报告,埃德塞尔参与了众多“非法拘禁、酷刑和处决”行动,受害者包括卡洛斯·马里盖拉(Carlos Marighella)、亚历山大·万努基·莱梅(Alexandre Vannucchi Leme)、安东尼奥·皮涅伊罗·萨列斯(Antônio Pinheiro Salles)、弗拉维奥·莫利纳·卡瓦略(Flávio Molina Carvalho)、埃德加德·德阿基诺·杜阿尔特(Edgard de Aquino Duarte)和安东尼奥·卡洛斯·比卡略·拉纳(Antônio Carlos Bicalho Lana)等。

因此,当被捕的金属工人得知将由马尼奥蒂负责审讯并以《国家安全法》论处时,他们震惊不已。当晚,听闻马尼奥蒂给被关押者下达了为期十天的禁闭令后,这种震惊又转变为恐惧。

卢拉被捕后几分钟，修士贝托和热拉尔迪尼奥便将消息传达给了路易斯·爱德华多·格林哈尔希，卢拉数月前聘请的工会律师。探视未果后，格林哈尔希去了保利斯塔大街附近的第二军事法庭，申请探视委托人的许可。由于那天是周六，军事法庭大门紧闭。他又拿着工会委托书返回政治与社会秩序局，向罗梅乌·图马辩称禁闭令并不适用于律师，最终偷偷见到了卢拉和其他工会人士一面。他惊讶地发现，阿拉戈斯州参议员特奥托尼奥·维莱拉（Teotônio Vilela）也突破了禁闭令，在图马的许可下悄悄溜进了大楼。特奥托尼奥是一位富有的糖厂主，曾代表全国革新联盟出任参议员，后来与反对派联络日渐密切，加入了巴西民主运动。他曾与全身性癌症抗争，并因此成为巴西争取再民主化的标志性人物。米尔顿·纳西门托（Milton Nascimento）和费尔南多·布兰特（Fernando Brant）甚至为他创作了歌曲《阿拉戈斯的吟游诗人》（“O menestrel das Alagoas”），这首歌后来成为反抗独裁的赞歌。特奥托尼奥·维莱拉是保守派枢机阿韦拉尔·布兰当·维莱拉（Avelar Brandão Vilela）的弟弟，此人并不在支持ABC工会人士的主教阵营之中。争取大赦期间，特奥托尼奥·维莱拉成了政治犯监狱的常客，尤其是在圣保罗和里约两地，巴西大多数政治犯都关押在那里。

周日，禁闭令下达还没满一天，又再次因教会的影响被打破。克劳迪奥·乌梅斯主教从图马那里获得许可，让卢拉的妻子玛丽萨前去探望丈夫，条件是她不准向媒体透露此事，她也遵守了承诺。夫妻俩的三个孩子——法比奥、马科斯和桑德罗留在家中，由修士贝托、热拉尔迪尼奥、格林哈尔希和伯父“修士希科”照顾。律师、参议员和玛丽萨短暂而低调的探视只是为了给被关押者带去宽慰和安全感，并确保他们未遭受任何形式的肢体暴力。玛丽萨探望丈夫期间，一辆私家车将维拉雷斯公司给卢拉的信件送到家中，警告他罢工违法，并告知停工期间的工资将被扣除。信件还暗示称，由于违法行为，公司可能以正当理由将他解雇——最后也确实如此。

4月21日周一，在圣保罗主教座堂举行的一场宗教活动上，堂·保罗·埃瓦里斯托枢机呼吁政府释放被捕者。在圣安德烈市邦芬教堂为一千五百名罢工金属工人主持的弥撒中，堂·克劳迪奥·乌梅斯主教重申天主教会的立场与罢工者一致，再次要求释放被捕工会人士。向来保守的《圣保罗州报》也发布了一篇惊人的社论，在其中批评政府的逮捕行动，称此举无济于结束罢工，更不利于国家正在推动的再民主化进程。尽管梅斯基塔家族及其拥有的两家报纸《圣保罗州报》和《晚报》曾是1964年政变的民间支柱，但他们在1968年12月13日第五制度法案颁布后与军政府决裂，此后报纸一直在审查下运作，直到1976年。

周二，格林哈尔希向第二军事法庭提交了被捕者的人身保护令申请，但被军事法官即刻驳回。工会人员在政治与社会秩序局接受了体检，没有发现健康问题。上午晚些时候，被捕者的妻子们想要探望丈夫，同样遭到马尼奥蒂拒绝。马尼奥蒂已接到正式任命，将依据《国家安全法》第36条主持针对罢工者的审讯，该法条涉及的罪行是“煽动公共服务或其他必要活动停工”。当天，马尼奥蒂亲自审问了卢拉。警官逐字逐句地念出每一个问题，卢拉随后作答。官方表示，审讯中的问题由罗梅乌·图马起草并交付马尼奥蒂，但传闻称这些问题实则由在巴西利亚的戈尔贝里将军的办公室直接拟定，而后交给圣保罗政治与社会秩序局局长。

从下午2点到6点半，卢拉接受了四个多小时审问，那是他经历过最长的审讯。时任联邦警察政治与社会秩序局行动主管的马尔科·安东尼奥·韦罗内兹（Marco Antônio Veronezzi）警官在远处静静旁听了整个讯问过程。他接到的指示是听取每名被捕工会人员的证词，但不正式参与审讯。各人的证词陈述过后，韦罗内兹会将一份材料副本发送给联邦警察的情报部门，由后者将信息直接递交给巴西利亚。多年后，韦罗内兹在一次独家采访中透露了此事：

“我坐在离卢拉两三米远的地方，听主审官埃德塞尔·马尼奥蒂审问他。”

同样是数年后，卢拉已经当选制宪议会①议员，图马将韦罗内兹介绍给卢拉，他表示自己对这名警官印象深刻：

“在政治与社会秩序局的时候，我就看见他一直坐在那里。我当时不知道他是谁，但我知道对我来说肯定没什么好事。”

身为ABC地区的头号煽动人物，卢拉冗长的审讯记录总计超过11 000个词。下面的讯问概要体现了政府当局（菲格雷多？戈

① 指1987年至1988年的制宪议会（Assembleia Nacional Constituinte de 1987—1988），共计559名议员，大部分成员由1986年全国议会选举选出，负责制定巴西1988年宪法。

尔贝里？“小骷髅”？还是图马？）首次审问卢拉时对他的关注：

1980年4月22日14:10，圣保罗州圣保罗市社会秩序部，首席警官埃德塞尔·马尼奥蒂主持审讯，本人作为书记员记录并在末尾署名。嫌疑人到场接受审讯，对警官提问做如下回答：

你叫什么名字？——路易斯·伊纳西奥·达席尔瓦，绰号“卢拉”

你的国籍？——巴西

你在哪里出生？——伯南布哥州加拉尼温斯市

你的婚姻状况？——已婚

你的年龄？——三十四岁（生于1945年10月6日）

你的父母是谁？——阿里斯蒂德斯·伊纳西奥·达席尔瓦和欧里迪塞·费雷拉·德梅洛

你的住址？——圣贝尔纳多·多坎普市玛丽亚·阿泽维多·弗洛伦塞街273号

你的生计来源或职业是什么？——初级领班

你在哪里工作？——圣贝尔纳多市维拉雷斯公司

你会读写吗？——会

……

你酗酒或吸食毒品吗？——不

你是已婚、分居还是姘居？——已婚

你的婚姻生活是否和谐？——和谐

……

你是在醉酒或情绪冲动下犯罪的吗？——受讯人声明自己没有犯任何罪

你曾被起诉过吗？——没有

你是否为当前的犯罪行为感到后悔？还是认为自己有预谋的行为最终达成了预期目的？——受讯人声明自己没有犯任何罪

……

受讯人作为工会主席的首届任期至1978年止，后连任三年至1981年……受讯人拒绝了包括比利时、瑞典、德国等国在内的境外演讲和会议邀请，因其认为巴西工人的问题须在本国内部而非境外解决，故只前往日本参加了一次会议……受讯人曾在部分演讲中提及工人的政治组织以及建立劳工党的必要性……

受讯人在职业方面结识的人员包括《圣保罗页报》的奥塔维奥·弗里亚斯、《晚报》的所有者之一鲁伊·梅斯基塔、《这就是》(*IstoÉ*)杂志的所有者米诺·卡尔塔，以及几位《巴西日报》的所有者，但名字已记不清……

受讯人还认识……数十名企业家，其中包括迪尔森·弗纳罗(Dilson Funaro)……克劳迪奥·巴尔德拉、路易斯·欧拉利奥·布埃诺·维迪加尔(Luís Eulálio Bueno Vidigal)、马里奥·加尔内罗(Mário Garnero)、毛罗·马孔德斯(Mauro Marcondes)、埃纳尔·科克、保罗·维拉雷斯、卡洛斯·维拉雷斯、若泽·明德林和保罗·弗兰奇尼等。

受讯人与知识分子的接触不多，因为该群体认为工人没有思考能力，总想为工人制定规则；但受讯人也认识并接触过其中一些，如费尔南多·恩里克·卡多佐、弗朗西斯科·韦福尔特、若泽·阿尔瓦罗·莫伊塞斯、弗朗西斯科·德奥利韦拉、莱昂西奥·马丁斯（Leôncio Martins），这些人都在书报上发表过关于工会主义的文章。他还认识其他知识分子，但名字目前已记不清。

受讯人曾接触过多位政府领导人，如前部长佩特罗尼奥·波特拉、前劳动部部长阿纳尔多·达科斯塔·普里埃托（Arnaldo da Costa Prieto）博士、前规划部部长若昂·保罗·多斯雷斯·维洛索（João Paulo dos Reis Veloso）、前财政部部长马里奥·恩里克·西蒙森、前工业和贸易部部长卡尔蒙·德萨（Calmon de Sá）、现任劳动部部长穆里洛·马塞多博士、规划部部长安东尼奥·德尔芬·内托博士；还接触过一些外国政要，如德国总理赫尔穆特·施密特（Helmut Schmidt）、西班牙首相阿道弗·苏亚雷斯（Adolfo Suárez）；还有某些众议员和参议员，如雅尔巴斯·帕萨里尼奥（Jarbas Passarinho）、马加良斯·平托（Magalhães Pinto）、弗兰塞利诺·佩雷拉（Francelino Pereira）、内尔松·马尔谢赞（Nelson Marchezan）、弗兰科·蒙托罗、奥雷斯特斯·凯尔西亚（Orestes Quércia）、艾尔顿·苏亚雷斯、爱德华多·苏普利西、热拉尔多·西凯拉、塞尔吉奥·多斯桑托斯（Sérgio dos Santos)、纳比·阿比·谢迪德(Nabi Abi Chedid)、克劳迪奥·伦博、保罗·埃吉迪奥·马丁斯、劳多·纳特尔、阿尔米尔·帕齐亚诺托·平托、伊尔马·帕索尼(Irma Passoni)、莱昂内尔·布里佐拉、弗朗西斯科·茹利昂、米格尔·阿赖斯、奥拉沃·塞图巴尔(Olavo Setúbal)和其他目前记不起名字的人。此外,他还与巴西前总统埃内斯托·盖泽尔先生有过两次接触。

受讯人称不愿与任何地下组织有染,故在此领域结下不少敌人。他不否认参与了抗议政府立场的活动,但这种抗议并非针对个人,因其认为错在经济模式,而不在某些个体。巴西民主运动一直要求保证政党的自由组织权,但政府开放新政党的建立渠道后,它又开始捍卫两党制。受讯人虽不认可该党的立场,但仍参与了反对废除巴西民主运动的活动……

受讯人还称曾与德国、意大利、法国、瑞典、荷兰、日本、美国的工会领导人会面,但由于同外国工会存在严重分歧,受讯人与上述工会领导人关系不好。分歧的原因之一在于,当外国公司出口产品至巴西,导致我们的工人失业时,这些外国工会感到高兴,但如果情况反过来,巴西出口产品到其他国家,他们就会闹罢工,全然不顾巴西工人的利益。他们自己也知道,工会赢得的权益是靠他们上头的公司剥削巴西工人得来的……

受讯人还解释称,1980年争取工资运动开始时,工人们都还记得1979年罢工后企业主施加的报复措施,即扣除停工期间工资和大规模解雇工人。受讯人认为，工人提出在通胀指数外提高15%的薪资这一诉求并无不妥，因1972年至1973年工人曾蒙受34.1%的工资损失，而近两年已争取到19%的涨幅，这两者间正好相差约15%……

受讯人称，当看到我们光荣的军队派遣军机在十万工人头顶低空飞行时没有其他想法，只认为这可能吓到工人并引发悲剧。受讯人称从未见过这样的场面，他认为军队是在试图吓唬工人……他还说：如果工人自己不愿意罢工，世界上没有任何工会干部能发动罢工；不要忘记1978年的罢工是在没有工会干部参与的情况下，在工厂内部发起的，甚至还有工会干部试图叫停罢工而未果的案例……

关于罢工运动自开始至政府宣布违法后曾获得哪些组织支持、具体形式为何，受讯人回答称曾收到来自无数组织的成千上万封声援电报，来源包括意大利、法国、瑞典、德国、葡萄牙和美国的工会；至于赞助，他只听说有食物捐赠……关于是否曾募集资金以及资金的去向，受讯人回答不知道。关于天主教会是否参与支持罢工及以何种形式支持……他回答称除了道义上的援助，教会还充当食物募集点，但对于罢工本身并未施加任何影响……

问：当政府可能干预工会的传闻出现时，受讯人是否曾声明若全体干部被捕，将由一个十六人团体代行领导职责？如有，这十六人分别是谁？受讯人回答称，存在一个475人的委员会，如果全体干部被捕，将由他们选出十六人的领导团体。他不知道这些领导的名字，只知道其中有埃尼尔松·德莫拉和奥斯马尔·德门多萨两人……

讯问人宣读了1980年4月11日13点埃尔多拉多电台播报的一条新闻，记者称卢拉要求加大公交车上的纠察力度，劝阻那些想去工作的工人。受讯人回答称，他从未使用过“纠察”一词，也从未要求任何人从公交车上下来，他主张在酒吧、公园等地开展和平劝说，避免发生任何冲突。关于堂·保罗·埃瓦里斯托·阿恩斯枢机在某电视台讲话中全力支持工会运动，受讯人称，他的确在集会上宣布过这条信息……

问：受讯人谈及[劳动法院的]评审法官恩里克·维克多(Henrique Victor)、小阿方索·特谢拉(Afonso Teixeira Filho)和安东尼奥·佩雷拉·马加尔迪(Antônio Pereira Magaldi)时，是否曾多次称他们为“狗娘养的”？受讯人回答称，他谈到宣布罢工违法的判决时对评审法官的用词确实比较重，他记得曾对企业家用了“狗娘养的”这一脏话，还在一份书面声明中对上述三位评审法官用了“重话”，这份声明印刷并分发给了集会工人……

关于是否认识修士贝托……受讯人回答说认识，而且修士贝托目前就在他家中。修士贝托参与工人牧灵运动，堂·克劳迪奥·乌梅斯主教指派他协调罢工工人食物的分发。修士贝托住在他家里，是因为有一晚曾留宿受讯人家中陪伴其岳母和妻子，之后一直住到现在，受讯人被捕当天也在那里。主审官没有其他问题，受讯人也没有其他要说的了。

尽管所有工会干部都被捕入狱，但罢工仍在持续。一周后，还在禁闭期的卢拉设法通过格林哈尔希和已宣布加入劳工党的议员艾尔顿·苏亚雷斯向外传递了一条简短的信息，由内尔松·坎帕尼奥洛在4月26日周六于圣贝尔纳多母教堂的集会上宣读。因政府施压，维拉·欧克利德斯体育场已被禁止用于集会。卢拉没有明说，但信息的目的正是号召工人继续罢工：

“我们被抓了，但一切安好，”坎帕尼奥洛朗读着他收到的小纸条，“狱中的我们希望金属工人能继续做他们已经在做的事情。”

人群开始高喊“继续罢工！”，军警的骑兵队突然出现，挥舞警棍在人群中开路，里戈纳托上校率领的防暴部队紧随其后。

圣贝尔纳多的街头暴力蔓延开来，巴西全国主教团主席、伊沃·洛沙伊特（Ivo Lorscheiter）枢机在巴西利亚秘密会见了戈尔贝里将军，请求释放被捕者、展现政府的友善态度，以便早日结束罢工。与此同时，菲格雷多总统加强了政治压制，指责教会（尤其是阿恩斯枢机）继续煽动罢工。卢拉被捕后第十天的周二深夜，格林哈尔希接到秩序局局长罗梅乌·图马的电话，让他前往奥索里奥将军广场的砖砌办公楼面谈。

担心出事的格林哈尔希急匆匆地跑上四楼，来到图马的办公室。警官面无表情地接待了他，没说“晚上好”，直接切入正题：

“路易斯博士，听我给你讲一件事：你要求我保证犯人每天能晒日光浴，对吧？”

“对，我要求了。”

“我让他们晒太阳了，对吧？你还让我允许他们在后院踢足球，对吗？”

“对，我要求了，而且您同意了。”

“你还要一个收音机，我也给他们了，对吗？”

“对。”

“你要一台电视让他们看科林蒂安的球赛，我把我的电视搬进了牢房里，没错吧？”

“没错。”

“你还让我买一堆球鞋给他们踢球，我也买了，对吗？”

“是的，图马博士……”

“没错。你的每一条要求我都答应了，路易斯博士，你再看看他们是怎么感谢我的。”

图马从桌上拿起一份由秩序局探员和狱警签署的提高工资的联名请愿书。

“你看看，路易斯博士，你看看吧！我对他们这么好，这个卢拉居然来给我的手下洗脑？以前从没发生过这种事。他们想在这里搞工会活动？妈的，卢拉想把秩序局变成工会？下次探访时你去告诉他们：要么立马收手，要么那些特权就别想要了。”

卢拉或许在工资问题上给警员“洗了脑”，但在政治问题上没有：图马找格林哈尔希谈话前两天，警方在维拉·欧克利德斯体育场逮捕了数十人，他们原计划观看一场为罢工基金筹款的演出，但演出还没开始便被联邦警察叫停。

一波未平，一波又起。卢拉入狱第二周发生了一件怪事，而真相直到三十年后才浮出水面。凌晨3点左右，一名狱警悄悄走进关押来自ABC地区的犯人的牢房，在卢拉耳边低声说：

“穿上衣服，跟我走，别出声。图马博士要找你谈话。”

深夜被叫醒的卢拉迷迷糊糊地穿上裤子、衬衫和鞋子，跟着狱警走出了牢房。他们单独乘电梯上到四楼，局长办公室所在的楼层。更令卢拉困惑的是，带路的狱警并未走向图马的办公室，而是走下几级台阶，来到一处临时杂物间，里面堆满了旧报纸。狭小的空间里，一只裸露在外的灯泡让气氛更加紧张。屋内只有局长和一个陌生人，那人是个中年男子，穿着西装、打着领带，看起来像个高管，手里没有公文包、钱包，什么都没拿。图马开口道：

“卢拉，这位先生从巴西利亚过来，要找你谈话。我在外面等着，有需要可以叫我。”

在那个可怖的环境里，面对陌生人，卢拉心中满是恐惧：他确信自己要遭受酷刑了。而令他吃惊和宽慰的是，那人表现得彬彬有礼，语气温和地尊称他为“卢拉先生”。神秘访客请他在一堆旧报纸上坐下，开始了一段看似文明的谈话。那其实是一场审讯，但访客的语气仍然温和，没有任何威胁的姿态。他想了解一些报纸上已经报道过的事情：为什么卢拉宣布罢工、他对政府的看法、对政治开放的看法、创建劳工党的目的等等。他还隐晦地暗示称，如果卢拉能叫停罢工，他和其他被捕的工会人士都会获释。

得知眼前这人并非行刑官，卢拉松了一口气，坦率地回答了他提的所有问题，并表示只有满足工人诉求后罢工才会结束。神秘人像来时一样神秘地离开了，卢拉又被送回了集体牢房。回去的路上，他问图马那个西装男是谁，局长只是含糊地答道：

“我不知道该怎么说。我只知道他从巴西利亚来，是一个叫‘酋长’的人派来的。至于这绰号指的是谁，我也不清楚。”

三十年后，已经成为巴西工党参议员的罗梅乌·图马因严重心血管疾病在圣保罗的叙利亚–黎巴嫩医院住院，最终病逝。住院期间，他接受了记者米诺·卡尔塔的探访。卡尔塔主编的周刊《资本报》(*CartaCapital*) 的常驻撰稿人之一正是前警官的儿子——神经科医生罗热里奥·图马 (Rogério Tuma)。探望期间，记者想起了久远的罢工领导人被捕事件，想知道1980年派人深夜讯问卢拉的那个“酋长”究竟是谁。图马毫不犹豫地揭开了谜底：

“是菲格雷多总统府民事办公室主任，戈尔贝里·多科托–席尔瓦将军。”

政府似乎在耍胡萝卜加大棒的把戏。逮捕行动后的第十三天，联邦警察允许民众在维拉·欧克利德斯体育场举行五一劳动节庆祝活动，有超过十五万人参加，现场并未看到骑警、防暴部队和直升机的踪迹。而在第二天，巴西利亚高等军事法院 (STM) 全票否决了格林哈尔希为释放卢拉及其他被关押者提交的人身保护令申请。圣贝尔纳多的暴力再次蔓延开来。一场罢工游行被警棍、催泪弹和骑警队驱散，有记者统计，冲突造成约七十人受伤、四十人被捕。

几天后，图马叫来探员小阿曼多·帕尼奇 (Armando Panichi Filho) 和奥斯瓦尔多·马沙多·德奥利韦拉 (Osvaldo Machado de Oliveira) 私下开会，交给两人一项秘密任务：在不走漏风声的前提下将卢拉带到圣贝尔纳多，让他探望罹患子宫癌晚期的琳杜夫人。

“我们必须想办法让卢拉在母亲去世之前见她一面，”局长说，“责任我来担。”

凌晨时分，帕尼奇和德奥利韦拉叫卢拉坐进一辆挂着私人车牌的雪佛兰的后座，从地下车库将他带出了监狱。经过圣保罗市中心格利塞里奥区的堂·佩德罗公园后，便由卢拉一路指引两名持枪警察，驾车来到他母亲住的小屋。轿车在门口停下，帕尼奇说道：

“卢拉，赶紧进去，别让人看见你。你可以自己进去，我们不会跟着你。”

在陪伴母亲的两个多小时里，卢拉尝试安慰她，说自己在警察那儿受到了优待，希望她能早日康复。当褐色雪佛兰车再次驶入政治与社会秩序局的地下车库时，天已经亮了，卢拉也被送回了牢房。

逮捕行动后的第二十一天是个周五，律师路易斯·爱德华多·格林哈尔希探望在押人员后走出政治与社会秩序局大楼，向外面等候的记者宣布：

“我的委托人们刚刚宣布，他们正在绝食抗议。”

关于绝食抗议，他们其实并未达成一致。比如卢拉，他本人原则上就反对这种抗议形式：

“我觉得，为了争取某些东西而虐待自己的身体是很残忍的方式，但最后我还是妥协了，因为我们在监狱里，能表达抗议的方式确实不多。”

即便卢拉并不赞同绝食，众人还是派他将绝食的决定告知罗梅乌·图马警官，而图马对此十分不悦：

“图马听完很生气，说要收走我们的收音机，取消我们踢足球、晒日光浴和读报纸的特权。虽然他最后并没有这么做，但我们的态度确实让他很恼火。”

三天后，格林哈尔希探望委托人时听见卢拉说：

“你们得想办法收拾这烂摊子。我们都快饿死了，贾尔马有胃溃疡，不能不吃东西。”

一个朋友甚至逮到卢拉试图“破坏罢工”，他当时正偷偷撕开藏在枕头下的一颗水果糖。那天晚些时候，应克劳迪奥·乌梅斯主教“以上帝之名”的呼吁，被捕者宣布停止绝食抗议，众人如释重负。局长叫来小阿曼多·帕尼奇，让他去博姆雷蒂罗区格拉萨街的阿克罗波利斯希腊餐厅，专门给饥肠辘辘的囚犯们买了一份炸鱿鱼圈（lula à dorê），揭示出他不为人知的幽默一面。[1]其实，图马心情愉悦的另一个原因是ABC地区传来的新消息：持续四十一天之久的罢工终于在一场集会上宣告结束。工人们没能取得任何成果。

而对于卢拉来说，坏消息还不止这一个。第二天，5月12日上午11点，卢拉收到了母亲琳杜夫人刚刚离世的噩耗。局长再次叫来探员小阿曼多·帕尼奇和奥斯瓦尔多·马沙多·德奥利韦拉，

---

① 在葡语中，鱿鱼的俗称为“lula”，与总统卢拉（Lula）同名。文中所指的幽默便来源于此。

让他们陪同卢拉参加两场丧葬活动。第一场是当天在南圣卡埃塔诺葡萄牙仁爱医院举行的守灵仪式，琳杜夫人就是在这里过世的。

母亲的离世并非意外，卢拉知道她的健康状况很糟，癌症已经扩散到她六十四岁身体的各个部位。但作为儿子，他失去的是他过去、现在和将来永远的人生榜样。在卢拉看来，他的毅力、正直和自面困难的能力，无疑都是从母亲那里继承的特质。即使当选巴西总统后，卢拉也常说自己性格中的一切都以母亲为榜样。他和妻子玛丽萨在母亲遗体旁痛哭了五十分钟。回局里的路上，卢拉牙痛难忍，警察将他带到牙科诊所拔除了智齿。

两名探员的第二项任务是带卢拉参加次日上午9点半的葬礼——琳杜夫人将于圣贝尔纳多儒利奥·德梅斯基塔街的维拉·保利塞亚公墓下葬。葬礼差点变成一场政治示威，连警探帕尼奇都感到担忧：

“我们只有两个人，而且按图马的指示，我们都没带武器。而到了现场，我的天！有一大群人，至少三千。卢拉挤在人群中几乎走不动路。他们喊着‘释放卢拉！’，而我一直紧跟在他身边。我们费了好大劲才离开那里。如果我没有抓住他儿子法比奥，把他从窗户扔进车里，我觉得他很可能被人群踩伤。我们带着卢拉，还有他的妻子、孩子离开公墓，本打算从后门出去，但后门锁上了，我们只好从正门出来，差点轧到人。”

虽然罢工已经结束，但涉嫌触犯《国家安全法》的卢拉和同事们仍在狱中关押。14日，已返回巴西数月的前州长莱昂内尔·布里佐拉想要探望卢拉，但秩序局将这位大人物拦在门外，因为禁闭期仍未结束——而在两天后，图马又无视了禁闭规定，允许阿恩斯枢机入内。5月20日，军事法庭告知格林哈尔希逮捕令已经撤销，一众被关押者这才获释出狱。帕尼奇奉命驾驶一辆挂着假牌照的米黄色维拉尼欧旅行车将卢拉送到圣贝尔纳多的住处附近，已经有大量工人、政治家和律师在那里聚集。回家后，卢拉拥抱了妻子和孩子，然后走进院子，做了一个充满象征意义的举动：他打开鸟笼，将一只饲养多年的滑嘴犀鹃放归天空。

历经重获自由的喜悦后，麻烦也接踵而至：所有被捕者都因旷工这一正当理由被公司解雇。在生计问题和工会干部资格被撤销之外，失业还带来了另一个难题：没有岗位登记，他们甚至不能重新加入工会。在一次撤职干部团体的会议上，有人出了个解决问题的主意：他们自己成立一家公司，雇用其他失业者并登记岗位。这样一来，大家就能重新加入ABC工会，即使只能当基层成员也无妨。于是，"五月十二日金属加工厂"诞生了。5月12日不仅是1959年圣贝尔纳多金属工人工会的成立日，也是1978年斯堪尼亚工厂的罢工日，那是自1964年军事政变以来发生的第一起罢工。[①]

金属加工厂的注册和运营地址是位于圣贝尔纳多巴蒂斯蒂尼区的金属工人保罗·迪亚斯（Paulo Dias）家的后院。工厂刚成立

---

① 此处似为作者笔误或表述不充分。1978年斯堪尼亚罢工并非1964年政变以来的首次罢工，前文提及的1968年圣保罗州奥萨斯库和米纳斯吉拉斯州康塔任两起重要罢工便是反例。作者想表达的意思或许是，1978年斯堪尼亚罢工是1964年以来**发生在ABC地区的**第一场罢工。

就面临一个重大问题：他们需要筹集资金购买原材料和锯子、小型车床等设备，才能生产窗玻璃、浴室通风窗以及用于花园、房屋的格栅和大门。卢拉和其他撤职干部与外国工会的关系不错，借助瑞典金属工人工会（IF Metall）的一笔捐款解决了部分资金问题。但外国捐助还不够维持业务运转（这间工厂将为所有撤职干部提供工作岗位并一直运营至1988年），于是有人向ABC工会运动的公开支持者，歌手、作曲家希科·布阿尔克求助，他随即补足了工厂实际运作所需的资金。希科的捐款入账后，卢拉给他打电话道谢，并向音乐家宣布了他的新身份：

“希科，你现在是老板，是工业家了。你可以竞选圣保罗州工业联合会主席了。”

第十七章

选举失利，卢拉陷入抑郁，决定放弃政治。他去了古巴，聆听菲德尔·卡斯特罗的劝告后回国，当选巴西历史上得票最多的众议员

1980年7月19日午后，获释两个月的卢拉在尼加拉瓜首都马那瓜机场的炙热中等待古巴国务委员会主席菲德尔·卡斯特罗的到来，他的飞机将在几分钟内降落。那天是桑地诺民族解放阵线胜利一周年纪念日，这支队伍一年前推翻了安纳斯塔西奥·索摩查（Anastasio Somoza）的独裁统治，他所在的家族王朝自20世纪30年代以来一直凭借铁腕、酷刑和掠夺手段统治着尼加拉瓜。与卢拉一同等待的人有修士贝托，尼加拉瓜外交部部长、神父兼游击队员米格尔·德斯科托（Miguel d'Escoto），以及同为前游击队员、后晋升为陆军将军的温贝托·奥尔特加·萨维德拉（Humberto Ortega Saavedra），他是桑地诺人民军的领袖，也是共和国总统丹尼尔·奥尔特加（Daniel Ortega）的弟弟，那时年仅三十三岁出头。

当天接近中午时，菲德尔在哈瓦那登上了一架巨大的苏制伊留

申伊尔-62四引擎喷气式飞机。随行的代表团人数不多，只有外号“红胡子”的指挥官曼努埃尔·皮涅伊罗·洛萨达（Manuel Piñeiro Losada）、私人医生乔米·巴鲁埃科斯（Chommy Barruecos）、十名护卫和一名搭便车的记者，也就是本书作者。低调的“红胡子”随队伍出行并非偶然：皮涅伊罗是古巴共产党中央委员会美洲部门主管，曾负责提供武器、顾问和资源支持桑地诺革命。而菲德尔是第一次踏上尼加拉瓜的土地，他亲自要求参加这场庆典。除了曾为桑地诺游击队提供援助之外，古巴革命军有着充分的理由与邻国共同庆祝胜利：美国中情局正是在索摩查统治下的尼加拉瓜训练了部分雇佣兵，于1961年4月挑起猪湾事件企图入侵古巴，而这次行动最终以灾难性的失败告终。那时，索摩查曾亲自为雇佣军送行，并在演讲最后提出要求：

“你们夺权以后，不要从古巴给我带钱回来，我一分都不要。我只要共产主义者菲德尔·卡斯特罗尸体上的一根胡子。”

卢拉离开巴西时仍受到触犯《国家安全法》的指控，数月后，他和同事因年初的罢工被判处三年半监禁。由于案件尚在审理阶段，卢拉出国前必须向军事法官内尔松·达席尔瓦·马查多·吉马良斯（Nelson da Silva Machado Guimarães）申请许可。随后，法官命令政治与社会秩序局归还卢拉的护照，并为他签发出境签证（独裁时期，政府要求所有巴西人出国时必须持有所谓的“出境签证”）。尽管手续繁杂，卢拉依旧不愿错过与全世界一代青年人心目中的偶像亲身接触的机会：此人正是敢在距美国不足百公里之外建立共产主义政权的大胡子菲德尔·卡斯特罗。四引擎飞机降落后，外交部部长德斯科托将卢拉介绍给菲德尔，两人之间的友谊一直持续到2016年菲德尔逝世，卢拉也参加了他的葬礼。晚间的礼节性长谈过后，菲德尔邀请卢拉访问古巴。这趟旅程要到几年后才能成行，最终对卢拉的政治生涯产生了决定性影响。

回到巴西后，卢拉还面临一个重大难题——军事法庭的诉讼。虽有著名法学家埃莱诺·弗拉戈索（Heleno Fragoso）等律界大腕争相自荐，卢拉却将这个反响极大、吃力不讨好的案子委托给了年仅三十二岁、缺乏相关经验的格林哈尔希。在四十年后的“洗车行动”中，卢拉再次做出了类似的选择，他没有将辩护权交给前最高法院法官等更有分量的人物，而是交给了年轻的克里斯蒂亚诺·扎宁及其妻子瓦莱斯卡·特谢拉——老朋友罗伯托·特谢拉的女儿。事实证明，卢拉两次都凭直觉做出了正确的选择。

马那瓜的庆祝活动结束后，卢拉返回了圣贝尔纳多。回到巴西的第一个周末，他与石油工人雅科·比塔尔前往阿克里州州府里奥布兰科，出席劳工党在该州的成立仪式。集会结束后，两人与橡胶工人、环保主义者希科·门德斯（Chico Mendes）一同前往两百公里外的巴西莱亚市。希科·门德斯这时刚刚加入劳工党，但九年后在农场主的指使下被人枪杀。当晚8点抵达与玻利维亚接壤的小城巴西莱亚后，几人直奔一场公开抗议活动，民众正为一周前遇刺的本市农民工会主席威尔逊·德索萨·皮涅伊罗（Wilson de Sousa Pinheiro）讨要公道。讲台上气氛热烈。据联邦警察报告，卢拉、雅科和希科·门德斯来到现场时，已有“大约三十人发表了演讲，有些人情绪极其激动，煽动复仇”。人们将话筒递给雅科，而他强硬的发言令气氛再度升温：

“我们的土地不会拱手让给外国人，不会让给资本家。我们的土地属于人民，而人民将用汗水、用鲜血，或用任何必要的手段捍卫它。”

受听众掌声的鼓舞，保利尼亚石油工人在演说最后说了一句更重的话：

“威尔逊·德索萨·皮涅伊罗被谋杀了，但我们充分相信，工人们知道该如何反击。”

当被撤职的ABC工会主席卢拉应邀上台做总结发言时，他的语气更加激进：

“那些杀害威尔逊的人，或许也派了探子到我们这里。希望他们能回去传达我的话：巴西的工人阶级已经厌倦了空头支票，厌倦了饥饿，厌倦了逃难，也厌倦了死亡。”

听众掌声不断，卢拉继续演说。他随后向雇主阶级传达了另一条“信息”，并因此在不到两个月的时间里再次涉嫌触犯《国家安全法》：

“圣保罗的老板一无是处，巴西利亚、里约热内卢的老板也一无是处，在世界任何地方，老板从来都一无是处……老板只想要工人的血汗，想让工人去死……但抗争的时刻即将到来。”

在军事法庭法官眼中，“抗争的时刻”第二天便到来了。这天，巴西莱亚的一名农场主、绰号“尼朗”的尼洛·塞尔吉奥·德奥利韦拉（Nilo Sérgio de Oliveira）被三十名携带镰刀、斧头、手枪、猎枪和步枪的男子袭击、殴打并杀害，而此人正是民众怀疑杀害威尔逊·皮涅伊罗的凶手。警方表示，袭击者均为该市农民工会成员。卢拉、雅科和另外三名周日晚间集会上的演讲者被控教唆犯罪，从而触犯了《国家安全法》。阿克里州农业联合会主席在一封请愿书中控告卢拉、雅科及其他五人“鼓吹复仇和怨恨，煽动现场大批农民颠覆政治社会秩序、挑起阶级暴力，并成功实施了犯罪意图，最终导致农场主尼洛·塞尔吉奥·德奥利韦拉身亡”。

几个月后，总部设在马瑙斯的北部军事检察院受理了指控并起诉卢拉、雅科及其他五人，认定他们应为尼朗的死亡负责。全国农业工人联盟（Contag）聘请埃莱诺·弗拉戈索为被告人中的本组织成员辩护，而卢拉和雅科的辩护权则交给了格林哈尔希。格林哈尔希找来他在巴西利亚的律师朋友，时年四十三岁、后成为联邦最高法院法官和院长的若泽·保罗·塞普尔维达·佩尔滕塞，两人一同前往马瑙斯申辩。

格林哈尔希的辩护过程与任何一本法律教程的内容都相去甚远，反倒更适合写进加夫列尔·加西亚·马尔克斯的魔幻现实主义小说。这位年轻的圣保罗律师与巴西莱亚的工会成员展开了细致调查，以求解开一个关键的疑问：袭击者如何能够断定尼朗就是杀害威尔逊·皮涅伊罗的凶手？所有回答都指向为当地农民、工人和淘金者熟知的一种迷信，某位证人对此总结道：

“律师先生，在埋葬威尔逊·皮涅伊罗之前，我们在他舌头下面放了一枚硬币，然后用布包住他的脸，防止嘴巴张开、硬币掉出来。我们这里的每个人都知道，这个法子百试百灵：如果一个人是被谋杀的，你把一枚硬币放在他舌头下面，并且封住他的嘴，那么凶手一定会回到现场。”

面前的律师听得目瞪口呆，这位农民却非常自然地继续说道：“我们埋葬了威尔逊，大家都回去了，但我们在墓地留了个眼线，叫他藏在角落里。等到墓地那边一个人都没有的时候，你们猜猜是谁来了，还盯着墓碑看了半天？就是尼朗。他到了之后，在那儿一声不吭地待了半个小时，眼睛直勾勾地盯着坟墓。错不了，凶手就是他。”

在马瑙斯的军事法庭上，格林哈尔希花了十二个小时通宵展开口头辩护。他申辩称，尼朗遇害的诱因并非卢拉和雅科的演讲，而是在场每个人——法官、检察官和听众都再熟悉不过的民间迷信。这场审判引发了广泛关注（尤其因为卢拉成了被告），听众席上不乏支持劳工党的政治家和艺术家，如陪同卢拉和玛丽萨的演员迪娜·斯法特（Dina Sfat）。所有人的目光都紧紧聚焦在格林哈尔希身上。他详细阐述了迷信与现实的关系，讲到8月的象征意义、黑色的猫、从楼梯下走过、护身符和13日星期五，最后讲到了死者舌头下的硬币。漫长的口头申辩结束后，律师因酷热和劳累而精疲力竭，但他赢得了胜利：卢拉和雅科被判无罪。马瑙斯军事法庭的判决令工会成员、卢拉的追随者以及劳工党和罢工的支持者松了一口气，但众人心里明白，他们还需要跨越另一个障碍——定于1981年2月举行的罢工案件庭审。

因1980年初罢工而被解职并涉嫌触犯《国家安全法》的工会干部将在圣保罗第二军事法庭受审，而在庭审日期临近时，格林哈尔希策划的一场高风险行动打乱了军事法庭的计划。庭审定于2月25日周三举行，在这之前的那个周五，即2月20日早晨，律师前往法庭办公楼领取被告人家属的通行证。第二军事法庭位于保利斯塔大街附近，在路易斯·安东尼奥准将路上的一栋两层楼房内办公，陪审室仅能容纳四十多人。一如许多政府机关周五时的常态，大楼里办公人员寥寥无几。格林哈尔希一间间屋子寻找负责发放通行证的书记员，但一无所获。他在一间办公室门口听到打字机的声音，走进去看见一名军士正用带有第二军事法庭抬头的公文纸打字。他装作无意地从军士身后瞟了一眼，竟发现一个荒唐至极的司法行为：距离庭审开始还有五天，居然已经有人在起草被告的判决书了——这意味着无论辩方作何辩护，庭审法官内尔松·达席尔瓦·马查多·吉马良斯都只会宣读被告早已敲定的刑期而已。律师瞪大了双眼，高声念出纸上的内容：

"……依据第6620/78号法第36条第II款，本庭判处以下被告有期徒刑：路易斯·伊纳西奥·达席尔瓦，三年零六个月；埃尼尔松·西蒙斯·德莫拉，三年零六个月；贾尔马·德索萨·博姆，三年……"

没等他读完被告的名字和相应刑期，军士吓得赶紧把纸张翻了个面，倒扣在桌子上：

"妈的，律师先生，您不会说出去吧？先生，这事要是公开，我就完蛋了……"

格林哈尔希从两层小楼飞奔而出（那栋楼多年后改造成了争取司法正义纪念馆），然后集合被告和其他几名工会成员的辩护律师伊迪巴尔·皮维塔（Idibal Pivetta）、艾尔顿·苏亚雷斯和伊贝雷·班代拉·德梅洛（Iberê Bandeira de Melo），提出了一个大胆的想法：除了公开这场阴谋之外，被告和律师还应该集体缺席审判，以此揭露独裁政府为给卢拉及其工会同事定罪而布下的骗局。

律界的知名人士十分震惊，认为格林哈尔希的决定荒唐且冒犯，可能导致全体被告因藐视司法而立即被捕——即使司法的主体是军事独裁政权。格林哈尔希收到了这些警告，但依然按原计划行事。在《晚报》的一篇文章中，因曾在法庭上揭发并对抗“处决小队”而闻名的律师埃利奥·比库多严词批评格林哈尔希：“这是不负责任的行为。律师必须面对哪怕最不利的情况，这是他身为律师的使命与职责。他不该做出这样的举动。”

庭审当天，法官内尔松·吉马良斯宣布开庭，由于被告及其律师在规定时限内均未到场，法官指派律师保罗·鲁伊·德戈多伊（Paulo Rui de Godói）为被告辩护。德戈多伊请求用一小时时间阅读案卷。下午6点，法院在所有被告缺席的情况下下达了判决结果。如格林哈尔希公开揭发的那样，卢拉、贾尔马·博姆、鲁本斯·特奥多罗·德阿鲁达三人获刑三年半；茹拉西·巴蒂斯塔·马加良斯、若泽·马里亚·德阿尔梅达、曼努埃尔·阿尼斯奥·戈梅斯（Manuel Anísio Gomes）、吉尔松·德梅内塞斯和奥斯马尔·德门多萨（小奥斯马尔）获刑两年半；瓦格纳·利诺·阿尔维斯和内尔松·坎帕尼奥洛获刑两年。辩方律师提出上诉，法官维持原判，但案件经圣保罗军事法庭和巴西高等军事法院来回多次审理后，高等军事法院最终将刑期全部撤销。

同年4月，联邦政府中止对ABC工会的干预后，卢拉决定不再竞选干部，而是提名一位公众不太熟悉的人物——福特的工具工雅伊尔·梅内格利（Jair Meneguelli）担任工会主席。卢拉的去向引起了广泛关注：劳工党成立后，他会从工会活动转向政治活动吗？梅内格利当选前不久，修士贝托在写给卢拉的一封私人信件中提出了许多问题。不仅这位多明我会修士，整个政治阶层都想知道问题的答案：

> 普通民众开始提出一些疑问，比如：你打算在政界做些什么？你为何转向政治？为何创建劳工党？你还会是个纯粹的工人吗？你想成为州长吗？你把工会领导权转交给一号候选人团队的那天（我相信他们能够当选），我觉得是向民众吐露想法的绝佳时机。

不知卢拉作何打算的民众此后依旧不知。接受《圣保罗州报》采访时，卢拉只用了简短的两句话对未来做了模糊的说明："我没有未来的计划。我的前途与我的本职工作密切相关。"卢拉的日常行动印证了他在报纸上的答复。尽管悉心关注劳工党在全国范围内的建设，但他的精力似乎仍然集中于工会工作，例如梅内格利的选举和另一项他几乎全身心投入的任务：创建一个统一的工人中央组织，除体力劳工之外，还要将所有加入了工会的劳动者，如医生、教师、记者、工程师和其他自由职业者全部联合起来。

在巴西各地走访的间隙，卢拉还频繁出国访问，力图扩张自己的国际影响。由于不懂外语，卢拉总和圣保罗大学教授弗朗西斯科·韦福尔特以及若泽·阿尔瓦罗·莫伊塞斯一同出行，后者已被任命为劳工党的对外关系秘书。当然，卢拉也一直受到警方的严密监视，政治与社会秩序局局长罗梅乌·图马发送给第二陆军情报部门、国家情报局、第四地区空军指挥部、圣保罗海军指挥部和联邦警察局的报告证实了这一点：

致第二陆军、国家情报局、第四地区空军指挥部、海军指挥部、联邦警察局：

政治与社会秩序局第220号报告补充内容，卢拉、若泽·阿尔瓦罗·莫伊塞斯、弗朗西斯科·韦福尔特、雅科·比塔尔的行程见下：

巴西—罗马——至1月22日

波恩——至1月28日

巴黎——至1月31日

日内瓦——2月2日至3日

布鲁塞尔——2月4日至5日

阿姆斯特丹——2月5日至7日

伦敦——2月8日至10日

10日晚前往纽约，11日至13日在纽约活动，预计晚间返回圣保罗。

罗梅乌·图马警官

政治与社会秩序局局长

卢拉在一次国际旅行中购买了两台特殊设备：他为劳工党带回一台超8毫米（super-8）摄像机，后来用于全国范围内的宣传活动——那时家用VHS录像带在巴西尚处于起步阶段；他还为工会购买了一台便携式分贝仪，即测量噪声水平的仪器。有了它，ABC工会的督察员可以进入工厂测量环境噪声，检查噪声水平是否符合劳动法规。如今劳工党的档案库中还保存着一部用那台小摄像机拍摄的劳工党和“新工会主义”宣传短片，拍摄地点在帕拉州内陆托坎廷斯河河畔的卡梅塔镇，这座小镇位于贝伦市西南方向二百八十公里处。

创建工会统一中央比卢拉预想的困难许多。自1964年独裁政府取缔旧的工人总指挥部（CGT）以来，建立全国工会统一组织的尝试尚属首次。1981年8月，巴西各州共1 126个工会选举出的5 247名劳工代表齐聚圣保罗州海滨城市普拉亚格兰德，如此庞大的数目印证了建立统一中央的必要性。一同出席会议的还有不少外国工会领导人，如西德的汉斯-于尔根·克鲁格（Hans-Jürgen Kruger）、法国的雅克·谢勒克（Jacques Chérèque）、委内瑞拉的路易斯·卡洛斯·卢斯特（Luis Carlos Luster）、葡萄牙的阿尔瓦罗·拉纳（Álvaro Rana）、安哥拉的加尔旺·布兰科（Galvão Branco）和来自阿根廷的世界工会阵线（Frente Sindical Mundial）领导人胡安·庞塞（Juan Ponce）。会议为期三天，耗资约300万克鲁塞罗（约合2021年的27.6万雷亚尔），这笔资金来源于工会捐款、汽车抽奖筹款和各界捐赠。经粗略计算，这次普拉亚格兰德的全国工人阶级大会（Conclat）中参会人员代表的劳工基数约为一千两百万人。

尽管会议组织十分出色，但由于大量政治倾向和派别的存在，会议未能就创建统一中央的目标达成一致。有两大派别相互抗衡：一派由与巴共有来往的工会人士领导，代表人物是桑托斯金属工人阿纳尔多·贡萨维斯，其目标大致是建立一个法团主义和中央集权的组织；另一派则以卢拉为首，主张成立一个自下而上、以工作场所为基础的工会中央，持开放态度包容不同政治倾向。最终，普拉亚格兰德的全国工人阶级大会奠定了两大工会中央组织的雏形，而非卢拉设想的唯一中央。两大组织分别是由雅伊尔·梅内格利领导、与劳工党密切相关的劳动者统一中心，以及由前巴共积极分子路易斯·安东尼奥·德梅德罗斯（Luiz Antonio de Medeiros）领导的工会力量（Força Sindical）。德梅德罗斯那时已经转向所谓的“欧洲共产主义”，背弃了奄奄一息的苏联。

卢拉在罢工案和阿克里州事件中被判无罪，大赦法案得到通过（尽管并不充分），再加上两大工会中央即将成立，这一切都预示着独裁政权已时日无多。如反对派领袖、参议员乌利塞斯·吉马良斯（Ulysses Guimarães）所言，人们面对的是“一头掉光了牙齿、只能吃素的狮子”。但巴西再民主化的关键转折点要等到1982年1月19日才出现在《联邦政府日报》上：菲格雷多将军在第6978号法令中宣布，将于同年11月15日举行州长、副州长、参议员、联邦众议员、州议员、市长、副市长和市议员的直接、自由、匿名投票选举。上一次州长直选还是在十七年之前的1965年，当时军政府在竞争最激烈的几个州——米纳斯吉拉斯、圣卡塔琳娜、马托格罗索和里约热内卢(当时称瓜纳巴拉州)全部落败。要让国家回归全面民主、彻底埋葬军政府的“威权遗产”,唯一没做的就只剩恢复总统直选,而这一目标要到七年后的1989年,即制宪议会召开一年后才最终实现。

不过,恢复州长直选已经是相当大的进步。圣保罗的劳工党将所有希望寄托在卢拉身上,在党内积极分子看来,没有其他候选人能胜过卢拉。由于当时的选票仍需手工填写,劳工党采取的头号措施便是将卢拉的正式姓名更改为“路易斯·伊纳西奥·卢拉·达席尔瓦”——这样一来,如果民众投票时只填写“卢拉”,选票也不会作废。将绰号加入姓名,也意味着妻子玛丽萨的夫姓和四个孩子的父姓都将变成“卢拉·达席尔瓦”。

姓名并非竞选活动中的最大障碍,头号难题在于资金极度匮乏。即使在劳工党的发源地圣保罗州,571个市镇中也有超过300个尚未设立党委会,更没有本党的候选人。竞争对手们可以乘坐包机,卢拉却不得不遵照商用航空的时刻表出行,而航班时间并非总能满足竞选需要。更多时候他会乘车出行。除此之外,全国层面的知名度让卢拉必须离开圣保罗,前往全国几乎所有州为本党的州长、参议员和众议员候选人助阵——同样也是乘商用航班。

一切都是临时拼凑的。玛丽萨在圣贝尔纳多市政府免费学习丝网印刷课程后,在家搭建了一间工作室,一边照顾三个小孩,一边印刷。她在竞选期间印制了至少两万两千件带有劳工党标志的T恤,其中一些印着州长候选人卢拉和副州长候选人律师埃利奥·比库多的名字,还有一些印着参议员候选人雅科·比塔尔的名字。卢拉在圣保罗州内乘一辆大众轿车出行——有些市镇距离州府超过六百公里——车是向朋友借的，他自己坐在前排，每当天黑，后方跟随的另一辆竞选车便打开远光灯，好让他看清手中的讲稿，准备即将在下个市镇发表的演说。如果当地没有安排集会，卢拉便站在那辆大众甲壳虫车门外侧的踏板上，手拿扩音器环绕全城为自己宣传，邀请路人加入劳工党。

独裁统治的“威权遗产”之一是所谓的“法尔康法”，该法令以其设计者、盖泽尔政府的司法部部长阿曼多·法尔康（Armando Falcão）得名。根据这项法律，电视选举节目中只能出现候选人的照片（无论竞选州长还是市议员），而解说员将用短短十几秒时间介绍候选人的极简履历。劳工党希望在大众阶级中争取更多选票，因此在每位候选人的履历后都加上了自己的宣传口号：“一名和你一样的巴西人！”然而，由于许多劳工党候选人参加过武装斗争，履历中有长年累月的刑期记录，因此播放照片时经常出现这样的解说词：“某某，前城市游击队队员，被判五十年监禁。一名和你一样的巴西人！”

多年以后，卢拉回想起这些故事还是会哈哈大笑：

“我们的竞选宣传像是犯罪记录，候选人看着像一群逃犯。我还记得，戈亚斯州的阿索斯的履历是：‘阿索斯·马尼奥。曾劫持一架飞机。’还有阿尔蒂诺：‘阿尔蒂诺·丹塔斯，父亲是将军，被判九十六年监禁。’杰诺伊诺的是：‘在阿拉瓜亚打游击战时被捕。遭受酷刑，被判了不知道多少年。’每个人的介绍到最后，都有句‘一名和你一样的巴西人’。”

连卢拉自己的竞选宣传语也没能逃过自我批评：

“我的宣传语是这样的：‘路易斯·伊纳西奥·卢拉·达席尔瓦——前染工。前擦鞋童。前金属工人。前工会领导人。前政治犯。一名和你一样的巴西人！’但根本没人想和我一样，操！选民都想当苏普利西那样的人，他有钱，长得又帅，学的是经济，还有国外的研究生学历！”

由于没钱聘请民调机构，卢拉只能通过广场和集会上吸引到的人数来衡量自己受欢迎的程度。如媒体所见，卢拉吸引了越来越多的民众，在拥有工厂、工人、大学和学生的中大型城市尤甚。劳工党和卢拉在青年群体中所受的青睐无可争议，卢拉胜利在望的说法也越来越有可信度。参加劳工党候选人集会的民众数量太多，甚至引起了竞争对手的忧虑，于是卑劣的竞选手段开始出现。数十年之后被冠以“假新闻”之名的谣言在全州散布开来：有人说卢拉在工会活动中赚得盆满钵满，他在圣贝尔纳多的那间房子只是用来蒙骗傻瓜的幌子罢了——他其实住在圣保罗莫伦比区的一座豪宅里。有一次，卢拉去了众议员艾尔顿·苏亚雷斯位于瓜鲁雅市的度假别墅，他在那里被人认出，随即传言四起，说他在圣保罗州还拥有另一座海滨别墅——“和雅尼奥住在同一个小区”。劳工党不得不发布一条声明辟谣：

> 莫伦比区豪宅的谣言没能传开，因为卢拉住在拉维尼亚花园玛丽亚·阿泽维多街273号。现在又有传言说，他在瓜鲁雅市有座度假别墅。过去十年里，卢拉唯一度过的假，就是

他在政治与社会秩序局监狱里被关押的那三十一天。给卢拉造谣的那些人，请公开你们的身份，并提供所谓瓜鲁雅豪宅的地址和地契证明。

尽管有着种种不利因素，卢拉的竞选势头仍肉眼可见地壮大，并赢得了强有力的支持。巴西最受欢迎的作家——身在巴黎的巴伊亚人若热·亚马多（Jorge Amado）发声称，要是他住在圣保罗，他会投卢拉一票。在圣保罗州足球联赛最佳射手、前锋卡萨格兰德（Casagrande）和左后卫弗拉基米尔（Wladimir）的带领下，科林蒂安队的球星不仅宣布会给卢拉投票，还为劳工党组织了一场大规模的入党宣传活动。

选举日期临近，有两件事让卢拉确信自己已经稳操胜券，当选易如反掌。首先是由《圣保罗页报》和旗手电视台联合举办的辩论，那是唯一一场集合了所有州长候选人的辩论。辩手包括劳工党的卢拉，巴西民主运动党[①]的参议员弗兰科·蒙托罗，巴西工党的前总统雅尼奥·夸德罗斯，社会民主党的圣保罗前市长雷纳尔多·德巴罗斯（Reinaldo de Barros），以及民主工党的前篮球运动员、众议员罗热·费雷拉（Rogê Ferreira）。次日，权威民调机构盖洛普研究所在各大报纸发文称，卢拉是此次辩论的最大赢家。

但真正让卢拉对于胜选深信不疑的，是在帕卡恩布体育场前

① 1980年政党注册时，巴西民主运动（MDB）将党名更改为“巴西民主运动党”（PMDB）。

的查尔斯·米勒广场举行的一次集会。据最保守的估计，劳工党候选人吸引了超过十万人参会，广场和周边街道都挤满了人。另一边，尽管蒙托罗请来了米尔顿·纳西门托和希科·布阿尔克等知名艺人助阵，他这边的参会人数却还不到卢拉那边的一半，连蒙托罗的支持者都不禁感到担忧。

选举前夜，卢拉回到家，妻子玛丽萨面色阴沉地拿出一份预出版的《圣保罗页报》，头版占据八栏的大标题公布了一项全州范围内票站出口民调的统计结果——"蒙托罗当选州长"。下面附有一张蒙托罗微笑的照片和具体得票率："蒙托罗44.8%，雷纳尔多26.5%，卢拉12.2%，雅尼奥11.7%，罗热·费雷拉1.7%。"卢拉看完哈哈大笑，将报纸往空中一甩，高呼道：

"这资产阶级报纸纯粹在放屁！选举我赢定了！"

投票箱开启后，结果表明《圣保罗页报》的出口民调确实有误——卢拉不是排在第三，而是排在第四，落后于蒙托罗、雷纳尔多和雅尼奥，仅超过得票率不足1%的垫底候选人罗热·费雷拉。卢拉共获得1 144 648票，占全州选民总数的10.77%。那一刻，他感觉天都塌了。

四十年后的卢拉依然清晰记得，那场惨败让他陷入深深的抑郁：

"那真是痛苦。太痛苦了。我陷入绝望，迷失了方向。那时唯一感到确定的就是：我的政治生涯已经完了。很长一段时间，我都感到极度空虚。选举惨败，工会那边也有了新的领导班子。我每天早上起来无所事事，所以更加绝望。"

卢拉在那场似乎永无止境的宿醉中挣扎了两年多。1985年初，他前往古巴参加由菲德尔·卡斯特罗召开的有关贫困国家与国际金融机构外债的研讨会。会前几天，菲德尔曾与里约社会党候补参议员雅米尔·阿达德（Jamil Haddad）医生会面，他向阿达德询问卢拉的近况，而后者的答复十分悲观：

“卢拉在政治上完蛋了，他已经出局了。”

会议期间，菲德尔得知卢拉也在哈瓦那，于是找他聊天，转告了阿达德的话。古巴领导人耐心听完了卢拉的抱怨、那场羞辱性惨败带来的挫折，最后请求和他单独交谈。菲德尔的话言简意赅，令人折服：

“卢拉，你听我说：自从人类发明了投票和选举以来，没有任何一个工人……我再说一遍，全世界没有任何一个工人能像你这样，获得一百万张选票。如果你愿意听听更有经验的长辈的意见，那请听我说：你不能放弃政治。你没有权利对工人阶级这样做。”

一连几个月，菲德尔·卡斯特罗的话在卢拉脑海中久久回荡。一年后的全国制宪议会选举，他听从菲德尔的建议报名参选。卢拉最终斩获651 763票，成为当时巴西历史上得票最多的众议员。

附 录

详细审查大型传媒在反卢拉及其政党之战中的行为

一项由跨工会社会经济统计研究所(工会运动于20世纪50年代创建的，意在为工会提供调查研究、薪酬谈判咨询和工会培训的机构)的经济学家展开的研究表明，巴西在库里蒂巴法官塞尔吉奥·莫罗和巴拉那州联邦检察院领导的“洗车行动”中蒙受的损失远大于直接获得的经济利益。研究表明，因上诉法院法官和巴拉那州联邦检察官下令关停大型公共工程企业，巴西损失了1 720亿雷亚尔的投资，440万工人失业——众所周知，建筑业是经济领域中最早和最快反映就业市场行情的部门。“洗车行动”在主流媒体和联邦检察院网站上大肆宣扬其从腐败分子手中追缴了约43亿雷亚尔的资金，而研究却反驳称，在法官和检察院展开调查期间流失的投资数额是43亿雷亚尔的四十倍。联邦政府共损失474亿雷亚尔的税收，其中一半为工资所得税。

无数调研证明的另一个事实是，公众似乎被迷惑了，人们将库里蒂巴法官莫罗视为“反腐斗争的英雄”，而非人权和法律保障的侵害者——“拦截者”网站和联邦警察在“欺骗攻击行动”中获取的材料揭露了“洗车行动”的种种手段，更加凸显了这一特质。

一项由巴西民调机构“头条研究所”（Manchetômetro）为本书独家开展的广泛而精细的调查表明，推动巴西人支持莫罗并长期为卢拉贴上“贼人”标签的势力有着明确的姓名、雇主和活动地址，那便是国内的大型传媒公司。研究人员得出结论的第一步是，弄清那些掌控绝大多数巴西人信息接收渠道的媒体究竟归谁所有。据媒体所有权监测机构（Media Ownership Monitor，由德国政府资助的非政府组织）和无国界记者组织（RSF，总部位于法国，在全球设有分支机构）于“洗车行动”初期展开的研究，在巴西最有影响力的媒体之中，九家属于环球集团（马里尼奥家族），五家属于旗手集团（萨阿德家族），五家属于“主教”埃迪尔·马塞多（Edir Macedo）领导的新灵恩派“神国普世教会”（Igreja Universal do Reino de Deus），三家属于《圣保罗页报》集团（弗里亚斯家族），一家属于《圣保罗州报》集团（梅斯基塔家族），还有《请看》杂志，在四月出版社旗下（该出版社原属希维塔家族，后转让给法比奥·卡瓦略，一位收购和重组破产企业的专家）。

关于媒体对公众舆论的巨大影响，在此只做初步分析。若要以公正和谨慎的态度衡量上述所有媒体在“洗车行动”期间的出版和政治行为，可能只会让读者感到不明所以，因为很多媒体之间并无统计学上的可比性。例如，《全国新闻》栏目通常能达到24.7%的收视率，而旗手电视台主要新闻栏目的收视率只有2.5%——两项数据均来自Kantar/Ibope（巴西民意和统计研究所，被英国公司凯度收购）的统计。

“头条研究所”在巴西国家科学技术发展委员会（CNPq）登记在案，总部设于里约热内卢州立大学（UERJ）。为避免评估偏差，研究所协调员、纽约大学政治学博士、政治学家小若昂·费雷斯（João Feres Júnior）决定将研究重点集中于曝光率靠前的几家媒体：《全国新闻》电视栏目，拥有5 000万名观众，约占巴西总人口的25%；《请看》杂志，那时拥有120万名读者；还有巴西最具影响力的三大日报：《圣保罗页报》《圣保罗州报》《环球报》。其中，《环球报》和《全国新闻》都属于马里尼奥家族。

上述三家报纸平均每天发布至少一条反卢拉的头条新闻。2016年3月发表的共计44篇头条文章中，有33篇都是负面报道。

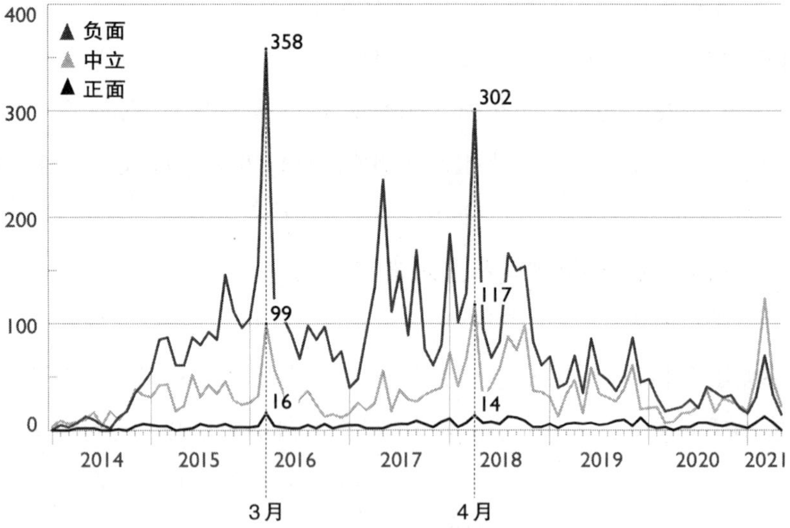

2014年1月至2021年5月，三家报纸（《圣保罗页报》《圣保罗州报》《环球报》）及《全国新闻》栏目的数据汇总

2017年5月和9月，负面报道的比例有所下降：头条文章中20篇为负面内容，16篇中立，支持卢拉的文章一篇都没有。即使在2018年4月，抹黑卢拉的运动似乎有所缓和时，“头条研究所”仍统计出29篇反对前总统的头条文章，还有4篇中立，正面报道依旧为零。

2018年10月，博索纳罗赢得大选。然而，三家报纸并未因此停止抨击卢拉，反而继续着这项骇人的运动。11月，有9篇社论公开抨击“被告人”——卢拉那时已经不再是候选人了。这种情况与2015年至2018年期间没有太大不同，那时平均每月出现30篇以卢拉为目标的负面社论——他每天都会挨骂。高峰时期甚至达到平均每天两篇负面社论。2018年总统大选前的三年时间里，在

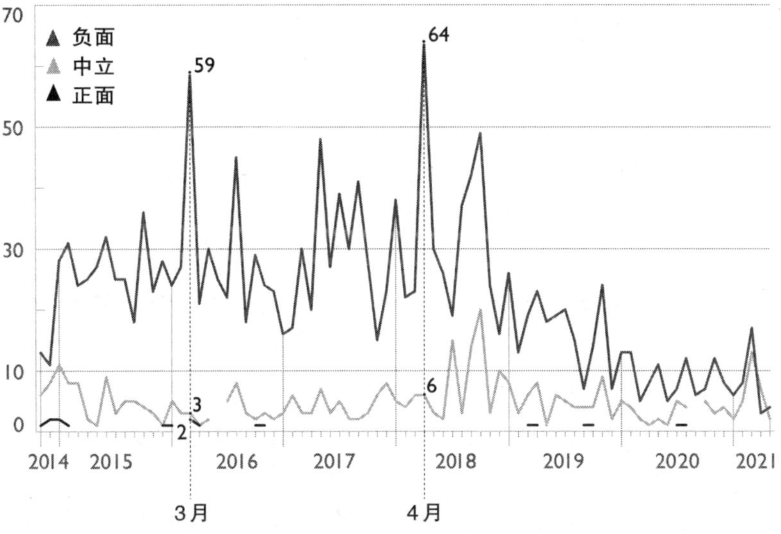

三家报纸关于卢拉的社论

《圣保罗页报》《环球报》《圣保罗州报》发布的2 173篇社论中，仅28篇可归为正面内容。

除社论之外，卢拉也是其他评论文章的目标。但在那些本该提供多样化观点的专栏中，卢拉也没有丝毫喘息之机。2016年3月，三家报纸共发表114篇反对卢拉的“评论”文章，另有23篇中立，正面文章仅有9篇。一年后的2017年5月，在职业专栏作家和受邀撰稿人的文章中，共有76篇抨击卢拉，12篇保持中立，仅1篇表示支持。2018年4月，以相同标准统计（职业专栏作家和受邀撰稿人的评论文章），共有97篇反对卢拉，37篇中立，11篇支持。

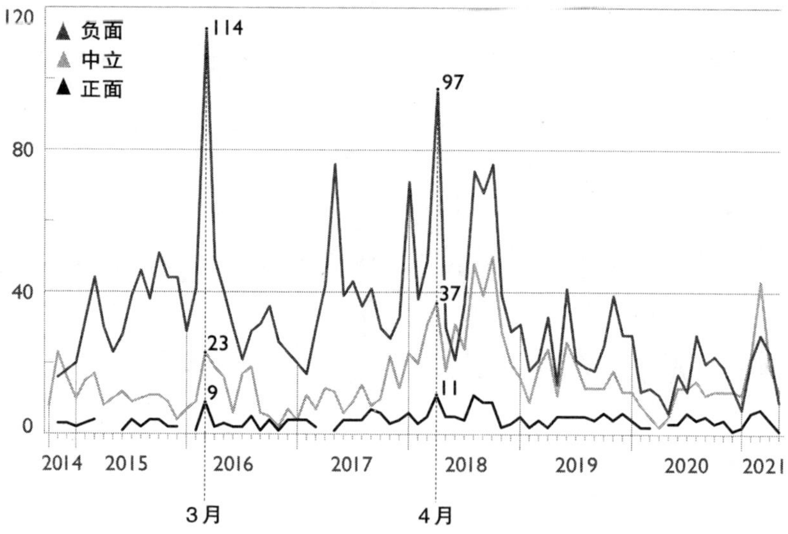

三家报纸的职业专栏作家和受邀撰稿人的评论文章

对比三家报纸关于卢拉的政治报道，《圣保罗页报》的攻击性相对较弱。在2016年3月的报道高峰期，《圣保罗页报》共发布

91篇负面、27篇中立和11篇正面文章。而到2018年4月卢拉被捕时，《圣保罗页报》的负面报道减少至68篇，中立38篇，正面13篇。到2021年3月卢拉恢复政治权利、案件撤销时，《圣保罗页报》才最终收敛了对卢拉的攻击，在发表的72篇文章中有55篇保持中立，11篇反对，6篇支持。这是弗里亚斯家族旗下的报纸对卢拉偏见最少的一次。

在三大全国性日报中，百年老报《圣保罗州报》无疑是卢拉最无情的刽子手。自始至终，《圣保罗州报》对卢拉的负面报道都远多于中立报道，而正面报道几乎没有。早在迪尔玛·罗塞芙第二任期的头一个月，《圣保罗州报》就发表了50篇负面文章。连篇累牍的报道是《请看》杂志在2014年第二轮大选前夕发起的系列报道的一部分，该系列报道认定罗塞芙和卢拉是巴西石油公司腐败案（媒体称之为“石油门”）的主谋。从那时开始，直至博索纳罗当选，《圣保罗州报》对卢拉的负面报道不断增加。2016年3月，负面文章共计66篇，2017年5月为81篇，2018年4月达到88篇，中立和正面的文章屈指可数。

《环球报》在从迪尔玛·罗塞芙成功连任到雅伊尔·博索纳罗胜选期间，也几乎没有中立和正面报道，负面报道平均每月50篇左右。2016年3月，该报共发布100篇文章抨击卢拉，2017年5月为86篇，2018年4月为68篇。

但与《全国新闻》电视栏目一比，三家报纸全部相形见绌。作为准政府授权媒体，《全国新闻》本该保持一定的中立性，然而在“头条研究所”团队评估的时段内，环球电视台这档栏目的观众仅

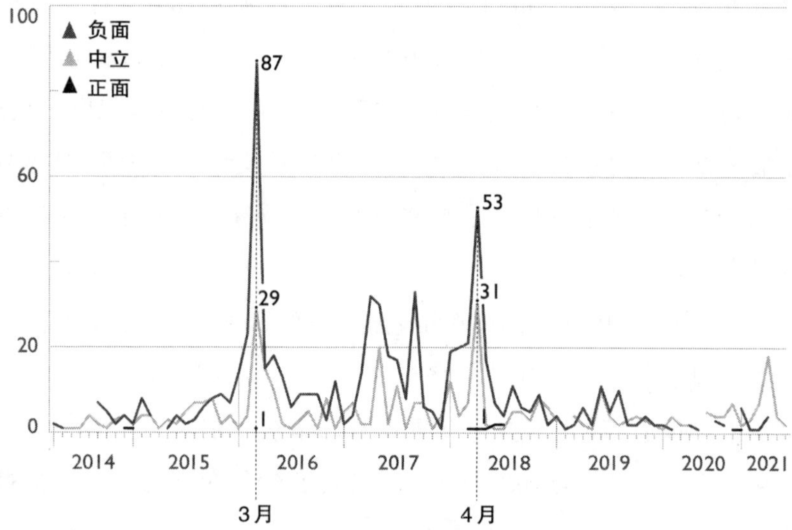

《全国新闻》对卢拉的报道

看到过21次卢拉的正面报道，而负面报道多达705次，中立403次。《全国新闻》一共用了163 529秒报道卢拉的负面内容，换言之，如果将这些报道连续播放，总时长将超过45小时，差不多两天两夜。相比之下，所有正面报道的总时长仅为3 374秒，不到一个小时。

2016年3月的数据显示，《全国新闻》平均每天有一半的时间都在报道卢拉的负面内容。而在2017年5月和9月的高峰期，几乎全是负面新闻，没有中立报道。关于文本如何体现对某一主题或人物的立场，巴西和外国学术研究采用的评估方法和标准将结果归为四类：正面、负面、中立和模糊。2018年4月，当莫罗宣布卢拉的逮捕令时，负面新闻数量达到了另一个高峰，中立新闻数量比之前更少。2017年9月，负面新闻的总时长为11 769秒，几乎是

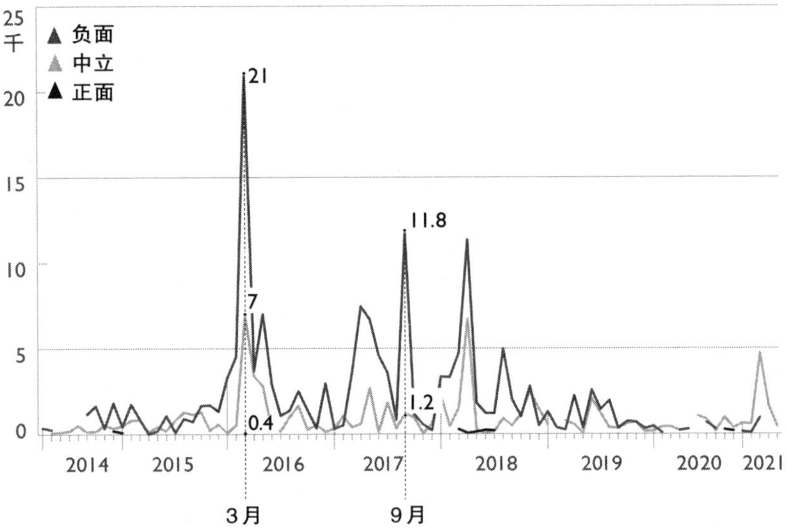

《全国新闻》对卢拉的报道的时长

中立新闻的十倍。这些报道加在一起相当于七天的新闻时长，没有广告，从头到尾都不间断。也就是说在这个月里，观众整整一周时间都在观看反卢拉的报道。

舆论猛攻的成效显著：作为“洗车行动”的主要目标，卢拉因被控为OAS建筑承包公司提供便利、收受公司贿赂（一套位于圣保罗海滨城市瓜鲁雅的三层公寓）而被莫罗判处九年零六个月监禁。此外，卢拉还被控非法拥有位于阿蒂拜亚的一处农场。该房产实际上属于卢拉的密友、他在劳工党和劳动者统一中心的同事、石油工人雅科·比塔尔的儿子，年轻的费尔南多·比塔尔（Fernando Bittar）。

所谓的“库里蒂巴共和国”还宣称，卢拉在世界各地举行的数十场演讲只是他收受贿赂的幌子，他在执政的两届任期内给了这些行贿人不少好处。为撰写本书，作者曾亲眼见证并录制了前总统在北美洲、亚洲、非洲和欧洲的演讲。莫罗法官和库里蒂巴检察官对卢拉的指控是基于美国司法部官员提供的秘密情报，已有证据表明美国联邦调查局参与其中，中情局也疑似与此事有关。然而莫罗和检察官在针对前总统的诉讼中从未交代这项境外合作，因此触犯了巴西法律。除失去人身自由之外，卢拉的判决还带来一项额外惩罚——也许是更重的惩罚：他被禁止参与2018年总统竞选。而当时所有民调都表明，卢拉无疑是最热门的总统候选人。

通过“头条研究所”积累的大量数据可见，媒体针对卢拉的战争已昭然若揭。那些不加任何修饰、冷冰冰的数据深度挖掘了目标媒体的内部情况。仅在法学家所称的“最终辩护”环节中，律师克里斯蒂亚诺·扎宁和瓦莱斯卡·特谢拉就向法院提交了共2 960页文字稿，驳斥库里蒂巴检察院关于瓜鲁雅公寓、阿蒂拜亚农场和卢拉“虚假演讲”的指控，并向所有报纸、杂志和电视台公开了稿件内容。两位律师还敦促检察院召开了88场听证会，让法院听取了228位证人的证词，揭露莫罗等人弄虚作假。但一切都是徒劳。

倘若未与大型媒体暗中勾结，莫罗、联邦警察和司法部门的违法乱象不可能达到如此地步。他们的唯一目的就是毁掉卢拉的政治生涯，让他背负贪腐的恶名。这既是针对卢拉，也是针对他所属的劳工党。2018年8月，那时卢拉尚未被莫罗的判决剥夺政治权利，数据页报研究所受环球电视台和《圣保罗页报》委托开展的全国民意调查充分证明了上述结论。民调显示，卢拉以39%的支持率遥遥领先，其他候选人的支持率分别是：社会自由党的雅伊尔·博索纳罗19%，可持续发展党的马里纳·席尔瓦8%，巴西社会民主党的热拉尔多·阿尔克明6%，民主工党的西罗·戈梅斯5%，我们能党（Podemos）的阿尔瓦罗·迪亚斯（Alvaro Dias）3%，新党（Novo）的若昂·阿莫埃多（João Amoêdo）2%，巴西民主运动的恩里克·梅雷莱斯（Henrique Meirelles）1%，社会主义与自由党的吉列尔梅·博洛斯1%，爱国者党（Patriota）的卡博·达西奥洛（Cabo Daciolo）1%，统一工人社会党（PSTU）的维拉（Vera）1%，自由祖国党（PPL）的小若昂·古拉特（João Goulart Filho）0%，基督教民主党（DC）的埃马埃尔（Eymael）0%。白票、无效票以及选择“以上皆非”和“不知道”的选票占14%。数据表明，劳工党候选人的支持率比博索纳罗、马里纳、阿尔克明和西罗·戈梅斯四人的总和还高。所有迹象都表明，假如卢拉没有入狱且能够参选，那么他将成为下一任巴西总统。

“头条研究所”对巴西五大重要媒体在“洗车行动”期间（2014—2021）的行为展开了调查，数据令人震惊。

在全国三大主要日报和通常能吸引5 000万观众的《全国新闻》电视栏目中，对卢拉的抨击在2016年至2021年间的五个关键节点达到顶峰，并主要集中于对卢拉被捕和获释的报道。当事态对卢拉不利时，负面报道的强度也急剧上升。例如，2017年5月10日莫罗在库里蒂巴亲自审问卢拉那天，三家报纸共发布117篇负面报道，4篇中立，正面报道仅有1篇。

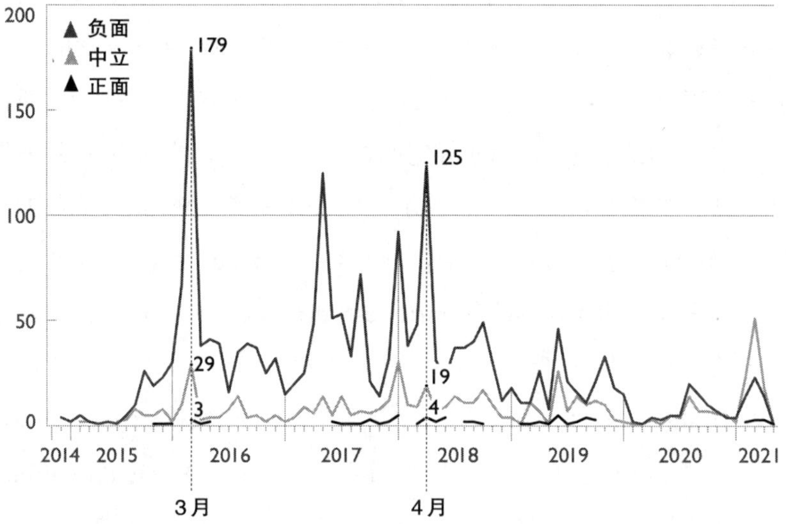

对卢拉的报道中，近一半与“洗车行动”有关。几乎没有正面报道，负面和中立报道占据了近全部

整个统计期内，上述所有媒体对卢拉的负面报道的数量都远超过中立或正面报道。直到2021年初，这种情况才发生变化，中立报道的数量超过了负面报道，正面报道仍几乎为零。这一节点也与“洗车行动”迎来反转的时间相吻合，当时最高法院撤销了针对卢拉的案件，恢复了他竞选总统的权利，并判定前法官塞尔吉奥·莫罗审理案件时存在偏见。

在《请看》杂志的封面和内部文章中，同样有着对卢拉猛烈而狂热的攻击。在2014年4月至2021年4月的七年间，《请看》杂志共直接提及卢拉88次：有82次为负面内容，5次中立，仅有1篇正面报道——讽刺的是，这唯一一篇正面报道是卢拉于2021年恢复政治权利、重返政坛的消息。在此期间,《请看》杂志共发行了357期,几乎每期都是负面内容。前总统出现在约四分之一的杂志封面上,换言之,《请看》将卢拉的形象大肆妖魔化了。

在“头条研究所”分析的48张杂志封面上,虽然没有出现卢拉的真实照片,但有杂志内文章的内容提要——其中只有1篇是正面报道。《请看》杂志采取的传播策略是创造震撼,吸引订阅者和路过报刊亭的行人,因此杂志艺术指导部门吸纳了一切可用的资源,例如电脑修改过的照片、夸张的标题和惊人的插图。如果将所有抨击卢拉的文章连续出版,能占据杂志整整一年的发行时间。

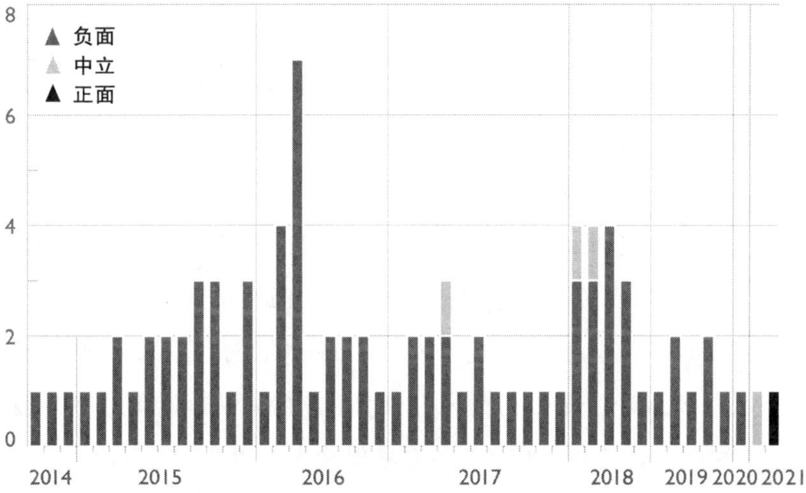

《请看》杂志封面上的卢拉

上述48张封面中,有35张是负面内容,且以卢拉的形象为核心。卢拉经过处理的照片以较小的尺寸呈现在7张封面的内容提要中，通常在页面顶部，新闻界行话称之为“slash”。35张封面中，只有两张可以被标记为中立。一张是2021年标题为《情况有变》的封面，副标题是：“为了拯救塞尔吉奥·莫罗，埃德松·法欣法官让卢拉起死回生，摧毁了‘洗车行动’，加剧了劳工党人与博索纳罗之间的极化。”这张封面是中立内容的例证，因为在该杂志的视角下，“洗车行动”的崩溃以及卢拉和博索纳罗之间的极化都是负面内容。

另一张中立封面（中立但并非公正）来自2017年5月10日第2529期杂志，其中展示了卢拉和莫罗的风格化形象，仿佛一张“墨西哥摔跤”（Lucha Libre）海报。封面标题为《首次正面交手：莫罗 VS 卢拉》。由于其中没有针对卢拉的明确负面暗示，有研究人员将其归为中立。但《请看》杂志将法官和被告列为对战双方这一事实，反而佐证了辩方的观点，即法官作为被告的对手，并未在审判中保持中立。

这些数据表明，《请看》杂志在大型媒体的政治迫害行为中堪称典范。虽然卢拉已不再担任公职，但他仍然频繁出现在《请看》的封面和内容中，这类情况自该杂志1968年创刊以来前所未有。《圣保罗州报》对热图利奥·瓦加斯的知名抨击和《晚报》对保罗·马卢夫的负面报道，或许都难以企及《请看》对卢拉的攻击程度。

反卢拉报道的关键点在于将其形象与贪腐不断绑定。有时，媒体会通过妖魔化卢拉的政党——劳工党来间接达成目的。这些封面没有直接提及前总统，因此未被纳入本次研究。例如，2014

年12月10日的封面标题为《"洗车行动"与劳工党——被控在竞选活动中收受贿赂的丑闻曝光后，执政党有很多事要解释清楚》。杂志的编辑掩盖了一个事实，即"洗车行动"中受到最多指控的政党并非劳工党，而是进步党（PP），该党由皮奥伊州参议员西罗·诺盖拉（Ciro Nogueira）领导，党内有33名政治家接受调查，其中包括阿拉戈斯州的父子二人贝内迪托·德利拉（Benedito de Lira）和阿图尔·利拉（Arthur Lira）——后者曾在雅伊尔·博索纳罗执政的第三至第四年担任众议院议长。除此之外，与卢拉直接相关的报道往往通过文字或图片援引该党的负面形象，例如"'津贴门'[①]十年之后"、"劳工党三十五周年"、"濒危物种？"[②]，以及"随波逐流的左翼"。

研究团队还选出了一些专门针对卢拉的封面，内容提要完全是有损其形象的负面词句，例如"特刊：卢拉与法律""特刊：卢拉有罪"。卢拉的脸部在许多封面上被丑化和卡通化，还有经过电脑处理、给他穿上囚服的图片，这些封面早在卢拉受审、被定罪前几个月就已经发布。

《请看》杂志对卢拉的野蛮抨击从未停止。《劳工党的崩塌》和《雅拉拉卡毒蛇的绝望》等封面展示了前总统扭曲和丑陋的形象，但没有哪张比2016年9月21日第2496期杂志的封面更具煽动性。这张封面公然剽窃了《新闻周刊》（*Newsweek*）报道

① 津贴门（Mensalão），或称"每月津贴""谢礼"，巴西2005年曝光的一件丑闻，卢拉被控贿赂收买众议员，引发了一系列负面反响。

② 原文为EsPécie em exTinção，P和T两个大写字母暗指劳工党（缩写为PT）。

穆阿迈尔·卡扎菲（Muammar al-Gaddafi）身亡的封面，成百上千台相机见证了这位领导人被私刑射杀的场面。据“头条研究所”分析，《请看》杂志的封面还试图将卢拉比作悍匪“兰皮昂”（Lampião）[①]，这名悍匪的首级被巴伊亚州军警砍下拍照，照片向公众展示了许多年。“头条研究所”指出，为了显得和“兰皮昂”相似，封面上卢拉的头颅被故意压扁，并添加了一种黏稠的“艺术”效果，仿佛是从悍匪头子维尔古利诺·费雷拉·达席尔瓦（Virgulino Ferreira da Silva）脖子上淌下的血。卢拉或许是《请看》周刊创立以来报道最多的话题。

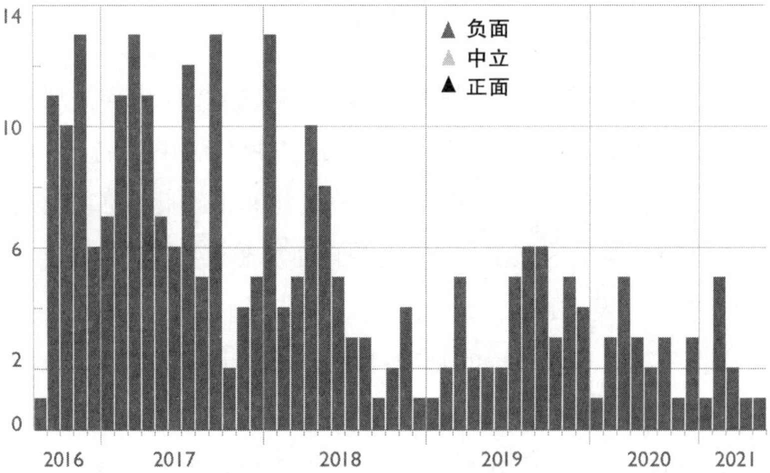

《请看》杂志关于卢拉的文章

① “兰皮昂”（意为“油灯”），原名维尔古利诺·费雷拉·达席尔瓦，20世纪初巴西东北部腹地知名悍匪（cangaceiro），被誉为“悍匪之王”。1938年遭遇军警伏击身亡，被枭首示众。

记者吉尔贝托·马林戈尼(Gilberto Maringoni)、茹卡·克福里和玛丽亚·伊内斯·纳西夫(Maria Inês Nassif)曾邀请卢拉做过一次长篇采访,内容经整理后发布在《真相将会大白》(*A verdade vencerá*)一书中。卢拉在采访中透露,他早在担任总统期间便摸清了对手的套路:

"让政府瘫痪的流程是这样的:星期四,散布谣言;星期五,网上发帖;星期六,上《全国新闻》节目;星期天,早上登报,晚上还有《神奇世界》(*Fantástico*)……我的助手总是进来说,他们要印这个封面、要印那个封面,我实在受不了了,于是做了一个决定:'从今天开始,你们要么告诉我好消息,要么什么也别提。我就是要证明,即使不看《圣保罗页报》《圣保罗州报》《请看》《环球报》,我也能管好这个国家。'"

后 记

出版这本书比我最初预想的晚了二十年，但好在它如今已经问世。卢拉于2002年赢得总统选举后，我立马找到他的新闻秘书，我的老朋友里卡多·科彻（Ricardo Kotscho）。我那时受到《一千天》（*A Thousand Days*）启发，心中有个雄心勃勃的计划。《一千天》的作者是约翰·肯尼迪总统的朋友、顾问兼代笔人小阿瑟·施莱辛格（Arthur M. Schlesinger Jr.），书中讲述了肯尼迪在任期内的私人生活。我并非卢拉的朋友，从未当过他的顾问，更不是他的代笔人——我也没有施莱辛格那样的才华和经验。但我梦想着写一本书，讲述巴西第一位工人总统当选背后的故事。我自认为有些优势：我曾亲身经历ABC地区的罢工，而且也不是劳工党党员，这样读者便不会认为我写的书是劳工党的官方宣传。恰恰相反，我曾和许多人一样公开表示，创建劳工党将破坏巴西民主运动在反独裁斗争中建立的政治联盟。在1989年大选第一轮中，我参加了乌利塞斯·吉马良斯的竞选活动和文化节目，最后也把选票投给了他；到了第二轮，我才把票投给卢拉。

科彻像往常一样幽默地回答说，在我前头已经有184个记者提出了一模一样的请求。于是我放弃了这个计划。卢拉于2006年成功连任时，我再次提出请求，这回是卢拉本人出面，又一次劝我放弃。前总统伊塔马尔·弗兰科（Itamar Franco）曾经发明过一个词，叫作“宫殿中的马屁虫”（percevejo de palácio），而我向来没有这方面的天赋。在卢拉八年执政期间，我只见过他三次。第一次是在2004年7月，我陪同演员卡米拉·莫尔加多（Camila Morgado）前往总统府，参加第一夫人玛丽萨·卢拉组织的一场观影辩论会。她邀请在总统府任职的所有妇女观看了据我本人作品改编的电影《奥尔加》（*Olga*），然后举行辩论。第二次见面的具体年份我已经记不清了，我当时把房子借给卢拉、莱昂内尔·布里佐拉、若泽·迪尔塞乌（José Dirceu）和卡洛斯·卢皮（Carlos Lupi）私下会面，他们尝试建立劳工党与民主工党的联盟，但最后没能成功。第三次见到卢拉是在2008年11月，我作为自由撰稿人采访他，以便向建筑师奥斯卡·尼迈耶（Oscar Niemeyer）主编的月刊《我们的道路》（*Nosso Caminho*）投稿。面对录音机，卢拉亲口透露了一个此前从未公开过的想法：时任部长迪尔玛·罗塞芙将是他在2010年大选中的接班人。他告诉我这一全国独家新闻时，连一旁的通信部部长都难掩惊讶之色。

2011年7月的一天，我正和孙女克拉丽丝在欧洲度假，手机响了起来。打来电话的是记者小奥托尼·费尔南德斯（Ottoni Fernandes Júnior），他曾在富兰克林·马丁斯就任部长期间担任通信部执行秘书。奥托尼说话一如既往地简洁，并且直奔主题：

“前总统卢拉明天早上想找你喝杯咖啡，行吗？”

我解释说我目前不在巴西，但如果是非常要紧的事情，我可以赶晚上的飞机，第二天早上到圣保罗。他回答说不急，等我回巴西之后再安排会面。卢拉终于决定要请人写一本书——准确来说不是传记，而是一段记录，从他1980年初次涉足政治、创建劳工党开始，一直写到他将总统绶带交到迪尔玛·罗塞芙手中的那一刻。

很多人以为卢拉是在确诊咽喉癌、知道自己可能时日无多后，才决定请人写一本关于他政治生涯的书，但其实不是这样。我们在那年7月底就商量好了，而到了10月，我和科彻、记者奥达利奥·丹塔斯参加阿拉戈斯州马塞约的一场书展时，才通过电视得知前总统正在圣保罗的叙利亚-黎巴嫩医院接受肿瘤治疗。在那之前，我已经录下了他几个小时的口述回忆。后来在他治疗期间，我只录制过一次采访，当时卢拉剃了光头，肩上插着化疗针，他的官方摄影师里卡多·施图克特还拍下了当时的场景。鉴于卢拉的病情，尤其是喉咙问题和对说话的影响，我们的工作从2011年10月拖到了2012年7月，那时我亲眼见证战胜病魔的卢拉在塞阿拉州福塔莱萨的一场大型集会上凯旋。跟随卢拉的敞篷卡车从机场一直走到市中心费雷拉广场的人群大概有七八公里那么长，他们高喊着闻所未闻的口号，让我想起了书中关于热图利奥·瓦加斯的故事①：

“爸爸回来了！爸爸回来了！爸爸回来了！”

我与本书编辑路易斯·施瓦茨（Luiz Schwarcz）顺利达成了合

---

① 热图利奥·瓦加斯曾被誉为“穷人的父亲”。

作。随后，几乎出版了我所有书籍的巴西文学出版社（Companhia das Letras）与刚刚入股的合作伙伴——英国企鹅出版社共同预告了本书的出版。我告诉卢拉，书稿不会提前拿给他看，他对此没有任何意见。从印刷厂出来的第一本书自然会留给他，但他将与巴西成千上万的读者同时读到这本书。

没过多久我就发现，最适合录制前总统口述的地点其实是飞机上。从那以后，我开始陪同卢拉出行，主要是国际旅行，这样我们便可以在邀请他演讲的各国政府、企业和机构提供的私人飞机上连续交谈好几个小时。没有电话、没有秘书，也没有一大群在卢拉研究所打断我们工作的政客，我可以尽情享受与本书核心人物长时间的相处。当卢拉乘坐的飞机上没有空位时，出版社会帮我购买民航机票，我在途中与卢拉会合，然后加入他的队伍。有一次我们去印度新德里，往返航程中在约翰内斯堡、罗安达、马普托和亚的斯亚贝巴停留了一两天，这让我在往返途中各获得了二十三小时的采访时间——卢拉长途飞行时几乎不怎么睡觉，这也是个巨大的优势。他最多打个盹，然后继续接受采访。正因为这些旅行，我还与时任法官塞尔吉奥·莫罗发生过争执，他指控卢拉以参加境外演讲为幌子、从企业和政府手中收受贿赂。我曾在四个大洲与卢拉同行，也因此被列为证人。除了大洋洲，我和卢拉几乎走遍了全世界。

于是，当处在第二届总统任期的迪尔玛·罗塞芙政府开始分崩离析，因一场“基于宪法”的政变而四面楚歌时，我成了这场危机的最佳证人之一。我能够近距离跟随前总统，目睹媒体、检察院、司法部门和联邦警察策划的一切，他们的行动最终导致迪尔玛·罗塞芙遭弹劾下台，本书主人公也因此入狱。

恰在那时，凭着近五十年的记者从业经验，我忽然意识到自己不能再按原来与出版社和卢拉商定好的方式撰写本书了。如果仍按原计划出版，对于这场最终导致博索纳罗上台的危机避而不谈，那便是背叛了我一生为报纸和杂志撰稿过程中学到的东西。我向卢拉和文学出版社提议，应该将我的一切所见所闻都写进书里。经卢拉和编辑同意，我继续追踪各种事件，直到卢拉获释。但我们共同的决定带来了一个意料之外的麻烦：所有这些内容用一本书已经讲不完了。于是我们——本书的作者、主人公和编辑——决定将作品分成两卷出版。

你手中的这本书讲述了卢拉政治生涯中我认为最重要的部分，直到2019年11月8日为止——联邦最高法院在那天做出决定，撤销了针对前总统的一切指控并将他释放。随后，前法官塞尔吉奥·莫罗在“洗车行动”中的行为也受到了同一法院的质疑。在我今天开始动笔撰写的第二卷中，我将讲述卢拉竞选总统的三次失败——一次输给科洛尔（Collor），两次输给费尔南多·恩里克·卡多佐；还有他两届总统任期中的优缺点，以及我在迪尔玛·罗塞芙两届政府和巴西自2013年开始陷入的危机之中的一切所见所闻。

本书的一切内容都由我个人负责。但要说这本《卢拉传》是靠我一个人完成的，那就大错特错了。倘若没有许多人的帮助，我不可能写完这本书。我必须感谢那些从新冠病毒手中救下我性命的古巴和巴西医生——那时美国导演奥利弗·斯通刚开始拍摄关于前总统的长片电影，我在陪同卢拉团队前往古巴拍摄的途中染上了新冠。我还要特别感谢一些人，比如记者、社会学家阿尔西德斯·莫雷诺（Alcides Moreno），他成功整理了我在十年工作中积累的一大堆乱七八糟的数据。莫雷诺是我在2016年至2020年期间编辑"诺考特"（Nocaute）博客时的合作者，他不仅建立了一座优秀的数据库，还阅读了我的所有初稿，为提高语句清晰度和内容准确性提供了至关重要的建议。我还必须感谢修士贝托（如我已故的母亲所言，他是我在"卡斯特罗里的弟兄"[①]），除了为我提供大量口述资料外，贝托还赠送给我几十个小时的录音带，这些磁带是20世纪80年代他在三个不同场合与卢拉对谈时录制的，三次会谈的地点分别是圣保罗州内陆一处乡间别墅、卡雅马尔研究所和艺术家希科·布阿尔克·德奥兰达位于里约的家中。我也要感谢慷慨的记者路易莎·维拉梅亚（Luiza Villaméa），她将自己独家采访联邦警员马尔科·安东尼奥·韦罗内兹和政治与社会秩序局特工小阿曼多·帕尼奇的内容分享给我，两次采访都围绕卢拉展开。最后，同样真挚地感谢尼科莱·布里奥内斯和马尔科·奥雷利奥·"马尔科拉"·桑塔纳·里贝罗，感谢这对夫妇的无私帮

① 原文为irmão em Castro，是对于"irmão em Cristo"（即"基督里的弟兄"）的戏仿。按照《圣经》所说，所有基督徒共有一位"天父"，即上帝，因此在基督信仰中，所有信徒都互为兄弟姐妹，故有"基督里的弟兄"之说法。而在葡语中，"基督"与"卡斯特罗"（即古巴前领导人菲德尔·卡斯特罗）的拼写近似。"卡斯特罗里的弟兄"，在这里表明修士贝托亲共产主义的左翼立场。

助，以及透露给我的幕后故事。

除此之外，我还要感谢本书编辑路易斯·施瓦茨和奥塔维奥·马克斯·达科斯塔（Otávio Marques da Costa）对我无限的耐心。让我感到宽慰的是，路易斯收到本书原稿时，这位以吝啬称赞而著称的人回答说："这本书值得让我们等这么久。"如果没有露西拉·隆巴尔迪（Lucila Lombardi）这位多面手编辑的大力相助，本书不会像现在这么美观和完善，她精心修订了本书中的日期和名字。

我在后面还列出了为本书接受过采访的人员名单。其中，许多人提供的口述资料只会出现在已经完成一轮采访的第二卷之中，但我坚持要在此提前列出他们的名字。同时，我也列出了写作过程中遇到疑问时所参考的书目。

由于新冠病毒侵蚀了我的记忆，我可能会忘掉一些名字，为此我提前表示歉意。我应当向下面的各位献上永恒的感激：

Abelardo Blanco, Ademir Medici, Alberto Villas, Alexandre Padilha, Aline Piva, Aloizio Mercadante, André Felix, Angela Ziroldo, Cacá D'Arcadia, Camilo Vannuchi, Carolina Maria Ruy, Celso Antonio Bandeira de Mello, Cinthia Fanin, Clarisse Cecconi, Cláudia Troiano, Cláudio Guedes, Cláudio Kahns, Dainis Karepovs, Dayton Lopes Rigoto, Didu Motta Carvalho, Edinho Silva, Edmundo Leite, Edson Moura, Eduardo Barbabela, Elenita Barbosa, Elias Reis, Eric Nepomuceno, Érico Melo, Ernesto Abdalla Filho, Evaldo Novelini, Everaldo de Oliveira Andrade, Fábio Pannunzio,

Fausto Augusto Junior, Fernando Alves, Fernando Mitre, Firmina Firmeza, Gabriel Manzano Filho, Helena Gasparian, Hélio Bacha, Hélio de Almeida, Iraci Silva Dantas, João Domingos Cavallaro Junior, João Feres Júnior, João Palma Júnior, João Pedro Stédile, João Vieira, José Chrispiniano Junior, José Gaspar Ferraz de Campos, José Silvestre Oliveira, Juca Kfouri, Júlio Moreno, Julius Weinberg, Laerte, Larissa da Silva, Lena Wormans, Luciana Franzolin, Luis Nassif, Marcio Pochmann, Marco Antônio Rodrigues Barbosa, Marco Aurélio Costa, Mariângela Araújo, Marilia Cajaíba, Marina Maluf, Mario Prata, Maximilien Arvelaiz, Milton Cavalo, Misael Melo, Mônica Dallari, Neudicleia de Oliveira, Orlando Brito, Paulo Tadeu Silva D'Arcadia, Percival de Souza, Regina Perpétua Cruz, Ricardo Amaral, Ricardo Carvalho, Ricardo Messias de Azevedo, Ricardo Schwab Schirmer, Ricardo Silva dos Santos, Ricardo Stuckert, Roberto Baggio, Rogério dos Santos, Rosângela da Silva, Rosilene Alves de Souza Guedes, Sérgio Antunes, Sérgio Gomes, Ubiratan de Paula Santos, Vladimir Sacchetta, Weida Zancanar e Xixo Wilson Ramos Filho.

曾为本书接受过采访的人包括：

Ana Estela Haddad, Antonio Candido de Mello e Souza, Antonio Palocci, Antonio Delfim Netto, Ariovaldo Moreira, Armando Panichi Filho, Armando Salem, Carla Jiménez, César

Borges, Clara Ant, Cristiano Zanin, Dilma Rousseff, Edevaldo Medeiros, Eike Batista, Emidio de Souza, Emílio Odebrecht, Eric Hobsbawm, Fábio Lula, Fernando Haddad, Florestan Fernandes Jr., Franklin Martins, Frei Betto, Geraldo Siqueira Filho, Gilberto Carvalho, Gleisi Hoffmann, Guilherme Boulos, Heitor Aquino Ferreira, Hélio Doyle, Jacó Bittar, Jorge Chastallo, José Álvaro Moisés, José Dirceu, José Eduardo Cardozo, José "Frei Chico" Ferreira da Silva, José Paulo de Andrade, Kalil Bittar, Kenarik Boujikian, Luís Carlos Sigmaringa Seixas, Luís Gushiken, Luiz Carlos da Rocha, Luiz Dulci, Luiz Eduardo Greenhalgh, Luiz Inácio Lula da Silva, Manoel Caetano Ferreira Filho, Manuela d'Ávila, Marco Antônio Veronezzi, Marco Aurélio de Carvalho, Marco Aurélio Garcia, Mariani de Cassia Almas, Marisa Letícia Lula da Silva, Markus Sokol, Michel Temer, Miguel Jorge, Milton Temer, Mino Carta, Moisés Selerges Júnior, Mônica Bergamo, Ottoni Fernandes Júnior, Patrícia Campos Mello, Paulo André, Paulo Bernardo, Paulo Caires, Paulo de Oliveira Campos, Paulo Okamotto, Paulo Villares, Ricardo de Azevedo, Roberto Requião, Rodrigo Tacla Durán, Ronaldo Costa Couto, Sérgio Xavier Ferreira, Valeska Teixeira, Wadih Damous, Valmir Moraes e Walter Delgatti Neto.

费尔南多·莫赖斯

2021年9月于伊利亚贝拉、哈瓦那和圣保罗

参考文献

ALBERTI, Verena; FARIAS, Ignez Cordeiro de; ROCHA, Dora (Orgs.). *Paulo Egydio conta: Depoimento ao CPDOC-FGV*. São Paulo: Imprensa Oficial do Estado de São Paulo, 2007.

ALVES, Giovanni et al. (Orgs.). *Enciclopédia do golpe — V. I*. Bauru: Praxis; Clacso, 2017.

ANDRADE, Antonio. "O surgimento de um partido político pela ótica da imprensa regional: O caso *Diário do Grande ABC* e o Partido dos Trabalhadores". *Anuário Unesco/Metodista de Comunicação Regional*, ano 21, jan.-dez. 2017.

ANDRADE, Everaldo de Oliveira; CHAUVIN, Jean Pierre (Orgs.). *Lula liberto*. São Paulo: Edições Terceira Via, 2018.

ARAGÃO, Eugênio José Guilherme de et al. (Orgs.). *Vontade popular e democracia: Candidatura Lula?*. Bauru: Praxis, 2018.

AZEVEDO, F. A. *A grande imprensa e o PT (1989-2014)*. São Carlos: EdUFSCar, 2017.

BETTO, Frei. *O paraíso perdido: Nos bastidores do socialismo*. São Paulo: Geração Editorial, 1993.

______. *Lula: Um operário na Presidência*. São Paulo: Casa Amarela, 2002.

______. *A mosca azul: Reflexão sobre o poder*. Rio de Janeiro: Rocco, 2006.

______. *O diabo na corte: Leitura crítica do Brasil atual*. São Paulo: Cortez, 2020.

BRANDÃO, Ignácio de Loyola; SILVA, Deonísio da. *Villares 80 anos*. Fotografia Rômulo Fialdini. São Paulo: DBA Artes Gráficas, 1999.

CARDOSO, Fernando Henrique. *O improvável presidente do Brasil: Recordações*. Com Brian Winter. Trad. Clóvis Marques. Rio de Janeiro: Civilização Brasileira, 2013.

______. *Diários da Presidência (1995-1996)*. São Paulo: Companhia das Letras, 2015.

______. *Diários da Presidência (1997-1998)*. São Paulo: Companhia das Letras, 2016.

______. *Diários da Presidência (1999-2000)*. São Paulo: Companhia das Letras, 2017.

______. *Diários da Presidência (2001-2002)*. São Paulo: Companhia das Letras, 2019.

CARVALHO, Luiz Maklouf. *Já vi esse filme: Reportagens (e polêmicas) sobre Lula e o PT (1984-2005)*. São Paulo: Geração Editorial, 2005.

CHAIA, Miguel Wady. *Conhecimento e organização sindical: A trajetória do Dieese*. São Paulo: Faculdade de Filosofia, Letras e Ciências Humanas da Universidade de São Paulo, 1988. Tese (Doutorado).

DALLAGNOL, Deltan. *A luta contra a corrupção: A Lava Jato e o futuro de um país marcado pela impunidade*. Rio de Janeiro: Primeira Pessoa, 2016.

DANTAS JÚNIOR, Altino (Ed. e apres.). *Lula sem censura*. Rio de Janeiro: Vozes, 1981.

DUARTE, L.; The Intercept Brasil. *Vaza Jato: Os bastidores das reportagens que sacudiram o Brasil*. Rio de Janeiro: Mórula, 2020.

DULCI, Luiz. *Um salto para o futuro: Como o governo Lula colocou o Brasil na rota do desenvolvimento*. São Paulo: Editora Fundação Perseu Abramo, 2013.

FIGUEIREDO, Argelina Cheibub. "Intervenções sindicais e o 'novo sindicalismo'". *Dados*, Rio de Janeiro, Instituto Universitário de Pesquisa do Rio de Janeiro, n. 17, pp. 136-45, 1978.

FORTES, Alexandre; CORRÊA, Larissa Rosa; FONTES, Paulo (Orgs.). *Dicionário histórico dos movimentos sociais brasileiros (1964-2014)*. Rio de Janeiro: Colégio Brasileiro de Altos Estudos da UFRJ, 2014.

GARNERO, Mario. *Jogo duro: O caso Brasilinvest e outras histórias de velhas e novas repúblicas*. São Paulo: Best Seller, 1988.

GASPARI, Elio. *A ditadura envergonhada*. São Paulo: Companhia das Letras, 2002.

______. *A ditadura escancarada*. São Paulo: Companhia das Letras, 2002.

______. *A ditadura derrotada*. São Paulo: Companhia das Letras, 2003.

______. *A ditadura encurralada*. São Paulo: Companhia das Letras, 2004.

______. *A ditadura acabada*. Rio de Janeiro: Intrínseca, 2016.

GUATTARI, Félix. *Felix Guattari entrevista Lula*. São Paulo: Brasiliense, 1982.

JINKINGS, Ivana et al. (Orgs.). *Luiz Inácio Lula da Silva: A verdade vencerá: o povo sabe por que me condenam*. São Paulo: Boitempo, 2018.

KERCHE, Fábio; FERES JÚNIOR, João (Coords.). *Operação Lava Jato e a democracia brasileira*. São Paulo: Contracorrente, 2018.

KOTSCHO, Ricardo et al. *Caravana da Cidadania: Diário de viagem ao Brasil esquecido*. São Paulo: Página Aberta, 1993.

KUCINSKI, Bernardo. *As cartas ácidas da campanha de Lula de 1998*. Cotia: Ateliê, 2000.

LEITE, Paulo Moreira. *A outra história do mensalão: As contradições de um julgamento político*. São Paulo: Geração Editorial, 2013.

LEITE FILHO, F. C. *El Caudillo: Leonel Brizola: Um perfil biográfico*. São Paulo: Aquariana, 2008.

LIMA, Venício A. de. *Política de comunicações: Um balanço dos governos Lula [2003--2010]*. São Paulo: Publisher Brasil, 2012.

LOPES, Áurea. *Vigília Lula Livre: Um movimento de resistência e solidariedade*. Florianópolis: Clacso, 2020.

MACHADO, Ralph. *Lula a.C.-d.C.: Política econômica antes e depois da "Carta ao Povo Brasileiro"*. São Paulo: Annablume, 2007.

MARKUN, Paulo. *O sapo e o príncipe: Personagens, fatos e fábulas do Brasil contemporâneo*. Rio de Janeiro: Objetiva, 2004.

MOISÉS, José Álvaro. *Greve de massa e crise política: Estudo da Greve dos 300 mil em São Paulo, 1953-54*. São Paulo: Polis, 1978.

MOREL, Mário. *Lula: O início: 25 anos depois, o livro-reportagem que mostra como tudo começou*. 3. ed. Rio de Janeiro: Nova Fronteira, 2006.

NARCISO, Paulo. "Lourdes, o amor mineiro de Lula". *Hoje em Dia*, Belo Horizonte, 5 maio 2008.

NOSSA, Leonencio; SCOLESE, Eduardo. *Viagens com o presidente: Dois repórteres no encalço de Lula do Planalto ao exterior*. 3. ed. Rio de Janeiro: Record, 2006.

PALOCCI, Antonio. *Sobre formigas e cigarras*. Rio de Janeiro: Objetiva, 2007.

PARANÁ, Denise. *Lula: O filho do Brasil*. 3. ed. São Paulo: Editora Fundação Perseu Abramo, 2008.

POCHMANN, Marcio. "A magia nos índices de preços: Uma sofisticação da política anti-inflacionária adotada no Brasil". *Indicadores Econômicos FEE*, Porto Alegre, v. 18, n. 4, pp. 256-67, 1991.

RABELO, Renato; MONTEIRO, Adalberto (Orgs.). *Governos Lula e Dilma: O ciclo golpeado — contexto internacional, realizações, lições e perspectivas*. São Paulo: Anita Garibaldi, 2017.

RIBEIRO, José Augusto. *Lula na Lava Jato e outras histórias ainda mal contadas*. Curitiba: Kotter, 2018.

RIBEIRO, Pedro Floriano. *Dos sindicatos ao governo: A organização nacional do PT de 1980 a 2005*. São Carlos: EdUFSCar, 2010.

SAMPAIO, Antonio Possidonio. *Lula e a greve dos peões*. São Paulo: Escrita, 1982.

SECCO, Lincoln. *História do PT*. Cotia: Ateliê, 2011.

SIMÃO, Azis. *Sindicato e Estado: Suas relações na formação do proletariado de São Paulo*. São Paulo: Ática, 1981. (Ensaios 78).

SINGER, André. *O PT*. São Paulo: Publifolha, 2001.

______. *Os sentidos do lulismo: Reforma gradual e pacto conservador*. São Paulo: Companhia das Letras, 2012.
______. *O lulismo em crise: Um quebra-cabeça do período Dilma (2011-2016)*. São Paulo: Companhia das Letras, 2018.
______; LOUREIRO, Isabel (Orgs.). *As contradições do lulismo: A que ponto chegamos?*. São Paulo: Boitempo, 2016.
SLAVIERO, Cleusa (Org.). *Lula*. Curitiba: ComPactos, 2017.
______. *Caravana da esperança: Lula pelo Brasil*. Curitiba: Edição da autora, 2018.
______. *As cartas que Lula não recebeu*. Curitiba: ComPactos, 2019.
SOUZA, Amaury de; LAMOUNIER, Bolívar. "Governo e sindicatos no Brasil: A perspectiva dos anos 80". *Dados*, Rio de Janeiro, v. 24, n. 2, pp. 139-59, 1981.
VANNUCHI, Camilo. *Marisa Letícia Lula da Silva*. São Paulo: Alameda, 2020.
WARDE, Walfrido. *O espetáculo da corrupção: Como um sistema corrupto e o modo de combatê-lo estão destruindo o país*. Rio de Janeiro: LeYa, 2018.
WOLF, Michael. *Fogo e fúria: Por dentro da Casa Branca de Trump*. Rio de Janeiro: Objetiva, 2018.
______. *O cerco: Trump sob fogo cruzado*. Rio de Janeiro: Objetiva, 2019.
WOODWARD, Bob. *Medo: Trump na Casa Branca*. São Paulo: Todavia, 2018.
ZERBINATO, Luiz Antonio. *Braços cruzados, máquinas fotográficas: As greves dos metalúrgicos no ABC paulista pela fotografia (1978-1980)*. São Paulo: Pontifícia Universidade Católica de São Paulo, 2016. Tese (Doutorado em História).

"Arquivo das greves no Brasil: análises qualitativas e quantitativas das greves da década de 1970 à de 2000". Projeto de pesquisa realizado pelo Dieese (Departamento Intersindical de Estatística e Estudos Socioeconômicos), em parceria com o Departamento de Ciências Sociais da UFSCar, com apoio da Fapesp.

查阅的档案和期刊

A Gazeta de Lins
Centro de Memória, Pesquisa e Informação do Sindicato dos Metalúrgicos do ABC (Cempi)
Centro de Memória Sindical (CMS)
Der Spiegel
Jornal da Mantiqueira (Poços de Caldas)
Katholisches Büro Bonn II, Zug. 1853 Nr. 665.312 Bd. III: Brazil (state), 1980-1986
Trajetória do Dieese. São Paulo, USP (mimeo).

电影

ABC da greve (1990), direção de Leon Hirszman
Braços cruzados, máquinas paradas (1979), direção de Roberto Gervitz e Sérgio Segall
CUT pela base (1984), CUT e Tatu Filmes, direção de Renato Tapajós
Greve! (1979), direção de João Batista de Andrade
Linha de montagem (1981), direção de Renato Tapajós
Lula, o filho do Brasil (2009), direção de Fábio Barreto e Marcelo Santiago
1ª Conclat, Conferência Nacional da Classe Trabalhadora (1981), CUT e Tatu Filmes, direção de Adrian Cooper

网页

https://abcdeluta.org.br/
https://acervo.estadao.com.br/
https://acervo.folha.com.br/
https://acervo.oglobo.globo.com/
https://bndigital.bn.gov.br/jornal-do-brasil/
https://memorialdademocracia.com.br/
https://memoriasindical.com.br/
https://smabc.org.br/
https://tvt.org.br/